Als Engers braun war

Günther Salz

Der Autor

Günther Salz (Jg. 1950) ist in Engers geboren und aufgewachsen und seit dem (überwiegend) dort wohnhaft. Nach einer kaufmännischen Ausbildung und Tätigkeit hat er Sozialarbeit und Erwachsenenbildung studiert und als Sozialarbeiter und Geschäftsführer in der Freien Wohlfahrtspflege gearbeitet. Über seine Zeit als Gemeinwesenarbeiter in einem Armen- und Arbeiterviertel hat er 1991 das Buch" Armut durch Reichtum. Soziale Brennpunkte als Erbe der sozialen Frage: praktische Erfahrungen und theoretische Einsichten" im Lambertus Verlag Freiburg herausgebracht.

Seit den 1990er Jahren recherchiert und publiziert er zum Thema „Engers und die NS-Zeit".
2004 erschien das Buch „Der Blaustift. Verdrängung und Wieder-Erinnerung der NS-Zeit am Beispiel einer rheinischen Kleinstadt" bei DVS in Frankfurt/Main.
Zuletzt veröffentlichte er 2021 die Fallstudie „Ein Leben – zwei Karrieren. Der Engerser SS-Mann und Kripobeamte Rudolf Schmücker" bei BoD Norderstedt.
Das vorliegende Buch „Als Engers braun war. Philipp Schnorbach und Familie im Dienst des NS-Regimes und danach" ist sein neuestes Werk.

Als Engers braun war

Philipp Schnorbach und Familie im Dienst des NS-Regimes und danach

Günther Salz

Bibliografische Information der Deutschen Nationalbibliothek:
Die Deutsche Nationalbibliothek verzeichnet diese Publikation in der Deutschen Nationalbibliografie; detaillierte bibliografische Daten sind im Internet über hhtp://dnb.dnb.de abrufbar.

Textsatz und Layout: Harald Goebel
Verlag: BoD · Books on Demand GmbH, In de Tarpen 42,
22848 Norderstedt, bod@bod.de
Druck: Libri Plureos GmbH, Friedensallee 273,
22763 Hamburg

ISBN: 978-3-7597-8007-2

Inhaltsverzeichnis

HINWEIS ZUR ZITIERWEISE:

Das in einigen Zitaten in Klammern eingefügte lateinische Wort „sic" bedeutet „wirklich so"
und soll orthografische Eigentümlichkeiten kennzeichnen, die aus Gründen korrekter Zitierweise übernommen wurden.

1. Zur Einführung

Die vorliegende Schrift steht im Zusammenhang mit meinen langjährigen Recherchen über Engers und die NS-Zeit und ihre Aufarbeitung. Dabei ging es mir zunächst um die Schicksale der Engerser Opfer und Verfolgten. 1998 konnte ich mit Unterstützung einer Initiativgruppe und von Sponsoren den damaligen Forschungsstand in einer größeren Ausstellung in der Kapelle des Heinrich-Hauses Engers präsentieren.

Nach Erscheinen meines Buches „Der Blaustift" über die Verdrängung und Wieder-Erinnerung der NS-Zeit in Engers (2004) wandte ich mich Ende der 2010er Jahre der Täterseite zu. So entstand 2021 das Buch über den Engerser SS-Mann und Kripobeamten Rudolf Schmücker und seine beiden Karrieren während und nach der NS-Zeit.

Im Rahmen der Vorbereitungen für eine im Januar 2025 geplanten zweiten Ausstellung zur NS- und Nachkriegszeit lege ich nunmehr meine lokal-historische Dokumentation über Philipp Schnorbach vor, der für viele Engerser eine besondere Bedeutung hatte. Denn er setzte als überzeugter Nationalsozialist und Polizist die Regeln des NS-Staates im Engerser Alltag an der „Heimatfront" durch. Wer sich dabei passiv oder gar widerspenstig verhielt, bekam unangenehme und teils böse Folgen zu spüren. Wie ernst er seine Arbeit für den NS-Staat nahm, kam noch Jahre nach dem Ende des Nazi-Regimes in einem Brief an den damaligen Engerser Amtsbürgermeister zum Ausdruck. Dort schreibt er 1951: „Ich habe in meinem Bezirk jede illegale Wühlarbeit gegen den Staat rücksichtslos zerstört." Andere, die sich opportunistisch verhielten und solche, die dem Regime treu ergeben waren, konnten Vorteile durch Schnorbach erlangen oder auch Nachteile vermeiden.

Meine Untersuchung erhält ihren besonderen Charakter durch die Auswertung eines Entnazifizierungsverfahrens an der Spruchkammer Darmstadt-Lager gegen Philipp Schnorbach in den Jahren nach Kriegsende. Insbesondere durch die Aussagen von Belastungs- und Entlastungszeugen lassen sich neue und teils beklemmende Einsichten in den spannungsreichen Alltag so mancher Engerser Zeitgenossinnen und Zeitgenossen während des Nationalsozialismus gewinnen. Darüber hinaus zeigen die Verfahrensunterlagen, wie schwierig es für die Spruchkammer angesichts sich widersprechender Aussagen gewesen sein muss, ein gerechtes und treffendes Urteil für den angeschuldigten Schnorbach zu finden.

In seinem Fall kam dazu, dass er das Urteil anfechten ließ und damit ein zähes, mehrjähriges Ringen um den Bestand des Urteilsspruchs begann. Hierbei war die Spannung zwischen öffentlichen Sühnebedürfnissen einerseits und dem starken Drang des Verurteilten, möglichst bald wieder Aufnahme in Staat und Gesellschaft zu finden, überdeutlich. Das bezeugt ein Bittbrief Schnorbachs an den Minister für Befreiung vom Juli 1952 in dem es heißt: „Ich möchte doch als Wiedergutmachung meine ganze Kraft dem Aufbau des neuen Staates zur Verfügung stellen und endlich wieder als vollwertiger Bürger angesehen werden."

Wahrscheinlich schwang bei dieser Bitte unausgesprochen der Wunsch mit, die historische Last, die er als Zeitgenosse des 20. Jahrhunderts im „Zeitalter der Extreme" (Eric Hobsbawm) und als Aktivist der Nazizeit mit sich trug, möglichst rasch los zu werden. Aber man kann die Geschehnisse der Vergangenheit nicht einfach ungeschehen machen und auch nicht unbesehen lassen. Schließlich hat die hier hauptsächlich betrachtete erste Hälfte des 20. Jahrhunderts sehr viel Leid und Schmerz hervorgebracht, was bis heute nachwirkt. Deshalb versucht die vorliegende Arbeit die hier im Focus stehende Person und seine Familie im jeweiligen historischen Kontext anhand von Archivmaterialien, Fachliteratur und persönlichen Erinnerungen sichtbar und verstehbar zu machen. Sie dient dabei auch dem Ziel, die Ortsgeschichte aufzuklären und zu vervollständigen und damit sowohl den Zeitgenossen als auch den nachfolgenden Generationen das „Lernen aus der Geschichte" zu erleichtern. Angesichts der aktuellen Krisen und Orientierungsprobleme der frühen 2020er Jahre scheint dies nötiger denn je.

Wie sich das Zeitgeschehen im (Er-)Leben von Philipp Schnorbach abbildet, stelle ich im folgenden chronologisch dar. Beginnen wir mit dem Kaiserreich,während dessen er zur Welt kam.[1]

---

[1] Die biografischen Angaben zu Schnorbach entstammen zumeist dem Bundesarchiv Berlin (abgekürzt: BArch) und dem Hessischen Hauptstaatsarchiv Wiesbaden (abgekürzt: HHStAW). Das oben erwähnte Spruchkammerverfahren findet sich im Hessischen Hauptstaatsarchiv unter der (neuen) Archivsignatur HHStAW Bestand 520/38 Nr. 61222.

Darüber hinaus habe ich Bestände des Landeshauptarchivs Koblenz (abgekürzt: LHAKo) und seiner Außenstelle Rommersdorf (zugleich Stadtarchiv Neuwied, abgekürzt: LHAKo-Romm.) genutzt. Als Internet-Quelle stand mir die freie Enzyklopädie Wikipedia zu Verfügung. Weitere Archive werden mit ihren jeweiligen Eigenbezeichnungen angeführt.

2. Biografische Vorgeschiche: Vom Kaiserreich bis zur NS-Zeit

Philipp Schnorbach ist am 5. Juni 1898 als Sohn des Eisen- bzw. „Reichsbahners" i.R. Peter Schnorbach und dessen Ehefrau Anna-Maria Schauren in Osterspai am Mittelrhein geboren worden. Dort besuchte er acht Jahre lang bis zu seinem 14. Lebensjahr die Volksschule. Anschließend absolvierte er eine Ausbildung als Maschinist bei der Firma Papierwerke Löbecke in Oberlahnstein. Dann stand schon bald der Militärdienst an, denn der erste Weltkrieg war bereits in vollem Gange. So trat er am 16. November 1916 dem Infanterie-Regiment 81 bei und nahm an Kämpfen im Osten und Westen Deutschlands teil. Kurz vor Ende des Krieges kam er am 31. August 1918 in englische Gefangenschaft. Nachdem er aus dieser am 24. Oktober 1919 entlassen worden war, ging er zu einem Freibataillon und kämpfte gegen „Spartakus".[2] Danach trat er in die neu gebildete Reichswehr ein und versah seinen Militärdienst im Reiterregiment 16 in Kassel sowie beim Jägerbataillon 11 (ohne Ortsbezeichnung). Am 15. Mai 1922 wurde er wegen Heeresverminderung aus der Reichswehr[3] entlassen. Nach einer Übergangszeit als Maschinist in einer Fabrik trat Schnorbach am 12. Januar 1925 seinen Dienst bei der Polizeiverwaltung in Bad Kreuznach als Schutzpolizist an.[4] Schnorbach blieb dort bis Januar 1935, um anschließend auf eigenen Wunsch zur Polizei nach Engers versetzt zu werden, weil er näher bei seinen alten Eltern in Osterspai sein wollte.[5]

---

2 Ein „Freibataillon" war ein paramilitärischer Freiwilligenverband; der Spartakusbund war eine linke Abspaltung von der SPD und mündete Anfang 1919 in die kommunistische Partei Deutschlands (KPD) ein.

3 Das Eintrittsdatum wird einmal mit 3. Januar 1920 und ein andermal mit November 1920 angegeben.

4 Im Einwohnerverzeichnis von 1933 ist er unter der Adresse Oranienstraße 3 mit „Schnorbach, Paul, Philipp, Polizeioberwachtmeister" eingetragen. (Auf dem Deckblatt des Einwohnerbuches findet sich der Hinweis, dass während des Drucks des Adressbuches die Schloßstraße in Adolf-Hitlerstraße und der Schloßplatz in Adolf-Hitlerplatz umbenannt wurde.)

5 Vgl. Schreiben Schnorbachs an Heinrich Himmler, ohne Datum, ca. 1941, HHStAW Bestand 520/38 Nr. 61222.

Wir haben hier einen von Militär und Soldatentum geprägten Abschnitt des Lebenslaufs von Philipp Schnorbach vor uns. Über seine Kindheit und Jugend im katholischen Osterspai wissen wir nichts. Man kann aber vermuten, dass er als „Kind seiner Zeit", dem wilhelminischen Kaiserreich, auch von dessen nationalistischer, antidemokratischer und wenig pazifistischer Ausrichtung beeinflusst wurde. Je näher der 1. Weltkrieg rückte, umso mehr entwickelte sich die kaiserlich-nationalistische Erziehung in „eine Erziehung zum Krieg und zum Hass gegen die kriegsführenden gegnerischen Nationen."[6] Nach Kindergarten, Schule und Ausbildung stand das Militär als „Schule der Nation" und Instanz der „vaterländischen Erziehung" bereit. Im Slogan „Helm ab zum Gebet" verknüpfen sich die beiden großen Erziehungseinrichtungen Staat und Kirche trefflich miteinander.

Ob Philipp Schnorbach als gerade einmal 18jähriger junger Mann freiwillig und freudig in den Krieg zog oder eher widerstrebend, ist unbekannt. Dass er eher die erste Variante repräsentierte – wie so viele –, legt der Umstand nahe, dass er nach seiner Entlassung aus der englischen Gefangenschaft gleich wieder in ein Freibataillon eintritt, obwohl er während des Krieges zweimal verwundet wurde, wofür er das Verwundetenabzeichen bekommen hatte. Möglicherweise war er darauf ebenso stolz wie darauf, als Frontkämpfer zu gelten (vgl. Eintragungen im R.u.S- Fragebogen, Dokument 6).
Bemerkenswert ist auch die Tatsache, dass sich Schnorbach als Gegner der revolutionären Linken („Spartakus") ausweist. Dass das keine zufällige oder vorübergehende Positionierung ist, belegt ein zweiter Hinweis in seinem Lebenslauf.[7] Dort gibt er an, im Weltkrieg zwei mal leicht und während seiner späteren Zeit als Schutzpolizist (in Bad Kreuznach) noch zweimal, davon einmal schwer mit Krankenhausbehandlung, verwundet worden zu sein und zwar im Kampf gegen

---

6 Vgl. Klaus Gebser: Kaiserlich-nationalistische Erziehung im Deutschen Kaiserreich (1871-1918) „Helm ab" – zum Gebet. In: https://www.kindergartenpaedagogik.de/fachartikel/geschichte-der-kinderbetreuung/weitere-historische-beitraege/kaiserlich-nationalistische-erziehung-im-deutschen-kaiserreich-1871-1918/
7 Vgl. Übertragung seines handschriftlich gefassten Werdegangs in Maschinenschrift nach Kriegsende durch die Amtsverwaltung Engers vom 31.8.1945, Dokument 1

„Kommune". Dieser Begriff ist höchstwahrscheinlich ein weiterer Polizeiname für die radikale Linke, hier für die Kommunisten. Mit diesen Ausführungen wird eine politische Linie deutlich, die auch während seiner Tätigkeit in Engers in der Nazi-Zeit in Erscheinung trat.

Über die genannten Verwundungen während seiner Tätigkeit als Schutzpolizist in Bad Kreuznach erfahren wir ein wenig mehr aus dem privaten Anschreiben Schnorbachs an seinen obersten Dienstherren Heinrich Himmler (ohne Datum, ca. 1941). Dort gibt er an, in seinem Kampf gegen „Kommune" einmal am 20.8.1927 „gestochen" und ein andermal am 22.12.1929 „erneut auf der Brust und am Kopf verletzt" worden zu sein. Hierzu habe es zwei Strafverfahren am Amtsgericht Bad Kreuznach gegeben. Das erste gegen einen gewissen „Tesch" mit der Geschäftsnummer 6 ER. 324/27, das zweite gegen einen Max Rehm mit der Geschäftsnummer 4 J. 2779/29. Man sieht: Schnorbach setzte sich ohne wenn und aber und ohne Schonung seiner Gesundheit für den Staat und seine Ordnung ein.[8] Sein Engagement ging über die reinen Dienstverpflichtungen hinaus. Schon während seiner Kreuznacher Zeit war er in mehreren Vereinen und Organisationen aktiv: Seit 1927 war er Mitglied im Kavallerie-Verein und seit Oktober 1930 Angehöriger des „Stahlhelm", des Bundes der Frontsoldaten. Nach der Machtübernahme der Nazis trat er 1934 in den nationalsozialistisch ausgerichteten NS-Frontkämpferbund über. Im gleichen Jahr wurde er Mitglied des Opferrings der NSDAP mit der Nummer 20515. Diese auf lokaler und regionaler Ebene gebildeten Opferringe dienten insbesondere der Finanzierung der Parteiarbeit auf der unteren Ebene, da die Mitgliedsbeiträge größtenteils an die Reichsleitung abgeführt werden mussten.[9]

---

8 Die genannten Strafakten konnten weder beim Amtsgericht noch bei der Staatsanwaltschaft Bad Kreuznach und ebenso wenig im Landeshauptarchiv Koblenz aufgefunden werden. Auch eine diesbezügliche Durchsicht des Nachlasses von Helmut Schwindt, der u. a. über die Kommunistische Bewegung in Stadt und Landkreis Kreuznach im 1. Drittel des 20. Jahrhunderts geforscht und publiziert hatte, erbrachte hierzu keine Hinweise (der Nachlass wird in der Heimatwissenschaftlichen Zentralbibliothek Bad Kreuznach aufbewahrt).
9 Vgl. Wikipedia, „Opferring der NSDAP".

2.1 Philipp Schnorbach in der Erinnerung seines Sohnes Harald

Im Folgenden möchte ich darstellen, wie sich die ersten Lebensjahrzehnte von Philipp Schnorbach in den Erinnerungen seines Sohnes Harald (Jahrgang 1927) und seiner Tochter Maria (Jahrgang 1929, verheiratete Hirsch) an ihren Vater aufgespeichert haben. Dazu dient mir die Protokollnotiz eines ausführlichen Gespräches, welches ich am 23. April 1995 mit den beiden in Montabaur geführt habe. Beide waren in ihrer Jugend engagiert in der Hitlerjugend und bekleideten dort Führungsfunktionen. Darauf komme ich im Kontext der NS-Zeit noch zurück.

Harald Schnorbach schilderte den Lebenslauf seines Vaters detailliert: Nachdem er in Osterspai von der Volksschule abgegangen war, habe er sich freiwillig zu den „Blauen Husaren", dem 14. Regiment in Kassel, gemeldet. Von dort sei er an die Front des 1. Weltkrieges gekommen, wobei er eine kleine Verletzung davongetragen habe. Nach Bildung des 100.000-Mann-Heeres 1919 sei er dem 16. Reiterregiment Kassel unter Graf Rotkirch beigetreten. In den Jahren 1920/21 habe er bei der Schutztruppe Kreuznach im Hauptquartier Oranienpark Dienst getan. 1923 sei sein Vater die erste Ehe eingegangen.
Während der Zeit bei der Schutztruppe stellte sich die Frage, was er künftig beruflich tun soll. Da er nur das Militärische gelernt habe, sei er ca. zwei Jahre lang zur Polizeischule in Bad Kreuznach gegangen. Nach einer Zeit der Tätigkeit als Polizeibeamter in Bad Kreuznach sei er 1935 nach Engers gewechselt und dort Polizeihauptwachtmeister geworden.
Letzteres ist zutreffend. Aber die Angaben zu den Jahren nach dem 1. Weltkrieg in Kreuznach scheinen nicht zu stimmen. Denn das Bad Kreuznacher „Haus der Geschichte" teilte mir auf Nachfrage mit, dass das damalige Kreuznach 1920/21 noch von französischen Truppen besetzt war. Von einer „Schutztruppe Hauptquartier Oranienpark" habe man noch nichts gehört, ebenso wenig von einer Polizeischule.
Man fragt sich, woher diese Ungereimtheiten kommen. Aber wir müssen sie in Ermangelung historischer Belege so stehen lassen.

2.2 Erinnerungen beider Schnorbach-Kinder an die NS-Zeit in Engers

Kommen wir nun zum Zeitabschnitt von 1935 bis 1945 in Engers und lassen wir dabei zunächst Harald Schnorbach sprechen, wie es auch im Interview von 1995 geschehen ist. Wie meist in Gesprächen mit Zeitzeugen der NS-Zeit, sprach er zuerst über sich selbst. Er sei vom Jungzugführer zum Jungfähnleinführer und dann zum Jungstammführer aufgestiegen und als solcher zuständig gewesen für das gesamte Jungvolk von Engers, Weis, Gladbach, Heimbach und Block.

Im Herbst 1944 sei er zum Reichsarbeitsdienst (RAD) nach Wiesbaden-Dotzheim gekommen. Dort habe er sich zwischen der Stammabteilung (Arbeit mit dem Spaten) und der Kriegsabteilung (Ausbildung an Waffen) entscheiden können. Da es für die Tätigkeit in der Stammabteilung nur 25 Pfennige pro Tag gab, aber in der Kriegsabteilung 1 Mark täglich ausgezahlt wurde, habe er sich für letzteres entschieden. Später sei er bei der „RAD-Flak" eingesetzt worden. Bei einem feindlichen Fliegerangriff habe er mit seiner Gruppe an Ort und Stelle ausgeharrt und einen Jagdbomber abgeschossen. Dadurch hätten sie überlebt, andere, die die Flucht ergriffen haben, seien einem Bombenteppich zum Opfer gefallen. Anschließend sei er als Volkssturmmann bei der Ardennenoffensive (Dezember 1944, G.S.) eingesetzt worden, wobei er mit einer Flak (Fliegerabwehr-Kanone) auf feindliche Panzer geschossen habe. Wegen seiner Erfolge bei der Flak habe er verschiedene Auszeichnungen bekommen.
Während des Gespräches konnte man den Stolz auf diese „Leistungen" noch heraushören. Eine kritische Distanz zu den Ereignissen von damals war nicht zu vernehmen.

Maria Schnorbach (genannt: Ria) verheiratete Hirsch übernahm den weiblichen Part im Interview und machte zuerst ihrer Enttäuschung über Engers Luft: Ihre Mutter sei im Roten Kreuz gewesen und hätte viele Verwundete aus dem Lazarett nach Hause eingeladen (Die DRK-Mitgliedschaft ist nach meinen Unterlagen nicht belegt. G.S.). Oft habe das Nottelefon aus der Amtsbürgermeisterei geklingelt, und ihre Mutter oder ihr Vater habe etwas übernehmen müssen. Zu ihm seien die Leute auch außerhalb der Dienstzeit gekommen. Als Familie hätten sie guten Kontakt zu dem Kommunisten Franz Nieth gehabt, der alljährlich vier Waisenkinder zu Weihnachten eingeladen habe.[10] Der enge Kontakt zwischen den Familien sei insbesondere durch die „herzensgute" Frau Nieth zustande gekommen. Nach dem Einmarsch der Amerikaner sei ihre Familie durch Frau Nieth unterstützt worden.[11]

Ein weiterer Schwerpunkt des Interviews war meine Konfrontation der Geschwister Schnorbach mit für ihren Vater ungünstigen Sachverhalten. Hier einige Beispiele: Auf die Frage, ob ihr Vater die Kruzifixe aus den Schulen habe entfernen lassen, antwortete Frau Hirsch: „Dann wurde es für uns Evangelische wenigstens besser, als die weg waren." Dass ihr Vater die Entfernung der Kreuze veranlasst habe, wusste sie nicht so genau.

Gefragt nach der Rolle des Vaters bei der Hinrichtung des polnischen Zwangsarbeiters Franciszek Matczak im Sommer 1941 meinten beide, dass sie von diesem Fall noch nichts gehört hätten. Eine Beteiligung, zumindest ein Mitwissen, konnte sich Harald Schnorbach aufgrund der Mitarbeit ihres Vaters beim Sicherheitsdienst der NSDAP aber vorstellen. Allerdings habe er durch die SD-Tätigkeit auch manches erfahren, womit er anderen habe helfen können.

Auf meinen Bericht, dass die polnische Zwangsarbeiterin Wanda wegen nachteiliger Äußerungen über den Kriegsverlauf in die Amtsbürgermeisterei bzw. ins Polizeibüro bestellt und dort grün und blau geschlagen worden sei, meinte Harald Schnorbach, dass sein Vater wohl kaum geschlagen habe; eher habe er „schlagen lassen" (!).

Meinen Hinweis, dass ihr Vater meines Wissens nach selbst von der verbotenen Schwarzschlachterei in Block (einem Ortsteil der Gemeinde Heimbach-Weis) profitiert habe, wies Frau Hirsch energisch zurück. Sollte das der Fall gewesen

---

10 Tatsächlich hat dieser nach dem Krieg Philipp Schnorbach ein Entlastungsschreiben, einen so genannten „Persilschein" ausgestellt.

11 Woher der Unterstützungsbedarf rührte, wird im Abschnitt 3.3, S. 39f. geschildert.

sein, wäre es ihnen wohl besser ergangen. Sie hätten nur öfter Wild gegessen, da der Vater eine Jagd im Soonwald/Kellenbachtal zusammen mit einem Herrn Christian gehabt habe.

In diesem Zusammenhang berichtet sie noch einiges über ihre häuslichen Verhältnisse. Ihr Vater sei katholisch gewesen und auch geblieben. Die Mutter sei evangelisch gewesen und die Kinder evangelisch geworden. Der Vater sei immer „strack" (aufrecht/geradeaus) gewesen und habe eine laute Stimme gehabt. Die Mutter, die aus einem Gewerbebetrieb stammte, habe das Geld verwaltet. Der Vater bekam nur ein Taschengeld.

Zur Religionszugehörigkeit ihres Vaters ist zu sagen, dass er nachweislich am 12.3. 1940 aus der katholischen Kirche ausgetreten ist und sich danach als „gottgläubig" bezeichnet hat.[12] Die Bezeichnung „gottgläubig" ist am 26.11.1936 per Runderlass des Reichsinnenministers für die Personen eingeführt worden, die weder einer Religions- noch einer Weltanschauungsgemeinschaft angehörten, sich aber auch nicht als „glaubenslos" verstanden.[13]

Den Einblick in den nationalsozialistischen Alltag möchte ich abschließen mit dem Überfall auf die jüdische Familie Mendel am 10. November 1938. Dieser – allerdings gerade nicht alltägliche Vorfall – ist in der Erinnerung der alten Engerser noch sehr lebendig. An diesem Tag stürmten Neuwieder und Engerser SA-Leute das Haus der Mendels in der Alleestraße Nr. 41 und zerschlugen ihre Wohnungseinrichtung. Fenster gingen zu Bruch. Haushaltsgegenstände, Kleider und Spielsachen warf man auf die Straße. Bettlaken und Textilien verfingen sich in der Oberleitung der elektrischen Straßenbahn.[14]

---

12 Vgl. Lebenslauf-Abschrift vom 31.8.1945, Dokument 1. Schon 1939 war Schnorbach einmal aus der Kirche aus- und dann wieder eingetreten. Das belegt eine handschriftliche Anmerkung des Engerser Pfarrers Krause im Geburts- und Taufregister für Kamp-Bornhofen wonach der am 24.5.1939 erklärte Kirchenaustritt am 6. Juni 1939 wieder vom Neuwieder Amtsgericht zurückgenommen worden sei. Siehe: Geburts- und Taufregister Kamp-Bornhofen, Diözesanarchiv Limburg Bestand Ost K 6,1898 Nr. 18 Taufen.

13 Vgl. Enzyklopädie des Nationalsozialismus, München 3/1998, S. 493.

14 Zum Geschehen in Engers vgl. auch Frank Schwalm in: Engers Der Ort Seine Geschichte, Horb 2007 S. 135-136.

Nach und nach kamen etliche Zuschauer zusammen, die teils aufgeregt und irritiert, aber untätig zusahen, was da vor sich ging. An der Straßenecke stand Philipp Schnorbach, um das Geschehen zu beobachten. Dabei wurde er nach Aussage einer Zeitzeugin von der Frau des späteren Stabsarztes Dr. med. Emil Stankait angesprochen: „Herr Schnorbach, was ist das hier, was soll das denn? Greifen Sie doch ein!" Darauf Schnorbach: „Mischen Sie sich da nicht ein, das ist Volkeswille!" Der Überfall sollte ja als spontaner Volkszorn und nicht als zwar kurzfristige, aber doch zentral geplante Zerstörungsaktion gegen die Juden in Deutschland aussehen. Diese Darstellung möchte ich ergänzen mit der diesbezüglichen Erinnerung von Frau Hirsch, der Tochter von Philipp Schnorbach. So führte sie beim Interview 1995 aus, dass die „Reichskristallnacht" (eine verharmlosende Bezeichnung der Nazis, G.S.) vorwiegend eine Aktion der SA und nicht der SS gewesen sei. Der Vater habe sich sehr aufgeregt und sei dann rausgegangen. Den Kindern habe man verboten, nach draußen zu gehen. Ihr Vater sei von dieser Aktion wohl überrumpelt worden.[15]

Fahren wir nun fort mit der Schilderung des väterlichen Lebenslaufs bis zum Kriegsende aus der Erinnerung seiner Kinder, zunächst des Sohnes Harald. Nachdem sein Vater nach Engers gewechselt war, sei dieser ca. 1938 zur Kriminalpolizei gekommen und habe seit dieser Zeit keine Uniform mehr getragen. Er sei auch kein NSDAP-Mitglied gewesen und nur zwangsmäßig zur SS gekommen, weil man als Polizist automatisch Mitglied der SS sein musste. Zeitweilig habe er den Bürgermeister Dr. Stein kommissarisch vertreten. Erst gegen Ende des Krieges sei er Mitglied der Waffen-SS gewesen, habe aber nie einen „Stempel", d.h. eine so genannte „Brandmarke" getragen. Als Angehöriger der Waffen-SS habe er kurz vor Weihnachten 1944 den Auftrag bekommen, mit einer Gruppe im Hunsrück nahe Halsenbach (bei Emmelshausen) einen Viadukt in die Luft zu sprengen. Das habe er als einen völlig unnützen und idiotischen Befehl aufgefasst und sei deshalb desertiert.

---

15 Während des Strafverfahrens zur Engerser Reichspogromnacht im Frühjahr 1950 waren die Ermittlungen gegen Schnorbach eingestellt worden, weil die Staatsanwaltschaft in der Inschutzhaftnahme der männlichen Juden durch ihn kein Verbrechen gegen die Menschlichkeit erblicken konnte!

Soweit sich Frau Hirsch erinnerte, habe ihr Vater aus Rettert (Gemeinde im Rhein-Lahn-Kreis) einen Zwischenbescheid gegeben, wonach er nach Hessen wollte. Dann hätten sie ihn lange nicht gesehen und erst wieder etwas von ihm gehört, als ein Bescheid des KZ-Dachau eintraf, wo ihr Vater ca. drei Monate in Einzelhaft bei strahlendem Licht gesessen haben soll. Außerdem habe man ihn mit stetigen Wassertropfen, die auf seinen Kopf fielen, gefoltert.

Zur Zeit der Währungsreform sei er noch einmal verhaftet worden, weil man ihm vorgeworfen habe, einen hilflosen amerikanischen Fallschirmspringer abgeschossen zu haben. Ihr Vater sei aber gar nicht in dem Gebiet gewesen. Später habe sich mit Hilfe eines Rechtsanwaltes herausgestellt, dass diese Tat durch einen Weingutsbesitzer und SS-Sturmbannführer begangen worden sei.[16] Dieser Rechtsanwalt habe ihm auch eine Arbeitsstelle bei den Albertswerken in Eltville, einer Chemiefabrik, besorgt, damit er nicht „illes" (d.h. verrückt, G.S.) werde. Nach diesen Aussagen nahm der Sohn Harald den Gesprächsfaden auf und erzählte, dass sie ihren Vater erst nach 1948 wieder gesehen hätten. In dem zu dieser Zeit abgelaufenen Entnazifizierungsverfahren in Koblenz (?) habe ihn eine jüdische Familie entlastet, worauf er als „Mitläufer" eingestuft worden sei (was nicht belegt ist, G.S.) Als „131er" habe er die volle Pension bezogen und sei ab 1952 nicht mehr im Dienst gewesen. Danach hätten ihn sogar die Amerikaner für den CIA anwerben wollen. Außerdem habe er eine Danksagung des Ortes erhalten, an dem er sich weigerte, die Viaduktsprengung vorzunehmen. Damit habe er die Zerstörung eines Teils des Dorfes verhindert. Nachdem der Vater in Pension war, habe er bei Baron von Preuschen die Verwaltung des Gutes übernommen. Dieser sei Besitzer verschiedener Burgen und Ländereien am Rhein (dazu gehört auch Schloß Liebeneck oberhalb von Osterspai, G.S.).[17]

An dieser Stelle macht Harald Schnorbach noch eine wichtige Bemerkung zur Persönlichkeit seines Vaters: Er sei immer Soldat geblieben, der immer nur einen Weg gekannt habe. Hätte auf diesem Weg eine Betonwand gestanden, so wäre diese weg gekommen. Er habe weder rechts noch links noch Grautöne gekannt,

---

16 Ich komme auf diesen Sachverhalt S. 43f. zurück.

17 Hier Ausgespartes wird noch im Rahmen des Spruchkammer-Verfahrens besprochen.

sondern nur „so oder so". Gefragt nach seiner Begründung für dieses Urteil antwortete er, dass sein Vater wohl nach dem gehandelt habe, was er in der Polizeischule gelernt hatte, nämlich nach dem Gesetz. Auf meinen Einwand, dass es im Hitlerreich keine parlamentarisch-demokratischen Gesetze mehr gegeben habe, sondern diese im Gegenteil zum Schaden und Tod vieler gewesen seien, reagierte er mit einem nachdenklichen Wiegen des Kopfes. Er habe von Engersern gehört, dass sein Vater kein Mensch, sondern „ein Denkmal" gewesen sei. Im Zusammenhang mit dem Erleben der Reichspogromnacht merkte Frau Hirsch noch an, dass ihr Vater eher ein Judenfreund gewesen sei. Er sei gerecht gewesen. Laut Sohn Harald habe er sogar SA-Leute eingelocht.

2.3 Anmerkungen zu den Erinnerungen der Kinder

1.) Die Aussage von Harald Schnorbach, dass sein Vater ca. 1938 zur Kriminalpolizei gegangen sei, ist nicht zutreffend. Möglicherweise verwechselt er das mit dessen Ehrenamt für den Sicherheitsdienst. Philipp Schnorbach hatte allerdings versucht, zur Kripo zu kommen. Im März 1939 absolvierte er dafür einen Lehrgang an der Kriminalschule Köln und bewarb sich bei der Kriminalpolizei. Die damit verbundene Eignungsprüfung wurde jedoch nicht beschieden. Zur Vorbereitung darauf und auf seinen Eintritt in die SS hatte er am 8. November 1938 zeitgleich mit seiner Frau einen Fragebogen des Rasse- und Siedlungshauptamtes ausgefüllt, um seine arische Abstammung, die für letzteres notwendig war, nachweisen zu können.[18] Deshalb ist auch die Behauptung, dass der Vater zwangsweise zur SS gekommen sei, weil man als Polizist automatisch SS-Mitglied werden musste, falsch. Sie stellt im Übrigen eine beliebte Ausflucht bei NS-Nachkriegsprozessen dar, in denen die Beschuldigten vortrugen, ohne ihr Zutun zur SS gekommen zu sein. Richtig ist, dass erst nach dem freiwilligen Eintritt in die SS quasi automatisch die Dienstgradangleichung eines Polizeirangs an einen entsprechenden SS-Rang erfolgte.[19]

---

18 Siehe Fußnote 27, S. 29

19 Vgl. Buchheim, Hans, Die SS – das Herrschaftsinstrument, in: Anatomie des SS-Staates, Nördlingen 1999, S. 103; vgl. auch Schnorbachs Bitte um Aufnahme als Fördermitglied der

2.) Auch die Meinung, dass der Vater kein NSDAP-Mitglied gewesen sei, ist unzutreffend.[20] Hier ist noch zu erwähnen, dass auch Dora Schnorbach Parteimitglied war. Sie war am 1. April 1941 in die NSDAP eingetreten, nachdem sie am 15.3.1941 die Aufnahme beantragt hatte.[21]

3.) Ebensowenig ist belegt, dass Philipp Schnorbach Ende des Krieges Angehöriger der Waffen-SS gewesen sein soll. Allerdings war er zeitweilig Mitglied eines SS-Sonderkommandos im Rahmen der „Werwolf"- Aktion. Dazu, und zu den angeblichen Folterungen im KZ-Dachau sowie zu den Tötungen hilfloser amerikanischer Fallschirmspringer, mehr S. 34ff. und S. 43f. Ansonsten scheint es nicht so zu sein, dass Harald und Maria Schnorbach ihren Vater jemals zu den Vorgängen im KZ-Dachau persönlich befragt hätten.

Schutzstaffel vom 1.4.1938, Dokument 2.

20 Vgl. Antrag auf Aufnahme in die NSDAP vom 16.6.1937 (Dokument 3) und NSDAP-Karteikarte Dokument Nr. 4.

21 Siehe Dokument 5, BArch R9361-IX Kartei/39010475.

3. Engerser Zeitgenossinnen und Zeitgenossen über Familie Schnorbach

Obwohl das Ende der Nazi-Herrschaft schon fast achtzig Jahre vorüber ist, sind Philipp Schnorbach und seine Familie den alten Engersern noch lebhaft im Gedächtnis.

Beginnen wir beispielhaft mit den Erinnerungen einer Jugendfreundin von Maria Hirsch: Frau Katharina T. gehört dem gleichen Jahrgang wie Maria an (1929) und wohnte gegenüber der früheren Amtsverwaltung in der Bendorfer Straße, wo auch Philipp Schnorbach sein Büro hatte.

Beide Mädchen besuchten sich häufig gegenseitig. Maria habe Klavier spielen können, weswegen sie ihre Freundin bewunderte und beneidete. Ein Klavier hätten sie sich nicht leisten können. Frau T. schildert Maria als ein kräftiges und aufgewecktes Mädchen, das ohne Scheu auf andere Menschen zugehen konnte. Als Tochter des Ortspolizisten habe sie jedoch Wert auf den Hitlergruß gelegt, statt die sonst üblichen Anreden wie „Guten Tag" zu benutzen.

Die Mutter von Maria, Dora Schnorbach, sei eine kräftige Frau und immer nett zu ihr gewesen. Sie war als Mitglied der NS-Frauenschaft auch durchaus sozial.[22] So habe sie einige arme Familien, die ihr gegenüber in der Schloßstraße wohnten, unterstützt. Der Vater, Philipp Schnorbach, ein „stabiler Mann", habe sie und die Kinder nicht beeinflusst. Sie könne nichts Schlechtes über ihn sagen – allerdings sei sie damals ein Kind gewesen, das über die politischen Verhältnisse wenig wissen konnte.

So sei sie – „wie alle anderen Mädchen" – Mitglied im Jungvolk und im BDM (Bund deutscher Mädel, G.S.) gewesen. Die Jungmädels habe man damals auch

---

22 Die „NS-Frauenschaft" arbeitete im Sinne der NS-Ideologie und vertrat ein konservativ-reaktionäres Frauenbild. Juden hatten keinen Zutritt. Konkretes zu Ideologie und Praxis der NS-Frauenschaft bei Jungbluth, Uli, Zur Nazifizierung der Deutschen. Machtergreifung im Westerwald, Höhr-Grenzhausen 1993, S. 300-304.

als „kleinste Küken von Hitlers großem Heer" bezeichnet. Sie sei mit Freude bei der Hitler-Jugend gewesen, erzählt sie. Als Kinder hätten sie mehr die schönen Seiten, wie marschieren und singen, gesehen. Auch sei sie gerne zu den Gruppenstunden im HJ-Heim gegangen. Die Partei und die Politik hätten für sie keine Rolle gespielt.
Später sei sie zusammen mit Maria zur Lehrerinnen-Bildungs-Anstalt auf der Insel Nonnenwerth bei Bonn gegangen. Wegen der Kriegsentwicklung hätten sie die Ausbildung aber abbrechen müssen.

An den Geburtstagen von Adolf Hitler, am jeweiligen 20. April, habe es auf dem Schulhof Fahnenappelle und das Lied „Die Fahne hoch" gegeben, erinnerte sie sich. Bei den Feiern zum 1. Mai sei eine Maikönigin dabei gewesen. „Herrliche Tage waren das", schwärmte sie für einen Augenblick. Aber Frau T. wusste auch von den problematischen Seiten des Alltagslebens im Nationalsozialismus. In diesem Zusammenhang berichtete sie von einem Vorfall in einer Filiale der Bäckerei Schucht in der Sayner Landstraße, im Haus der Lebensmittel-Handlung von Familie Oerter. Die Zweigstelle sei von ihrer Tante Trautchen Kohl betrieben worden, die, alleinstehend, drei Söhne ernähren musste und aus einer Mülhofener Familie stammte. Dort habe jemand während der Kriegszeit den „Brot-Witz" erzählt: „Braun wie Hitler, klein wie Goebbels, schwammig wie Göring und schnell fott, wie Hess." Diese Verulkung der NS-Führungsriege wurde bei Schnorbach angezeigt, worauf sich Frau Kohl bei ihm melden musste. Die Sache wurde jedoch niedergeschlagen, weil sich zwei ihrer Jungen zu dieser Zeit im Krieg befanden. Beide sind später gefallen. Einer von ihnen sei im Panzer verbrannt, bemerkte Frau T. noch.
Gegen Ende des Gesprächs sinnierte Frau T. über die Frage, wie Hitler, der ja aus Österreich stamme und nur mit einem Trick die deutsche Staatsangehörigkeit bekommen habe, so groß werden konnte. Das sei nicht zu begreifen. Jedenfalls seien die Nazis „von ihrer Wichtigkeit durchdrungen" gewesen, meinte sie.

In der Erinnerung einer 1933 geborenen früheren Nachbarin, war Philipp Schnorbach „durch und durch" Polizist. Sie hatte ihn in seiner Polizeiuniform auf einem

Gruppenfoto vom Sommer 1940 sofort erkannt. Seine Frau habe Hochdeutsch gesprochen und sei eine gute, freundliche Frau gewesen. Sie habe ihr einmal ein Kleid genäht. Die Tochter Maria sei „nicht schlank und groß" und eine Freundin ihrer Schwester gewesen. Ihr Bruder sei im Vergleich zu ihr groß und schmal ausgefallen.

Ein ehemaliger Schulkamerad dieser Nachbarin erinnerte sich an Philipp Schnorbach als einen lauten und bestimmenden Menschen, vor dem sich die Kinder ängstigten. Er sei oft in Uniform aufgetreten – ein „Halbgott für die Engerser!" Die Tochter Maria sei ein sportliches Mädchen gewesen und ihr Bruder Harald ein aktiver Jugendführer, der oft im HJ-Heim in der Engerser Siedlung tätig war.

Der vormalige Engerser Hitler-Junge Erich B. schilderte mir ein Erlebnis mit Philipp Schnorbach, das er als 10-12jähriger Junge mit ihm gehabt hatte. Damals habe er eine HJ-Übung oder eine HJ-Gruppenstunde vergessen, weil er mit hölzernen Handgranaten auf dem Friedrichsberg gespielt hatte. Deshalb wurde er zur Polizei in die Amtsverwaltung zitiert. Dort habe Schnorbach ihn regelrecht „zur Sau" und kleinlaut gemacht. Aber beim Anblick seiner blanken Gamaschen und seiner Orden und Ehrenzeichen auf der Brust, habe er wieder Mut gefasst. Er erklärte Schnorbach, dass sein Vater im Krieg – und zwar im Kessel vor Moskau – gewesen sei. Nach dieser Bemerkung sei Schnorbach ruhiger geworden. Er hatte ihn offenbar an einer wunden Stelle getroffen, denn er war „bloß" an der Heimatfront und nicht im Krieg.

Ein weiterer Engerser Mitbürger, Karl Bleidt, Jahrgang 1928, dessen Vater seit Ende des 1. Weltkrieges Mitglied der KPD gewesen war, erinnerte sich an Schnorbach in folgender Sache: Dieser habe ihn wegen „Nichtantretens" zu einer Übung auf die Burg Stahleck (in der Nazi-Zeit ein Jugend-Erziehungs- und Straflager, G.S.) bringen wollen.[23] Generell habe ein ständiger Kampf zwischen Kirchen- und Messdienerdienst und den HJ-Aktivitäten stattgefunden. So sei er einmal mit

---

23 Wie es dort zuging, wird in einem Fall aus dem Spruchkammerverfahren noch deutlicher.

seiner Mutter auf dem Weg zur Kirche gewesen, wobei ihnen eine Schar von Hitlerjungen unter Führung von Schnorbach begegnet sei. Auf die Frage von Schnorbach habe er geantwortet, dass er zur Kirche wolle. Aber auf eine Handbewegung Schnorbachs hin habe er sich in das Fähnlein eingereiht; seine Mutter sei weiter zur Kirche gegangen. Solche Eingriffe in das Privat- und Familienleben hatte man offenbar hinnehmen müssen, wenn man Ärger vermeiden wollte.

Zum Schluss noch zwei Begebenheiten, die mir ein damals jugendlicher Nachbar von Schnorbach, Werner Scheidweiler (Jahrgang 1932), schilderte:
Ein gemeinsamer Nachbar seiner Familie und der Familie Schnorbach, Johann Dieterich, habe wenn er betrunken war, eine „große Schnauze" riskiert und dabei auch Kritik am Regime von sich gegeben. Deshalb sei er eines Tages zur „Umerziehung weg gekommen". Nach seiner Rückkehr hat er bei den Ansprachen des Führers oder bei Sondermeldungen, die über das Radio, den so genannten „Volksempfänger" verbreitet wurden, die Nazi-Lieder bei geöffneten Fenstern laut mitgesungen. Offenbar deshalb, um seinem Nachbarn Schnorbach zu zeigen, dass seine „Umerziehung" gelungen war. Über den Ort seiner Verwandlung konnte und wollte er nicht sprechen. Von Werners Vater darauf angesprochen meinte er nur: „Dort wo ich war, will ich nie mehr hin."
In einem zweiten Fall hat Werner eine persönliche Erfahrung mit Schnorbach, dessen Frau und Tochter gute Kundinnen des kleinen landwirtschaftlichen Ladens seiner Eltern waren, gemacht: Eines Tages sei er in sein Büro in der Amtsverwaltung, welches sich im Flur gleich links hinter dem Hauseingang befand, einbestellt worden. Er soll bei einer Gruppe von Jugendlichen dabei gewesen sein, die an der Rheinmündung des Saynbachs Schießübungen auf Weinbergschnecken veranstaltet hätten. Tatsächlich war unter dieser auch sein älterer Freund Max Schwenzer, der eine Schreckschusspistole, ein Luftgewehr und einen „Flobert", eine leichte Übungswaffe, besaß.[24] Max setzte die Weinbergschnecken hintereinander auf einige herumliegende Sandsteinbretter und ließ sie in Richtung Rheinmündung treiben. Dort angekommen, sollten dann möglichst viele

---

24 Max Schwenzer war im Krieg Panzerschütze, G.S.

Schnecken vom Ufer aus „abgeschossen" werden. Dies habe ihm die Vorladung zu Schnorbach eingebracht. Als er ihm am Termin gegenübertrat, sprach er ihn als Nachbarn einfach mit „Guten Tag, Herr Schnorbach" an. Daraufhin sei der zu seiner Überraschung sehr böse geworden und habe ihn postwendend vor die Tür gesetzt, damit er ihn noch einmal richtig mit „Heil Hitler" begrüßen könne. Werner Scheidweiler hatte wohl das Emaille-Schild im Flur übersehen, worauf seiner Erinnerung nach stand: „Unser Gruß soll 'Heil Hitler' sein". Auf diese Weise brachte Schnorbach den jungen Leuten die faschistischen Umgangsformen bei. Er war eben „durch und durch Polizist" – für Hitler.[25]

3.1 Ergänzung der Lebensdaten zu Philipp Schnorbach aus seiner Engerser Zeit 1935 bis 1945

Nachdem Schnorbach am 1. Februar 1935 nach Engers versetzt worden und mit seiner Familie in das Haus von Friedrich Meurer in der Schloßstraße 14 eingezogen war,[26] setzte er seine soldatische Traditionspflege fort. Er war Geschäftsführer im Reichskriegerbund und gründete parallel dazu am 1.11.1936 die Engerser Soldatenbund-Kameradschaft, deren Führer er bis zur Vereinigung mit dem NS-Reichskriegerbund war. Außerdem fungierte er als Geheimer Beobachtungsmann der HJ und war Mitglied der N.S.V. (Nationalsozialistische Volkswohlfahrt), des R.L.B. (Reichsluftschutzbund) und des D.R.L. (Deutscher Reichsbund für Leibesübungen).[27] Da Schnorbach schon seit 1937 ehrenamtlich

---

25 Solche Schilder hingen an vielen Eingängen von Werkstätten und Fabriken in Deutschland. Für Neuwied gibt es ein praktisches Beispiel von der Firma Winkler und Dünnebier: Dort hing ein Schild mit den Worten „Trittst als Deutscher du hier ein, soll Dein Gruß 'Heil-Hitler' sein."
26 Zum Umzugsdatum vgl. den maschinenschriftlichen Lebenslauf ohne Datum, angefertigt während seines Arbeitseinsatzes im „Arbeitskommando 66 C Chemische Werke Albert" während der Internierung im Lager Darmstadt.
27 Siehe Fragebögen des Rasse- und Siedlungs-Hauptamtes Berlin vom 8. November 1938 für Philipp und Dora Schnorbach mit handschriftlichen Lebensläufen und Bewerbungsfotos vom gleichen Datum als Anlagen zum Fragebogen. Quelle: Bundesarchiv Berlin (BArch R 9361-III/182282), vgl. Dokumente 6 (Philipp Schnorbach) und 7 (Dora Schnorbach).

für den Sicherheitsdienst der NSDAP, den „SD" arbeitete, wurde er nach eigenen Angaben 1940 aus der allgemeinen SS in diesen versetzt. Damit nicht genug: 1939 wurde er „K.-Stammführer" der HJ (kommissarischer?, G.S.) und damit Angehöriger des Führungskorps.

In der Zeit von 1941 bis 1944 war er Standortführer der HJ im Rang eines Gefolgschaftsführers und von 1942 bis 1944 V-Mann des SD.[28]

Hier ein Beispiel der Tätigkeiten von Philipp Schnorbach, welches im Nationalblatt vom 30. März 1942 veröffentlicht wurde: Unter der Überschrift „Stamm VII/243 vollzählig angetreten! Stammtreffen mit großer Morgenfeier in Engers" wird berichtet: „Stamm VII mit 800 Jungen und 200 Mädel zur Morgenfeier und zum Stammappell angetreten!", konnte Stammführer Schnorrbach (sic) gestern morgen Punkt 10 Uhr dem Bannführer Ruech auf dem Schloßplatz in Engers melden."[29]

Aus all diesen Angaben kann man erkennen, dass Schnorbach ein rundherum aktiver und überzeugter Gefolgsmann des Nazi-Regimes war. Sein „ganzes Ziel war arbeiten und streben", wie er in seinem Brief an Heinrich Himmler bekannte. Allerdings kamen hierbei auch private Motive ins Spiel: Denn er wollte während seiner Engerser Zeit unbedingt aufsteigen! Im Zuge seiner Versuche, dieses Ziel zu erreichen, forderte aber auch das NS-Regime seinen Tribut.

3.2 Schnorbach privat: Aufstiegsversuche und Karriereknick

In seinem Lebenlauf aus dem Arbeitskommando 66 C stellt er dar, auf welche Weise dies geschah.

Bis 1937 sei er vollständig unpolitisch gewesen, schrieb er. Nach verschiedentlichen Eingaben zur Zulassung zu einem Polizeimeister-Lehrgang habe man ihm

---

28 Siehe Klageschrift der Spruchkammer vom 29.4.1948 sowie Lebenslauf aus Arbeitskommando 66 C (ohne Datum); zur V-Mann-Eigenschaft siehe Spruch der Spruchkammer vom 23.9.1948. Quelle: HHStAW, Akten der Spruchkammer Darmstadt-Lager, Best. 520/38 Nr. 61222.
29 Vgl. LHAKo-Romm. Best.630,515 Nr. 10.

zu verstehen gegeben, dass er ja nicht einmal der Partei angehöre, was aber von einem Polizeibeamten der weiterkommen wolle unbedingt verlangt werden müsse, da andernfalls seine politische Zuverlässigkeit in Frage gestellt sei. Er hatte aber auch selbst schon die Überzeugung gewonnen, dass er nach dem wirtschaftlichen Aufstieg Deutschlands als Beamter nicht mehr abseits stehen dürfe. Sein ganzes Streben ging nun dahin, Kriminalbeamter zu werden. Im März 1939 wurde er zur Kriminalschule nach Köln einberufen. Dort wurde den Lehrgangsteilnehmern seitens der Leitung klargemacht, dass der Ersatz zur Kriminalpolizei (das Auffüllen des Personalbestandes, G.S.) nur noch aus der SS entnommen werde. Zugleich machte man den Teilnehmern den Vorschlag, in die SS einzutreten, was auch gleich mit der Vorlage entsprechender Formulare bekräftigt wurde. Diese wurden dann auch von allen Teilnehmern ausgefüllt. Danach erfolgte die Einstellung in die SS mit entsprechender Dienstgradangleichung. Nun sollten sich alle um eine freie Stelle bei der Kriminalpolizei bewerben. Offenbar wollte Schnorbach diese Anforderung mit einem Karrieresprung verbinden, denn er bewarb sich sogleich um die Zulassung zu einer Kriminalkommissarlaufbahn. Hierfür musste er eine Eignungsprüfung ablegen, die aber nie beschieden wurde. Im Sommer 1941 stand eine Einberufung zur Kriminalpolizei nach Bad Kreuznach an – aber seine Gesundheit machte ihm einen Strich durch die Rechnung. Wegen eines Herzleidens musste er sich in ein Sanatorium begeben. Schließlich wurde er polizeidienstuntauglich geschrieben und schied deshalb aus dem exekutiven Polizeidienst aus. In Engers bekam er eine Stelle als Verwaltungssekretär auf Widerruf.

Durch seine Bewerbung zur Kriminalkommissar-Laufbahn wurde der Koblenzer SD auf ihn aufmerksam mit der Folge, dass er dort, bzw. auf der Außenstelle des SD in Neuwied, ehrenamtlicher Mitarbeiter wurde. Hierdurch gewann er einige Einblicke in das Innenleben der Partei und das Treiben der höheren Parteiführer. So hatte er Gelegenheit, von einigen „Schweinereien" – z. B. von einem Zechgelage mit Festessen aus einer Schwarzschlachtung – zu erfahren und dies an höhere Stellen im guten Glauben, dass von dort eingegriffen werde, weiterzugeben. Das habe ihm aber eher die Feindschaft von Kreis- und Parteileitung eingebracht, behauptete Schnorbach. Vermutlich deshalb sei er nicht mehr als ehrenamtlicher Mitarbeiter,sondern als V-Mann geführt worden. Das habe er aber erst während seiner Lagerhaft in Darmstadt durch einen ehemaligen Führer des SD erfahren.[30]

Vermutlich im Laufe des Frühjahrs oder des Sommers 1942, als Schnorbach mit dem Verlust seiner Polizeidienst-Stelle haderte[31] und von seinem Herzleiden geplagt wurde, gelangte Schnorbach an einen Tiefpunkt, der ihn dazu brachte, einen persönlichen Klagebrief an seinen obersten SS- und Polizeichef Himmler zu schreiben.

Hierin beschrieb er die vielfältigen Hindernisse, die ihn an einem Aufstieg hinderten, nachdem er erkannt hatte, dass es in Engers aufgrund des Stellenmangels kein Fortkommen für ihn gebe. Ein Gesuch mit der Bitte um Versetzung zur Gendarmerie sei ebenso abgelehnt worden, wie die Versetzung zur Sicherheitspolizei, nachdem er vergeblich auf eine Kriminalpolizei- und SD-Stelle in Idar-Oberstein gehofft hatte. Auch ein Vorschlag seines Amtsbürgermeisters, ihn und den Kollegen Sauer zu befördern, sei abgelehnt worden. Stattdessen habe man jüngere Kollegen vorgezogen. Hierdurch war Schnorbach dermaßen enttäuscht, dass er sich sogar zum Kolonialdienst meldete, was aber offenbar auch im Sande verlief. An dieser Stelle erwähnte er noch, dass er sich Anfang des Krieges (1939, G.S.) freiwillig an die Front gemeldet habe um seine „ganze Person dem Führer zur Verfügung" zu stellen. Dennoch sei auch ein Versetzungsgesuch nach Polen kurz nach dem Polenfeldzug abschlägig beschieden worden. Nach all diesen Bemühungen habe er seine ganze Kraft dem Dienst in der Heimat gewidmet.

---

30 Wie dem auch sei: Philipp Schnorbach ist auf einer Mitarbeiterliste des SD-Koblenz aufgeführt, die einem Schreiben des damaligen SD-Führers Wilhelm Traub vom 30. Juni 1941 beigefügt wurde. Damit unterrichtete Traub seine Mitarbeiter über die anstehende „Suspendierung" des SD-Abschnitts Koblenz aufgrund des angelaufenen Vernichtungskrieges gegen die Sowjetunion (vgl. Landeshauptarchiv Koblenz, Bestand 662,6 Nr. 341-344). Traub war später Gebietskommissar in Nowogrodek (Weißrussland) und als solcher verantwortlich für mehrere Vernichtungsaktionen gegen die dortige jüdische Bevölkerung (vgl. Salz, Günther: Ein Leben – zwei Karrieren. Der Engerser SS-Mann und Kripobeamte Rudolf Schmücker, Norderstedt 2021, S. 168-176).

31 Am 30. März 1942 verlieh Amtsbürgermeister Stein Schnorbach die Amtsbezeichnung „Amtssekretär auf Widerruf". Siehe LHAKo-Romm., Best. 655,126 Nr. 813.

Im Januar des Jahres (1942, G.S.) habe er plötzlich starke Herzschmerzen verspürt. Nachdem ihm zwei Ärzte unterschiedliche Diagnosen gestellt hätten, habe er sich beim Amtsarzt vorgestellt. Dieser meinte, dass sein Herz zu schwach für den großen Körper sei. Daher kämen seine Atemnot und der Schweißausbruch. Deshalb habe ihm dieser eine vierwöchige Kur in Bad-Wörrishofen verschrieben. Wegen akuter Schmerzen habe er sich krank gemeldet und beim Amtsinspektor wegen Übernahme der Kurkosten vorgesprochen. Der habe ihm erklärt, dass er die Verpflegung in der Kur selbst bezahlen müsse. Und wenn die Ärzte dasselbe feststellten, würde er eben pensioniert.

Über diese Aussage war Schnorbach sehr erbost. Das seien „die Sachen, die man einem kleinen Beamten in Aussicht stellt, der seine Pflicht getan hat", meinte er. Er könne nicht glauben, „dass ein Beamter der seine Pflicht getan und neben seinem Beruf noch jede freie Minute bei Tag und Nacht für Partei u. Staat arbeitet, wie ein Arbeitsgerät nebenhin ab(ge)stellt" wird, weil er zur Zeit nicht in der Lage sei, seinen Dienst zu machen. Danach zählt Schnorbach seine Ehrenämter auf und nennt dazu auch Personen, die seine ehrenamtlichen Tätigkeiten bezeugen könnten. Abschließend weist er darauf hin, dass auch seine Frau Parteimitglied und jahrelang Kassenwalter der NS-Frauenschaft sei. Auch die Kinder hätten Führerstellen in der Hitlerjugend.

Schnorbach schließt seinen Brief mit den Worten ab: „Für alle diese meine (..) Arbeit, soll ich jetzt auch noch die Verpflegung einer Kur selbst bezahlen und etvl. (sic) zur Seite gestellt werden, wenn mein Zustand sich verschlechtern und ich nicht mehr soll (sic) polizeidienstfähig werden soll."

Man bemerkt an Inhalt und Orthografie, wie erregt und verbittert Schnorbach in diesem Moment ist. Das „Denkmal", als das Sohn Harald seinen Vater im Kopf hatte, wankt. Im Schlusssatz setzt Philipp Schnorbach alle Hoffnung in die höhere Einsicht und Gerechtigkeit seines obersten Herrn, des Reichsführers SS und des Chefs der Deutschen Polizei, Heinrich Himmler: „Ich bitte Sie Reichsführer diese Sache selbst entscheiden zu wollen" schreibt er und unterzeichnet mit „Heil Hitler Hauptw. d. Schutzpolizei u. SS. Hauptscharführer". Ob Heinrich Himmler Schnorbachs Brief je gesehen und sein Anliegen entschieden hat, ist unbekannt.

3.3 Schnorbachs „Endkampf" 1944/45

In seinem Lebenslauf, den Schnorbach während der Internierung oder seinem Einsatz im Arbeitskommando 66 C geschrieben hatte, schildert er relativ ausführlich, wie er das zweite Halbjahr 1944 und das Kriegsende 1945 erlebt hat. Hierbei scheint er auch sein ramponiertes Selbstbewusstsein wiedergefunden zu haben.

Demnach legte er am 1.7.1944 sein Amt als Standortführer der HJ nieder, das er nach Ausbruch des Krieges angesichts der sittlichen und moralischen Verwahrlosung der Jugend in Verantwortung für deren gedeihliches Aufwachsen übernommen hatte. Deshalb habe er auch beim Westwallbau die Aufsicht über die dort eingesetzte Jugend übernommen und ihr Erleichterungen bei der Unterbringung und Verpflegung verschafft. Nach Einsetzen der kalten Jahreszeit sei er sogar beim Leiter des Landesarbeitsamtes in Koblenz, Dr. Unger, vorstellig geworden, um die Zurückziehung der Jugend zu erreichen, was denn auch nach einigen Wochen gelang.

Schnorbach berichtet weiter, dass er am 28.11.1944 einen Gestellungsbefehl des Wehrbereich-Kommandos Neuwied erhalten hat, wonach er sich unverzüglich bei der Polizeiverwaltung in Eltville zu melden habe. Dann begann das „Abenteuer": Statt mit einer Polizeitruppe, bekam er es im weiteren Verlauf mit der SS und ihren Führern zu tun, mit der er bis dahin keinen „näheren Umgang" gehabt haben wollte. Dann deutet er an, dass er bis zu diesem Zeitpunkt die SS für eine ausgesuchte Eliteformation gehalten habe, aber eines Besseren belehrt worden sei. Jedenfalls sei er ins Kloster Tiefenthal (bei Eltville) geschickt worden, wo er Bekannte aus Neuwied und der Umgebung traf, von denen – ebenso wie er – niemand wusste, zu was der Einsatz dienen sollte. Dann bekamen sie Wehrmachtsuniformen und erfuhren, dass sie sich in einem „Polizeistabskompanie-Sonderkommando" befanden. Daraufhin wurden sie dem Verantwortlichen des Kommandos, dem höheren SS- und Polizeiführer „Rhein", zugleich SS-Gruppenführer und Generalleutnant der Waffen-SS vorgestellt, der auf Schnorbach den Eindruck eines „großen, arroganten Menschen" machte, vor dem alle zitterten.

Man habe über ihn als dem „Held von Warschau" gesprochen.[32]
Stroop klärte sie über ihren Auftrag auf: Es handele sich um eine geheime Reichssache, bei der es um die Ausbildung und den Einsatz hinter der herannahenden
Front ginge. Dazu gehörten Sprengungen und Schießen mit lautlosen Waffen
sowie kalte und warme Sabotage. In kleinen Gruppen von 5-6 Leuten solle man
dem Feind auf jede Art und Weise Schaden zufügen. Die Gruppenführer müssten
ihre Leute genau kennen, um bemerken zu können, wenn einer von ihnen weich
zu werden drohte und bei Gefangenschaft etwas verraten könnte. In diesem
Falle habe er die Pflicht, den Betreffenden sofort zu erschießen.

Das machte Eindruck auf Schnorbach. Er schreibt: „Jetzt wurde mir sofort klar,
daß hier jeder Mann zum Verbrecher an seinem eigenen Volke ausgebildet werden
soll ganz gleich welche Folgen für ihn selbst oder die in der Nähe der Gruppe
wohnhafte Bevölkerung entstehen würde. Da ich nun durch meinen Einsatz
am Westwall auch Einsicht in die Kriegslage hatte, war mir klar, daß der Krieg
verloren und dieses Unternehmen heller Wahnsinn sei." So konnte er nur den
Gedanken fassen: „Wie kommst du hier heraus und wie kannst du die Sache
vereiteln." Er meldete sich krank und wurde auch bettlägerig geschrieben. Mit
Hilfe eines Oberscharführers Buhlmann, der gleicher Meinung wie er war, gelang es ihm 14 Tage im Bett zu bleiben, wonach er entlassen wurde. Im Januar
1945 wurde er erneut eingezogen.

Da er keine Ausbildung für die Sabotage hatte, wurde er ins Gebiet Moselland
beordert, um dort Männer ausfindig zu machen, die bei den Sabotageaktionen
mitmachen könnten. Stattdessen begab er sich nach Hause (ob das Engers
oder Osterspai oder ein dritter Ort war, ist nicht bekannt) und wurde erst am
5.3.1945 nach Rhaunen im Hunsrück zum Moselland-Führer Tesch befohlen.
Als dieser gewahr wurde, dass er keinen einzigen Mann melden konnte, sei
er „rasend geworden" und habe ihm den Befehl gegeben, sich ins Forsthaus

---

32 Bei dem Genannten handelte es sich um Jürgen Stroop, der von November 1943 bis Kriegsende
Höherer SS- und Polizeiführer der „Rhein-Westmark" in Wiesbaden war. Er war verantwortlich
für die Niederschlagung des Aufstandes im Warschauer Ghetto vom 19.4. bis 16.5.1943, bei dem
17000 Juden ermordet und danach weitere 49000 Juden in die Konzentrationslager Treblinka
(7000) und Majdanek (42000) gebracht wurden. Vgl. Wikipedia, Schlagwort „Jürgen Stroop".

Kolbenstein (im Vorderhunsrück) zu begeben, um eine Sabotagegruppe zu bilden. Dort habe er aber nur zwei siebzehnjährige Hitlerjungen angetroffen, denen er einen Brief an Tesch mitgab. Angesichts der Kriegslage, die sich dem Rhein näherte, teilte er darin mit, dass die ganze Sache Wahnsinn sei und er nicht mehr mitmache. Wenig später wurde er von zu Hause abgeholt und nach Wallrabenstein (zwischen Limburg und Wiesbaden) zu einer Ersatzeinheit, einer so genannten „Kampfschule" gebracht. Dort habe ihm Sturmbannführer Georg Best eröffnet, dass er wegen Befehlsverweigerung vor ein Standgericht komme. Doch dazu kam es angesichts der herannahenden amerikanischen Truppen nicht mehr. Der Höhere SS- und Polizeiführer Stroop hatte laut Schnorbach inzwischen einen Absetzbefehl für die Schule gegeben und seine persönliche Habe auf Polizeifahrzeuge verladen. Dazu habe er das einzige Krankenfahrzeug (den „Sanka") mit Lebensmitteln für seine Familie „vollgespickt" und „nach hinten" schicken lassen. Diese Erfahrungen brachten Schnorbach ins Grübeln: „Jetzt habe ich auch diese Sorte, die SS-Führer kennen gelernt. Die Männer saßen im Dreck, ihr Leben war verwirkt und gefährdeten viele Bewohner der Umgegend durch ihre wahnsinnigen Taten, die von Führern, die sich selber aber inzwischen in Sicherheit glaubten, angeordnet waren." Für mich, so notierte er bitter, „blieb nur das Standgericht." In dieser Situation gab es für Schnorbach nur eins: „Alles auf eine Karte setzen und flüchten." Da er in Zivil war und die Gegend kannte, gelang ihm das auch. Nach einigen Tagen wurde er in seinem Versteck unbemerkt von den entgegenkommenden „amerikanischen Truppen überrollt", wonach er sich nach St. Goarshausen aufmachte, um sich beim Chef der Militärpolizei, Leutnant McAran, zu melden. Dort wurde er vernommen und nach Hause geschickt. Zusätzlich bekam er einen Registrierschein nach Kassel.

Seinen Lebenslauf beendet Schnorbach mit der Auskunft, dass er am 13.4.1946 verhaftet worden sei,[33] um als Zeuge gegen die Höhere SS- und Polizeiführung Wiesbaden dort und in Dachau vernommen zu werden. Als Resümee seiner

---

33 Laut handschriftlichem Brief an den öffentlichen Ankläger bei der Spruchkammer Darmstadt vom 10. Juli 1947 hatte Schnorbach bis zu seiner Verhaftung seit 1945 in Münchleusel Kreis Alsfeld gewohnt.

irritierenden Erfahrungen bekennt er: „Durch all diese Enttäuschungen kann ich eidesstattlich versichern, dass ich von jedem Nationalsozialismus geheilt bin."

Weitere Einzelheiten über die letzten Kriegsmonate erfahren wir durch einen maschinenschriftlichen Brief Schnorbachs vom 12.7.1948 (mit Internierungsnummer 6558138 und der Spruchkammer-Nummer 12920) an einen amerikanischen Verbindungsoffizier im Lager Darmstadt. Dort berichtet er, dass die Sabotagegruppen mit einer Stärke von 120 Mann durch Stroop vereidigt worden seien. Mit Bezug auf die Geheime Reichssache habe er den Männern gedroht, dass der, der etwas davon nach außen verlauten lässt, erschossen werde.

In seinem Brief präzisiert Schnorbach auch den Einsatz in der Umgebung des Forsthauses Kolbenstein. Dort habe er die große Eisenbahnbrücke zwischen Boppard und Buchholz beim Heranrücken der amerikanischen Truppen sprengen sollen. Diesem Befehl hatte er sich aber durch seine Flucht entzogen, was von Stroop sofort an die Sabotage-Gruppen weitergegeben wurde. Aus Angst vor diesen habe er sich im Wald versteckt, bis die Amerikaner an ihm vorbeigezogen waren. In St. Goarshausen angekommen, habe ihm Leutnant McAran von der dortigen Militärpolizei seinen vollen Schutz und Diskretion zugesichert. Von ihm habe er auch einen Registrierschein und einen Passierschein nach Oberhessen bekommen. Dort sei er von einem anderen amerikanischen Offizier zweimal aufgesucht worden, um weitere Auskünfte zu geben. „Durch diese meine Haltung" – schreibt Schnorbach – „ist es der amerikanischen M.P. gelungen, die ganzen Wehrwolfgruppen[34] unschädlich zu machen, bevor sie voll zum Einsatz kamen." Und das dürfte doch der amerikanischen Truppe und ebenso der Zivilbevölkerung von großem Nutzen gewesen sein, meinte er weiter. Dann erwähnte er auch hier, dass er am 13.4.1946 als Zeuge gegen Stroop verhaftet worden und nach Dachau gekommen sei. Dort habe ihm der vernehmende Offizier erklärt, dass er zur deutschen Behörde komme und entlassen würde. Hier ist also keine Rede von Einzelhaft oder Folterungen!

Stattdessen teilt Schnorbach dem amerikanischen Verbindungsoffizier seine

---

34 Hier erwähnt Schnorbach zum ersten mal den Begriff „Wehrwolf", üblicherweise ohne „h" geschrieben. Näheres über den Werwolf bei Wikipedia, Schlagwort „Werwolf (NS-Organisation)".

Sorgen und Befürchtungen mit: Da die Männer der „Wehrwolfsgruppen" alle in der französischen Zone wohnten, könne er nicht mehr dorthin zurück, weil diese ihn verdächtigen könnten, dass er der Urheber der Zerschlagung der „Wehrwolfsgruppen" gewesen sei. In der amerikanischen Zone könnten sie seiner nicht habhaft werden. Aber bestimmt versuchten sie ihm anders beizukommen. In einem Anflug von Verfolgungswahn unterstellte er den Männern der Engerser Gemeindeverwaltung, die nach dem „Zusammenbruch" seine Wohnung ausgeräumt und die Möbel zum großen Teil verkauft hatten, dass diese mit den „Wehrwolfsgruppen" unter einer Decke steckten. Als Beweise seiner beunruhigenden Vermutung, führt er an, dass der ehemalige Ortsgruppenleiter seine Küche und ein Blockleiter das Klavier der Tochter gekauft habe. Ein weiteres Parteimitglied, das freiwillig in Polen gewesen war, habe dort mit der Antifa gegen ihn zusammen gearbeitet. Das alles bestärkte ihn in seiner Meinung, dass noch andere Nazikräfte in ganz versteckter Form gegen ihn die Hand im Spiel hätten, um ihn auf diese Art und Weise zu vernichten![35]

Am Ende des Briefes versichert Schnorbach, dass seine Angaben voll und ganz der Wahrheit entsprächen. Zum Beleg dafür hängt er seinem Schreiben zwei weitere an, die er im Lager erhalten hatte:

Einmal ein Schreiben des Amtsbürgermeisters von Halsenbach, Herrn Knab, und ein zweites von seinem Bekannten aus der Werwolf-Aktion, Buhlmann. Im erstgenannten Schreiben bezieht sich der Absender auf Schnorbachs Eingabe an den Oberbürgermeister von Koblenz, die ihm am 31.5.1948 zugeleitet worden sei. Er bestätigt ihm, dass er zwei Tage vor Einzug der amerikanischen Truppen in Ehr (einem Haltepunkt an der Hunsrückbahnstrecke) übernachtet und dort seinen Auftrag erwähnt habe, beim Heranrücken der Amerikaner das Eisenbahnviadukt zwischen Buchholz und Boppard sprengen zu müssen. Ehrer Mitbürger hätten ihm bestätigt, dass Schnorbach damals den Befehl absichtlich nicht durchgeführt und seine Gruppe aufgelöst habe. Eine Zerstörung der Brücke hätte wohl die Unterbrechung des Bahnverkehrs auf Jahre hinaus bedeutet, unterstrich der Amtsbürgermeister.

---

35 In der Erinnerung der Tochter Maria habe ihre hilfreiche Nachbarin Nieth vermutet, dass die Möbelverteilung auf das Konto von Leuten gegangen sei, die sich in der Amtsbürgermeisterei „breitgemacht" hatten, also Leute mit Vorstrafen, solche, die „Dreck am Stecken" hatten.

Das zweite Schreiben stellt eine knappe Erklärung dar. Philipp Buhlmann bestätigt Schnorbach, dass er bei seinem Aufenthalt am 22. und 23. März 1945 in
Wallrabenstein bei Idstein im Taunus von Sturmbannführer Georg Best wegen
Befehlsverweigerung gemaßregelt und mit Standgericht bedroht wurde. Dann
sei Schnorbach von der Einheit verschwunden, und man habe nichts mehr von
ihm gehört.

Dass in den unruhigen letzten Wochen des Krieges die Nerven bei Schnorbach
blank lagen, belegt auch eine Aussage seines Engerser Vermieters, des Polster-
meisters Friedrich Meurer. Gegen Ende des Krieges, kurz bevor die Amerikaner
nach Engers einrückten, sei Schnorbach mit einem Motorrad nach Engers zu
seinem Haus gekommen. Er sei sehr aufgeregt gewesen und habe schon im
Hausflur gerufen: „Ich komme zurück, auch wenn der Amerikaner da ist und
lege jedes deutsche Schwein nieder." Zudem habe er beim Betreten des Hauses
seine Frau gefragt: „Lebt denn der Amtsbürgermeister Stein noch, der muss
niedergelegt werden." Dann habe er sie und auch seine Frau aufgefordert, das
Haus zu verlassen. Meurer selbst könne ja nachkommen. Danach sei Schnorbach
gleich wieder weggefahren.[36]

Im Folgenden möchte ich darstellen, wie und warum die Wohnungseinrichtung
der Schnorbachs in fremde Hände kam.
Dazu steht mir die Abschrift eines Schreibens von Frau Dora Schnorbach an das
Amt für kontrollierte Vermögen vom 1.9.1947 zur Verfügung. Hierin erläutert
sie die näheren Umstände: Sie habe zusammen mit ihrer Mutter und Tochter
Engers am 9. März 1945 verlassen, weil die Rheinbrücke täglich angegriffen
worden sei und sie ihre Mutter, die schon 1943 in Kassel ausgebombt worden
war, in Sicherheit bringen wollte.[37] Die Familie sei beim Schwiegervater in
Osterpai untergekommen. Ihren Wohnungsschlüssel habe sie vorschriftsmäßig

---

36 Vgl. Spruchkammerverfahren Darmstadt-Lager, HHStAW Best. 520/38 Nr. 61222
37 Der 9. März 1945 war ausgerechnet der Tag, an dem deutsche Pioniere und Soldaten die
Brücke sprengten, um den Vormarsch der Amerikaner aufzuhalten, was zahlreiche Todesopfer
und Verletzte zur Folge hatte.

beim Hausbesitzer abgegeben. Zusätzlich habe sie den Amtsbürgermeister Stein in Kenntnis gesetzt. Nach dem Einmarsch der Amerikaner sei sie mit ihrer Tochter nach Engers zurückgekehrt. Dort angekommen, erlebte sie eine böse Überraschung: Der Hausbesitzer Meurer eröffnete ihr, dass ihre Wohnung beschlagnahmt und ihre Möbel verkauft worden seien. Meurer habe ihr noch die übrigen Schlüssel abgenommen und sie aus dem Haus gedrängt. Dabei habe sie die Wohnung seit 1935 bewohnt und dazu noch ihre Mutter und ihre Schwester beherbergt. Auch habe sie weder eine Beschlagnahmungsverfügung noch eine Aufstellung über ihre Sachen erhalten. Ihr Hausbesitzer, selbst Parteigenosse und Blockleiter, habe ihr Klavier für 250,- Mark gekauft und für 325,- Mark an eine Frau aus der Bendorfer Straße verkauft. Ihre Küche sei an den früheren Ortsgruppenleiter Laufenberg gegangen. Ihr Küchenherd, der Kleiderschrank und ein Küchenschrank seien an verschiedene Personen aus Engers verkauft oder abgegeben worden (diese Personen werden einzeln benannt, G.S.). Mehrere Dinge, wie ein Einmachschrank, eine Geweihlampe u. a. seien von einzelnen Personen zurückgegeben und später wieder beschlagnahmt worden, darunter auch Besitztümer ihrer Mutter und Schwester. Eine Frau aus der Schloßstraße habe vier ihrer Kissenbezüge mit ihren Initialen gehabt, die sie angeblich von der Caritas bekommen habe.[38]

Man sieht, dass sich Frau Schnorbach wohl mit Hilfe ehemaliger Freunde und

---

38 In der Engerser Amtschronik wird dieser unruhige Zeitabschnitt wie folgt beschrieben: „Mit dem Eindringen der Amerikaner (am 25. März 1945, G.S.) drängte sich auch ein Herr an die Öffentlichkeit, der bisher in Engers nur wenig bekannt war. Er hieß Felsing. Er rühmte sich, gegen die N.S.D.A.P. tätigen Widerstand und für die Alliierten im Kriege Spionage- und Sabotagedienste geleistet zu haben. Es gelang ihm, von den Amerikanern zuerst zum Orts- und dann zum Amtsbürgermeister ernannt zu werden. In dieser Amtszeit erfolgten durch ihn bei aktiven Parteimitgliedern und Evakuierten unberechtigte Beschlagnahmungen an Wohnungen, Möbeln, Kleidern, anderen Gebrauchsgegenständen und Lebensmittelvorräten. Die Beschwerden der Geschädigten führten dazu, dass Herr Felsing von der Kommandantur zu Neuwied seines Postens als Amtsbürgermeister enthoben wurde. An seine Stelle wurde am 10.7.1946 Herr Dr. F. (Felix, G.S.) Gerardus berufen (der Nachname schrieb sich „Gerhardus", G.S.). Am 1.8.1946 erhielt Herr Peter Meurer (SPD, G.S.) seine Ernennung zum Ortsbürgermeister". (...) Am 10. Juli wurde die bisherige amerikanische Besatzung durch französische abgelöst." (S. 88 und 89 der maschinenschriftlichen Übertragung der handschriftlichen Chronik, Privatarchiv Salz.)

Nachbarn schnell einen Überblick verschaffen konnte. Obendrein benannte sie Pfarrer Weber und dessen Eltern aus Bad Kreuznach, mit denen sie lange Jahre zusammen gewohnt hätten, als Kenner und Zeugen ihres Besitzes. Sie war offenbar ähnlich umsichtig wie ihr Ehemann.

Der Situationsschilderung folgten drei weitere eng beschriebene Seiten mit einer akribischen Aufstellung ihrer Wohnungseinrichtung, aufgeteilt nach Küche, Herrenzimmer, Esszimmer, Schlafzimmer, Flur, Waschküche, Speicher und Keller, einschließlich der Bettwäsche, der Handarbeiten, der Kleidungsstücke, der Schuhe und Gardinen. Daraus geht deutlich hervor, dass es Familie Schnorbach in Bad Kreuznach und in Engers zu einigem Wohlstand gebracht hat, im Gegensatz zu vielen ihrer Nachbarn aus der Schlossstraße. Hier sollen nur einige ausgewählte Stücke benannt werden, auch um Hinweise auf Lebensstil und Mentalität der Schnorbachs zu erhalten.
Bei der Kücheneinrichtung werden neben Tischen, Stühlen und Herd Marke Stromberg, verschiedenes Geschirr, darunter 6 Glasteller, 6 Dessert-Teller, 4 Wirtschaftsteller, 2 Kuchenteller und 2 Fleischplatten, aufgeführt. Auch ein Wecker als Sparkasse mit Inhalt wird erwähnt.
Im Herrenzimmer befanden sich Schreibtisch, Sessel, Bücher- und Rollschrank, das Klavier nebst Drehstuhl und Klavierlampe, sowie eine Geige und eine Zither. Weiter ein Chaiselongue mit Decke und Wandbehang, Geweihlampe, ein Rehfell nebst Kleiderhaken aus Rehfüßen, ein Rehkopf und 12 Rehgehörne. Auch ein Bild mit brüllendem Hirsch fehlte nicht. Dazu gab es 3 Bände Jagdgeschichte, 3 Bände Wilddieberei, ein Band über Berufsverbrecher und ein Buch über die Olympiade 1936 mit Vergrößerungsglas. Daneben 3 Bände über Kriminalverbrechen und 2 Bände Polizeipraxis. Auch die Schulliteratur der Schnorbach-Kinder war hier komplett zu finden. Im Esszimmer fanden sich zahlreiche Gegenstände für eine gehobene Lebensweise und als Ausdruck einer (klein-)bürgerlichen Kultur, wie ein großes Landschaftsbild mit Alpenblick und – zeitbedingt – ein Wandbrett mit Volksempfänger. Hitlers „Mein Kampf" findet sich in der Liste nicht. Es ist m.E. aber kaum vorstellbar, dass Familie Schnorbach dieses Buch nicht besaß.
Im Schlafzimmer befanden sich neben der üblichen Einrichtung ein Kruzifix,

ein großes „Bild von Gott", ein weiteres Bild „Erst ein Kuß" und ein Bild von Kassel-Wilhelmshöhe.

Abschließen möchte ich den Rundgang durch die Wohnung Schnorbach mit einem kurzen Blick in den Keller, wo eine Werkbank mit Schraubstock und Schlosserwerkzeug stand und auf den Vorrat an Kleidungsstücken und Schuhen. Darunter befanden sich u. a. Damen- und Herrenmäntel, rot-blaue Dirndlkleider, ein Knabenanzug Knickerbocker blaukariert, zwei Lüsterjacken und insgesamt drei schwarze Breeches-Hosen. An Schuhen gab es neben Herrenschuhen (u. a. Marke Salamander) ein Paar Reitstiefel und ein Paar neue schwarze Gamaschen. Außerdem waren noch besondere Dinge wie Sonnenbrillen und ein goldener Kneifer, ein Gesangbuch katholisch und mehrere evangelische Gesangbücher, ein Schulranzen für Jungen mit Pferd, eine Puppenküche, eine Eisenbahn mit zwei Maschinen, ein Märklin-Baukasten und ein Kinoapparat mit Filmen in Gebrauch. Was aus all diesen Dingen geworden ist, entzieht sich meiner Kenntnis. Jedenfalls belegen sie, dass es einem Staatsdiener im Nationalsozialismus einschließlich seiner Frau und den Kindern möglich war, gut und gediegen zu leben. Nur wenige Gegenstände weisen auf den ideologischen und kriegerischen Rahmen hin. Offenbar konnten gediegene Bürgerlichkeit und Gewalt auch im NS eine historische Symbiose eingehen.

4. Nachkriegszeit und Entnazifizierung

4.1 Frühe Nachkriegszeit

Wohl aufgrund seiner Furcht vor den Werwolfleuten in der französischen Zone setzte sich Schnorbach rasch nach Kriegsende nach Oberhessen in das kleine Dorf Münchleusel bei Alsfeld in der amerikanischen Zone ab.[39] Dort wurde er laut eigenen (allerdings unterschiedlichen) Angaben am 13. oder 14. April 1946 verhaftet, um anschließend zunächst in Wiesbaden und dann im KZ-Dachau als Zeuge im Fall Jürgen Stroop, der von November 1943 bis Kriegsende als Höherer SS- und Polizeiführer der „Rhein-Westmark" in Wiesbaden tätig war, vernommen zu werden.

Ob er tatsächlich dort war, wie lange und unter welchen Umständen, konnte nicht völlig geklärt werden. Das hat Gründe: Wie mir ein Mitarbeiter der Gedenkstätte Dachau mitteilte, hat man nach der Befreiung des Lagers am 29. April 1945 im darauf folgenden Sommer auf dem KZ-Gelände ein Internierungslager der US-Armee eingerichtet. Leider – so berichtete er mir im September 2023 – könne man keine Angaben zu den Internierten machen, da die Amerikaner alle Unterlagen, die das Lager betrafen, in die USA mitgenommen hätten. Bei einer kürzlich vorgenommenen Anfrage bei den National Archives in Washington sei der Gedenkstätte Dachau mitgeteilt worden, dass die Akten aufgrund von geltenden Schutzfristen weiterhin unter Verschluss stünden.

Am wahrscheinlichsten sei eine Beteiligung bzw. eine Anwesenheit Schnorbachs bei der Ermordung von amerikanischen Fliegern. Tatsächlich wurde dieser Fall auch im Interview mit dem Sohn und der Tochter Schnorbachs 1995 erwähnt. Und beim Prozess gegen Stroop und andere ging es auch genau um solche Fälle,

---

39 Siehe dazu auch den Meldebogen vom 28.3.1947, in dem Schnorbach Münchleusel bei Alsfeld als Wohnort für die Jahre 1945-1946 angibt (vgl. Dokument 8, Spruchkammerakte a.a.O.). Sein Wohnsitz bei Abgabe des Fragebogens war Mittelheim, Kreis Rheingau, Schulstrasse 8, wo er bei einem Vetter untergekommen war.

die so genannten „Fliegerprozesse.[40] Auch der zeitliche Rahmen würde unter Berücksichtigung von Vorermittlungen ungefähr passen: Der Prozess begann am 10. Januar 1947 und endete am 21. März 1947 mit dem Todesurteil für Stroop, welches aber erst am 6. März 1952 in Warschau vollstreckt wurde. Allerdings taucht der Name Schnorbach in einer Zusammenfassung des Prozesses 12-2000 gegen Stroop, die als Mikrofilm beim Internationalen Forschungs- und Dokumentationszentrum für Kriegsverbrecherprozesse (ICWC) in Marburg vorliegt, nicht auf.[41]

Unabhängig davon nehmen die Dachauer Kriegsverbrecherprozesse und darunter besonders der Malmedy-Prozess, eine gewisse Scharnierfunktion in Bezug auf angebliche Folterungen verhafteter deutscher Kriegsverbrecher durch Alliierte im Rahmen des amerikanischen War Crimes Program zur Aufklärung und Sühne deutscher Kriegsverbrechen ein. Denn der Malmedy-Prozess, erklärt Sigel in seinem genannten Werk (S.128), sei zum Auslöser für viele Deutsche geworden, die amerikanische Militärregierung und ihre Politik im Ganzen abzulehnen.

Was war in der belgischen Stadt Malmedy passiert? Im Zusammenhang mit der deutschen Ardennenoffensive hatte Hitler der 6. SS-Panzerarmee befohlen, jeden Widerstand mit Terror zu brechen und keine Gefangenen zu machen. Zwischen

---

40 Dabei handelte es sich um die Misshandlung und Tötung alliierter Fliegerbesatzungen, die notgelandet oder mit dem Fallschirm abgesprungen waren. Näheres bei Sigel, Robert: Im Interesse der Gerechtigkeit. Die Dachauer Kriegsverbrecherprozesse 1945 – 1948, Frankfurt/M.; New York, 1992, S. 113ff.

41 Auf meine Nachfrage beim Hessischen Hauptstaatsarchiv in Wiesbaden konnte etwas mehr Licht ins Dunkel gebracht werden: Demnach war Philipp Schnorbach laut Gefangenenkartei vom 22.3.1947 bis zum 25.9.1948 im Lager Darmstadt interniert (vgl. HHStAW 522, Nr. 564). Das ist ein Indiz dafür, dass er tatsächlich am Stroop-Prozess teilgenommen hat und nach dessen Ende am nächsten Tag in das Lager Darmstadt überstellt worden ist. Demnach ist es auch möglich, dass Schnorbach nach seiner Verhaftung im April 1946 nach Vernehmungen in Wiesbaden im Internierungslager der US-Armee am Standort KZ-Dachau gewesen war. Dafür spricht auch ein handschriftlicher Hinweis auf dem S. 19, Fußnote 12 angeführten Geburts- und Taufregister Kamp-Bornhofen betreffend Philipp Schnorbach. Dieser lautet: „wurde am 10.11.46 in Dachau ... (unleserlich) Prälat Pfanzelt." (Pfanzelt war ein im Raum Dachau bekannter katholischer Priester, der Häftlinge im KZ Dachau unterstützt hat. G.S.)

dem 6. Dezember 1944 und dem 13. Januar 1945 fanden zahlreiche entsprechende Verbrechen statt. Eines davon war die Erschießung von 86 amerikanischen Soldaten, die sich bereits ergeben hatten und schon entwaffnet worden waren. Dieses Massaker fand am Nachmittag des 17. Dezember an einer Straßenkreuzung in der Nähe von Malmedy statt. Weitere Verbrechen wurden auch anderorts an mehr als 100 Zivilisten und an mehr als 350 amerikanischen Soldaten verübt. Diese Massenverbrechen entfachten große Empörung in Amerika, worauf die Ahndung dieser Verbrechen Priorität bekam. So wurde der Malmedy-Prozess schon in der Zeit zwischen dem 16. Mai und dem 16. Juli 1946 im Internierungslager Dachau durchgeführt. Hiergegen richtete sich aber der zunehmende Widerstand deutscher Juristen, insbesondere der Rechtsbeistände der Angeklagten, der Parteien, der Kirchen und großer Teile der deutschen Bevölkerung. Man unterstellte, dass internationales Recht verletzt und Geständnisse mit Hilfe physischer Gewalt oder psychologischer Beeinflussung durch amerikanisch-jüdische Vernehmer erzwungen worden seien. Die Ankläger hätten jedoch nachweisen können, so Sigel, dass es außer der Anwendung üblicher Verhörmethoden und -strategien wie dem Einsatz von Spitzeln und Täuschungsmanövern, keine Misshandlungen der Angeklagten vorgekommen seien.

Angesichts des hartnäckigen Schweigens der SS-Leute stellten die angewandten Methoden keine verwerfliche Praxis dar. Im übrigen sei das späte Einbringen von solchen Vorwürfen unglaubwürdig (vgl. S. 138). Sigel resümiert: „Die Kriegsverbrecherprozesse sollten den Deutschen sichtbar machen, welche Schuld sie durch die nationalsozialistischen Verbrechen auf sich geladen hatten. Dieser Schuldfrage sich zu stellen, weigerten sich die meisten; der Ausweg bestand darin, die rechtliche Gültigkeit der Prozesse in Frage zu stellen, indem man nach juristischen Mängeln suchte und sie auch fand. Mit dem Verweis auf diese Mängel verweigerte man die Auseinandersetzung mit den Verbrechen und dem Problem der Verantwortlichkeit" (S. 195) und warf gleichzeitig den Anklägern „Siegerjustiz" vor.

In diesen Kontext und die damit verbundene öffentliche Hetzkampagne gegen das amerikanische „War Crimes Program" ordne ich die Erinnerungen der Schnorbach-Kinder bezüglich der Quälereien, denen ihr Vater im KZ-Dachau angeblich

ausgesetzt worden sei, ein. Hierbei spielte wahrscheinlich auch die häufig ge-
brauchte Relativierung deutscher Schuld durch die Betonung des eigenen Leids
eine Rolle.[42]

4.2 Auf der Suche nach der Wahrheit:
Das Spruchkammerverfahren am Internierungslager
Darmstadt

4.2.1 Juristische und politische Rahmenbedingungen und die Situation
im Lager

Mit dem Gesetz Nr. 104 zur Befreiung von Nationalsozialismus und Militarismus
vom 5. März 1946 ging die Verantwortung für die Entnazifizierung an deutsche
Behörden über. Zur Umsetzung dieser Aufgabe bildete man so genannte „Spruchkammern" mit öffentlichen Klägern und Berufungskammern als zweite Instanz in
den verschiedenen Besatzungszonen, bei denen alle Deutschen über 18 Jahren
einen „Meldebogen" vorzulegen hatten, damit die dort tätigen Laienrichter[43] sie
in eine der fünf Belastungskategorien – Hauptschuldige, Belastete, Minderbelastete, Mitläufer und Entlastete – einordnen und entsprechend aburteilen konnten.
Da Hessen zur amerikanischen Besatzungszone gehörte, richtete das US-Mi-
litär Anfang 1946 auf dem Gelände eines ehemaligen Kriegsgefangenenlagers
ein zentrales Internierungslager an der Rheinstraße von Darmstadt auf einer
Fläche von ca. einem Quadratkilometer ein. Ein doppelter Stacheldrahtzaun
mit Wachttürmen grenzte das Lager von der Außenwelt ab. Hier lebten zeitweilig mehr als 25000 Personen in Zelten und Baracken zusammen, die sich in
die Demokratie einüben sollten. Deshalb gab es eine Art Selbstverwaltung mit

---

42 Der wissenschaftliche Mitarbeiter der Gedenkstätte Dachau wies mich darauf hin, dass
viele der Misshandlungsgeschichten der Phantasie entstammten oder dass stark übertriebene
Banalitäten zu systematischen Folterungen stilisiert worden seien.
43 Die Laienrichter mussten die Befähigung zum Richteramt oder zum höheren Verwaltungsdienst nachweisen.

einem „Oberbürgermeister" aus den Reihen der Gefangenen, eine Lagerzeitung, ein Lagertheater und sogar eine Lageruniversität. Das Lager diente sowohl als Ort einer Untersuchungshaft, als auch als Arbeitslager, in dem die von der Spruchkammer als Hauptschuldige oder Belastete festgestellten Personen ihre unentgeltlichen Sühneleistungen erbringen konnten.

Dazu zählten auch Arbeitseinsätze außerhalb des Lagers in der näheren Umgebung. Seit Januar 1947 gehörte das Lager zum Geschäftsbereich des Landesamtes für Arbeitslager und unterstand dem Befreiungsministerium als oberster Landesbehörde.[44]

4.3 Stationen des Verfahrens

4.3.1 Vorbereitungen in Engers und Neuwied

Mit der Abgabe des Meldebogens am 28. März 1947 begann für Philipp Schnorbach das Verfahren an der Spruchkammer im Lager Darmstadt. In Engers jedoch hatte der nach dem Krieg neu gebildete Gemeinderat bereits am 8. Oktober 1946 einen parteiübergreifenden „politischen Ausschuss" gebildet, der sich um Fragen der Entnazifizierung kümmerte. Dieser Ausschuss unterzeichnete am 13. August 1947 eine „Entschließung", nach der „der SD-Mann Philipp Schnorbach, früher wohnhaft in Engers, einer der gefährlichsten Nationalsozialisten gewesen ist." Deshalb hätten Andersdenkende ihn gefürchtet und sich vor ihm zurückgehalten. Darüber hinaus beschloss der Ausschuss, zwei Personen, die mit Schnorbach zu tun gehabt hatten, zu vernehmen.

Bereits kurz nach Kriegsende hatte es im August 1945 Beschwerden und Anzeigen gegen Schnorbach bei der Amtsbürgermeisterei Engers gegeben, die später auch Gegenstand der Verhandlung bei der Spruchkammer waren (Wambach, Rüggli und Friedrich (Fritz) Meurer, G.S.). Zunehmend schob sich der Engerser

---

44 Vgl. das Onlinelexikon der Stadt Darmstadt sowie die Online-Datenbank Arcinsys des hessischen Hauptstaatsarchivs.

Kommunist Heinrich Josef Günter, der drei Konzentrationslager und eine Ge-
stapo-Haft überlebt hatte, in den Vordergrund der Aufklärungsbemühungen zur
Person Schnorbach. Denn dieser hatte zusammen mit dem Amtsbürgermeister
Stein für seine erste „Schutzhaft" in den Lagern Esterwegen und Sachsenhausen
in den Jahren 1935 bis Ende 1938 gesorgt. 1944 brachte es das Täterduo Stein/
Schnorbach dazu, dass Günter nach viermonatiger Haft im Gestapogefängnis
Koblenz noch nach Buchenwald in „Sicherungsverwahrung" musste.[45]
In den Jahren 1947/48 ergriff er aktiv die Gelegenheit, im Spruchkammerverfahren
mitzuwirken. So informierte er die Spruchkammer mit Schreiben vom 21.4.1947
darüber, dass Schnorbach ihn gebeten hatte, ihm Unterlagen über ihn, die im
Besitz von Günter waren (!), wegen des Verfahrens zur Verfügung zu stellen.
Aufgrund dieses Vorgangs bittet er darum, als Zeuge vernommen zu werden und
bietet an, der Kammer Belastungsmaterial gegen Schnorbach als Abschriften zu
kommen zu lassen. Die Originalurkunden würde er aber niemandem aushändi-
gen. In einem weiteren Brief an die Kammer vom 31.7.1947 fügt er eine Abschrift
des Schreibens von Schnorbach bei und bittet das Gericht darum, Schnorbach
sofort in dieser Sache eidlich zu vernehmen und ihm (Günter) eine Abschrift
des Protokolls zu übersenden. In der Zwischenzeit wolle er die angebotenen
Aktenabschriften der Kammer zur Verfügung stellen, damit keine Verzögerung
eintreten könne. Gleichzeitig macht er darauf aufmerksam, dass bei Schnorbach
„wegen seines raffinierten Wesens" mit allen Mitteln zu arbeiten sei. „Denn wer
dem SD angehörte und SS-Untersturmführer[46] war und vor keiner Brutalität
zurückschreckte, ist auch heute zu allem fähig", merkte er an.
Am 9.12.1947 bittet Günter den Minister für politische Befreiung schriftlich darum,
zum Termin vorgeladen zu werden und legt mit Schreiben vom 30.3.1948 dem
Ministerium einen Strafantrag gegen Schnorbach und andere wegen Verbrechen
gegen die Menschlichkeit vor.[47] Schlussendlich konnte er am Spruchkammer-

45 Ausführlich: Salz, Günther, „Ich bin und bleibe radikal!" Erinnerung an den Engerser Kommunisten Heinrich Josef Günter und die KPD am Mittelrhein, Engers 2001 (Broschüre vergriffen,
aber bei der Rheinischen Landesbibliothek Koblenz und der Stadtbücherei Neuwied ausleihbar).
46 Hier irrt Günter. Schnorbach bekleidete den niedrigeren Rang des Hauptscharführers.
47 Siehe Dokument 9.

termin,der wegen ihm auch noch auf den 23.9.1948 verschoben werden musste, als Zeuge auftreten.[48]

Außer Heinrich Josef Günter und den Engersern gab es noch eine weitere Instanz, die Philipp Schnorbach im Visier hatte. Dies zeigt ein zweisprachig (französisch/ deutsch) ausgeführter Fragebogen der französischen Militärverwaltung zur Entnazifizierung Schnorbachs, den ich im Frühjahr 2024 im Koblenzer Landes-hauptarchiv fand. Darin sind biografische und einige wenige Angaben zu seinen Mitgliedschaften aufgeführt. Auf dem Deckblatt ist ganz oben handschriftlich vermerkt: „Ist noch nicht in Engers anwesend."
Auf einer extra Seite mit Datum vom 1.12.1945 macht der Behördenleiter des Amtes Engers einen Vorschlag zur weiteren Verwendung Schnorbachs und begründet diesen kurz und bündig: „Sch. war Leiter des SD; mißhandelte Aus-länder, gilt als übelster Aktivist des Amtes Engers." Darunter findet sich ein Vorschlag des Untersuchungsausschusses für den Kreis Neuwied vom 9. Mai 1946, wonach Schnorbach ohne Pension entlassen werden soll.[49] Offensichtlich wusste man zu den genannten Zeitpunkten noch nicht, wohin sich Schnorbach nach dem Krieg abgesetzt hatte. Erst nachdem das Spruchkammerverfahren am Lager Darmstadt in Gang gekommen war, dürften die Engerser erfahren haben, wo er sich aufhielt. Der erste Versuch einer Entnazifizierung Schnorbachs hatte wohl keine weiteren Folgen für ihn. Und das Darmstädter Verfahren lief ganz unabhängig davon ab.
Kehren wir nun zu diesem zurück.

---

48 Dabei hat ihn die Vereinigung der Verfolgen des Naziregimes (VVN) tatkräftig unterstützt.
49 Vgl. LHAKo Best. 856 Nr. 191067 sowie die Politische Beurteilung Dokument 10.

4.3.2 Der Meldebogen vom 28.3.1947

Schnorbach füllte den Meldebogen aufgrund des Gesetzes zur Befreiung von Nationalsozialismus und Militarismus am 28. März 1947 mit dem Hinweis aus, dass er alle Angaben aus „freiem Gedächnis" gemacht habe, da ihm keine Unterlagen zur Verfügung gestanden hätten.[50]

In der großen Rubrik über die möglichen Mitgliedschaften in einer NS-Organisation trug er wahrheitsgemäß seine NSDAP- und seine SS-Mitgliedschaft ein. Die Frage nach der Zugehörigkeit zum SD beantwortet Schnorbach jedoch mit nein, obwohl er zwei Spalten weiter seine Tätigkeit als V-Mann des SD angab. Dass er eine Funktion bei der HJ gehabt habe, bestätigt Schnorbach mit „ja" und gibt als höchsten Rang zutreffender Weise „ehrenhalber Gefolgschaftsführer" an.[51] Auch seine weiteren Mitgliedschaften in der NS-Volkswohlfahrt, im Reichsluftschutzbund und im NS-Kriegerbund hatte er eingetragen. Die Fragen nach Parteiauszeichnungen und eventuellen Vorteilen durch die Mitgliedschaft bei einer Naziorganisation beantwortet er mit „nein" (vgl. Dokument 8, Vorderseite). Auf der Rückseite des Meldebogens hat Schnorbach unter „Zugehörigkeit zur Wehrmacht, Polizeiformation, RAD, OT, Transportgruppe Speer" „Polizei-Stabskompanie" seit 1.12.44 angegeben. Damit kann nur sein kurzzeitiger Einsatz bei der „Werwolf-Aktion" gemeint sein.

Zur Frage, in welchen Organisationen der Wirtschaft oder der Wohlfahrt er ein Amt innehatte, schreibt er „keine". In der achten Rubrik soll Schnorbach Angaben über seine Haupttätigkeit, sein Einkommen und sein Vermögen seit 1932 machen. Hier gibt er seine soziale Stellung mit „Arbeitnehmer" und „Beamter" an. Danach muss er noch die „Firma des Arbeitgebers" bzw. seine Berufsbezeichnung mit Anschrift angeben. Hier trägt er seine Stationen als Polizeiverwaltungsbeamter in Kreuznach und Engers mit der jeweiligen Einkommenshöhe ein. Zur Frage, ob ihm vom Staat, der Partei, der Wirtschaft oder ähnlichen Organisationen bisher nicht aufgeführte Titel oder Dienstränge verliehen worden seien, führt er auf:

---

50 Um diese hatte er ja H.J. Günter gebeten.
51 Im Original wird „Gefolgschaftsführer" abgekürzt.

„Gemäss Erlass M.d.J.[52] v. 1938 SS-Hauptscharführer-Dienstgradangleichung".
Die Fragen, ob für ihn bereits ein Prüfverfahren gelaufen sei und ob seine Beschäftigung von der Militärregierung schriftlich genehmigt worden sei, verneint Schnorbach.[53]

4.3.3 Die Klageschrift vom 29.4.1948

In der Klageschrift des hessischen Ministers für politische Befreiung vom 29.4.1948[54] wird deutlich, dass neben Schnorbachs Angaben im Meldebogen auch die frühen Zeugenaussagen und Belege aus Engers eine gewichtige Rolle spielen. Als zusätzliches Beweismittel wird die Auskunft des Berliner Document Centers (BDC) herangezogen.[55]
Schon die Mitgliedschaften des Philipp Schnorbach in den verschiedenen NS-Organisationen, also die „formalen Belastungen des Betroffenen" machten es für den Minister erforderlich, ihn in die Klasse I der Hauptschuldigen einzugruppieren. Besondere Berücksichtigung erfuhr dabei die Tatsache, „dass er das verwerfliche Amt eines V-Mannes beim SD seit 1942 ausgeübt hatte." Aber auch die Vorermittlungen und Berichte werden zusammenfassend mit einer bedeutsamen qualitativen Aussage des Ministers gewürdigt, die hier wörtlich wiedergegeben werden soll: *„Die Ermittlungen und Berichte, die der Klage zugrunde liegen, lassen in dem Betr. (Betroffenen, G.S.) einwandfrei einen typischen Vertreter der nazistischen Gewaltherrschaft erkennen, der von der einen Seite, wie aus einer eidesstattlichen Erklärung eines Pfarrers hervorgeht, schützend sich vor bestimmte Personengruppen stellte, und auf der anderen Seite mit konsequentester Rücksichtslosigkeit gegen Antifas (Antifaschisten, G.S.) vorzugehen wußte, und dieselben durch Meldung unschädlich zu machen versuchte."*

---

52 Ministerium der Justiz.
53 Vgl. Dokument 11, Rückseite.
54 Vgl. Dokument 12
55 Vgl. Dokument 13

Als Belege für diese Aussage werden zwei Beispielfälle, die Heinrich Josef Günter durch Schnorbach erlitten hat, angeführt: Die Einweisung in das KZ Esterwegen und die Verschärfung einer Gefängnisstrafe wegen verbotenen Waffenbesitzes, die durch die Forderung Schnorbachs, Günter nach Haftverbüßung in Sicherheitsverwahrung zu nehmen, diesen noch Ende 1944 nach Buchenwald brachte. Außerdem wird die Verlogenheit Schnorbachs herausgestellt, der anlässlich des von ihm vorgeschlagenen Tauschhandels „Unterlagen gegen Zeugenaussage zugunsten Günters" im Mai 1947 geäußert hatte, dass Günter unschuldig im KZ gesessen habe, während er doch selbst derjenige war, der ihn dorthin gebracht hatte.

Zusammenfassend wurde festgestellt, „dass es sich bei Sch. um einen der üblen Nazis handelt, die mit Freundlichkeit versucht haben, andersdenkende Menschen zu täuschen und sie dann der Gestapo auszuliefern." Abschließend wird die Beurteilung Schnorbachs durch den politischen Ausschuss der Gemeinde Engers angeführt, wonach Schnorbach einer der gefährlichsten Nationalsozialisten war. Aufgrund ihrer Erkenntnisse und unter Bezugnahme auf die Artikel 5/1 und 7[56] des Befreiungsgesetzes beantragt der Minister für Befreiung als öffentlicher Kläger bei der Spruchkammer die Eingruppierung Schnorbachs in die Klasse I der Hauptschuldigen. Zugleich wird die Anordnung einer mündlichen Verhandlung beantragt.[57]

---

56 Artikel 5 regelte, wer Hauptschuldiger war. Absatz 1 lautete: „Wer aus politischen Beweggründen Verbrechen gegen Opfer oder Gegner des Nationalsozialismus begangen hat." Artikel 7 (I) klärte, wer als Aktivist anzusehen war. Vgl. Wikipedia, Gesetz zur Befreiung von Nationalsozialismus und Militarismus.
57 Gegen Minderbelastete und Mitläufer entschied man in einem schriftlichen Verfahren.

4.3.4 Die Klageerwiderung vom 18.6.1948

In der Spruchkammersache Philipp Schnorbach hatte der Wiesbadener Rechtsanwalt und Notar Dr. Weber die rechtliche Vertretung für Schnorbach übernommen. Nachdem er bereits am 18.11.1947 der Spruchkammer Unterlagen zur Entlastung seines Mandanten übersandt hatte, nahm Dr. Weber am 18.6.1948 Stellung zur Klageschrift vom 29.4.1948. Darin skizzierte er einleitend den Lebenslauf von Schnorbach, der in Bezug auf die objektiven Fakten weitgehend dem bisher Bekannten entsprach.[58]

Dabei ist interessant, wie Dr. Weber einzelne Lebensstationen Schnorbachs konnotiert. Seine Zulassung zum Polizeimeisterlehrgang 1937 sei vom Eintritt in die NSDAP abhängig gemacht worden. Der bis dahin völlig unpolitisch gebliebene Schnorbach sei daraufhin in die Partei eingetreten. Ähnlich sei es ihm auch bei der „Einberufung" in die Kriminalschule Köln 1939 ergangen, wo man ihm die Bedingung, Mitglied in der SS zu werden, gestellt hatte, wenn er Kriminalbeamter werden wolle.

Da Schnorbach aber schon 1937 zu der Überzeugung kam, als Beamter nicht abseits stehen zu dürfen und gleichzeitig vom Wunsch nach Aufstieg beseelt war, wird ihm der Eintritt in die SS nicht so schwer gefallen sein. Und die Dienstgradangleichung als SS-Hauptscharführer, sei einem Ministerialerlass vom Oktober 1938, also einer „höheren Gewalt" zu verdanken, gegen die man sich nicht wehren konnte. Als Sekretär auf Widerruf in Engers sei Schnorbach zur „Dienstleistung" im SD „befohlen" worden. All dies geschieht mit ihm. Nur 1941 habe er sich aus „Sorge um die verwahrloste Jugend" und „auf Wunsch vieler Eltern" für das Ehrenamt in der HJ bereit erklärt. Hier kommen die „Fügungen" des Schicksals mit der Sorge für das „Gemeinwohl" – genauer: für das Wohl der nazistischen „Volksgemeinschaft" – zusammen. All das kulminierte später (1949) in einem persönlichen Schreiben Schnorbachs an die Berufungskammer Wiesbaden in einer ehrenwörtlichen Erklärung, wonach er überall dort, wo er hingestellt worden ist, seine Pflicht getan habe.

---

58 Allerdings wird in der Skizze behauptet, dass Schnorbach im elterlichen Betrieb die Landwirtschaft (und nicht Maschinenbau) gelernt habe, bevor er zu den Soldaten ging.

Im Zusammenhang mit dem Einsatz Schnorbachs bei dem SS-Sonderkommando Ende 1944/Anfang 1945 wird Rechtsanwalt Weber deutlicher. Die Mitgliedschaft bei der NSDAP und der SS sei dem starken Druck auf Polizeibeamte geschuldet gewesen, die Dienstgradangleichung sei automatisch erfolgt. So weit sich die Anklage auf diese Punkte stütze, würde es sich also um berufsbedingte, lediglich formale Belastungen handeln, so Dr. Weber. Auch habe sein Mandant bestritten, V-Mann im SD gewesen zu sein und Spitzeldienst oder Denunziationen vorgenommen zu haben. Überdies sei seine Mitgliedschaft dort nicht geheim, sondern allgemein bekannt und durch seine Tätigkeit in der Polizeiverwaltung bedingt gewesen. Der allgemeine SD habe nur die Aufgabe gehabt, der Führung ein ungeschminktes Bild der öffentlichen Meinung zu übermitteln. Mit dem SD bei den Einsatzgruppen habe er nichts zu tun gehabt. Im Nürnberger Prozess sei der SD deshalb auch von der Anklage ausgenommen worden. Weiter stellt Weber klar, dass nach dem Befreiungsgesetz nur „Leitende Beamte" in die Klasse I fielen; alle anderen gehörten der Vermutung nach in Klasse II.

Zum Engagement Schnorbachs bei der HJ führt Dr. Weber aus, dass sich Eltern und Bürgermeister an ihn, der auch Jugendsachbearbeiter in der Polizeiverwaltung gewesen sei, gewandt hätten, damit er sich der „total verwahrlosten Jugend" annehme.[59] So sei er ehrenamtlicher Gefolgschaftsführer geworden, aber kein „geheimer Beobachtungsmann". Genau dies hatte Schnorbach aber in seinem Lebenslauf als Anlage zum R.u.S.-Fragebogen vom 8. November 1938 geschrieben!

Im Folgenden befasst sich Dr. Weber mit einigen Anklagepunkten, die Heinrich Josef Günter vorgebracht hatte. Nur diese enthielten konkrete Belastungen, merkt er an. Sie sollen hier kurz skizziert werden:

Als erstes wendet er ein, dass sein Mandant bestreite, dass er die „Verbringung" von Günter in ein KZ veranlasst habe. Auf wessen Befehl Günter verhaftet wurde, sei ihm bis heute unbekannt. Auch der diesbezügliche Bericht an die Gestapo sei nicht von ihm, sondern von Bürgermeister Stein abgesetzt worden. Auch den Vorgang aus 1944 wegen verbotenen Waffenbesitzes habe er nicht bearbeitet,

---

59 Die Aufgabe eines Jugendsachbearbeiters ist im Geschäftsverteilungsplan der Amtsverwaltung Engers für den Tätigkeitsbereich von Schnorbach nicht erwähnt.

also auch keine Notiz dazu anfertigen können.

Der Betroffene vermute, dass Stein aus Rache wegen der Verleumdung durch Günter gegen ihn vorgegangen sei. Dafür spreche auch, dass Günter 1945 zu der Ehefrau des Betroffenen gekommen sei und erklärt habe, dass er gegen Stein vorgehen wolle. Bei dieser Gelegenheit habe Günter einige Papiere des Betroffenen mitgenommen. Das könne Frau Schnorbach bezeugen.

Danach kommt Dr. Weber zu einem Schnorbach entlastenden Zwischenfazit: Als Polizist in einem kleinen Ort habe er im Blickfeld der Öffentlichkeit und unter dem Druck der Partei gestanden. Den wenigen Belastungszeugen stünden eine große Zahl von Entlastungsmomenten gegenüber, die zu einer milderen Beurteilung des Angeklagten führen dürften.

Hierzu führt er folgende Belege auf: Der Zeitzeuge Josef Mertz bestätige, dass der Betroffene ein halbes Dutzend politischer Anzeigen gegen ihn habe im Sande verlaufen lassen. Ein Ernst Schmidt habe bekundet, dass sich Schnorbach nicht an der Judenaktion 1938 beteiligt habe. Sein tolerantes Verhalten gegenüber Andersdenkenden habe (der Kommunist, G.S.) Paul Nieth bestätigt. Dann zählt Weber eine Reihe von eidesstattlichen Versicherungen von weiteren Zeitzeugen auf, die Schnorbachs allgemein menschliches Verhalten erhellen könnten. Im Zusammenhang mit der unerlaubten Ausräumung seiner Wohnung, vermute Schnorbach, dass die Stimmungsmache gegen ihn im politischen Ausschuss auf Leute zurückzuführen sei, die auch an der Möbelsache beteiligt waren. Abschließend beantragt Dr. Weber außer den benannten Zeugen noch weitere drei Entlastungszeugen zum Verhandlungstermin zu laden, nämlich Franz Neumann, Weis, Ph. Buhlmann, Frankfurt/M., und Ludwig Nikodemus aus Mittelheim, der mit Familie Schnorbach im gleichen Hause wohnte.

4.3.5 Die mündliche Verhandlung vom 23.9.1948

Nachdem die Spruchkammer Darmstadt-Lager die Amtsverwaltung in Engers über den anstehenden Termin am 6. Juli 1948 informiert hatte, erfolgte am 3. Juli 1948 eine offizielle Bekanntmachung an die Bevölkerung durch den Engerser Amtsbürgermeister. Hierbei werden Personen, die Be- oder Entlastungsmaterial vorzubringen haben, aufgefordert, dieses entweder bei der Spruchkammer, bei ihm oder den Gendarmeriestationen des Amtsbezirks schriftlich zu Protokoll zu geben.[60] Von dieser Möglichkeit wurde tatsächlich häufig Gebrauch gemacht[61] Am 23. September 1948 konnte dann endlich die öffentliche Sitzung der Spruchkammer Darmstadt-Lager (Aktenzeichen D.Lg. XXIV/P/4059/48) stattfinden. Laut Protokoll eröffnete der Vorsitzende Spangenberger um 8,30 h die Sitzung. Außer ihm waren auf Seiten der Kammer zwei Beisitzer namens Martin und Bahr, der öffentliche Ankläger Ernst und der Protokollführer Stibor zugegen. Der Betroffene Philipp Schnorbach war mit seinem Rechtsbeistand Dr. Karl Weber erschienen. Als Zeugen der Anklage waren siebzehn Personen aus Engers und Umgebung versammelt. Hinzu kamen Frau Schnorbach aus Mittelheim und ein Zeuge aus Frankfurt/Main.

Diese wurden aufgerufen und mit dem Gegenstand des Verfahrens und der Person des Betroffenen bekannt gemacht. Sie wurden zur Wahrheitsangabe ermahnt und darüber in Kenntnis gesetzt, dass ihre Aussagen auf Anordnung der Kammer beeidigt werden könnten. Darüber hinaus wurden sie über die Bedeutung des Eides sowie mögliche strafrechtliche Folgen bei unrichtigen oder unvollständigen Anzeigen unter Eid aufgeklärt. Ferner informierte man sie darüber, dass auch unbeeidigte Aussagen die gleichen strafrechtlichen Folgen haben könnten. Nachdem die Zeugen den Saal verlassen hatten, verlas der öffentliche Kläger die Klageschrift. Anschließend wurde Schnorbach zu seinen persönlichen Verhältnissen vernommen. Hierbei berichtete er auch, dass er zwei Kinder im Alter von 20 und 21 Jahren habe und katholischer Religion sei. Er fügte an, dass er dort in

---

60 Vgl. Dokument 14. Der Termin wurde wie schon erwähnt, auf den 23. September 1948 verschoben.

61 In der Ortsgemeinde Weis wurde die Bekanntmachung ausgeschellt.

den Jahren 1939 bis 1945 vorübergehend ausgetreten war. In der Partei habe er kein Amt bekleidet, erklärte Schnorbach. Auch die Parteitage der NSDAP habe er nicht besucht. Sein jährliches Einkommen als Polizeibeamter habe ca. 2770,- Mark jährlich betragen. Seit dem 14. April 1946 befinde er sich in politischer Haft.[62] Nach Aufforderung des Vorsitzenden skizziert Schnorbach seinen Lebenslauf. Bis zu seinem Eintritt in die SS, der hier mit dem 1.4.1939 (statt mit 21.1.1939) angegeben wird, stimmen die Angaben mit dem bisher Bekannten überein.[63] Neu sind einige Details im Zusammenhang mit seiner Mitarbeit beim SD. Hierzu berichtet Schnorbach, dass der Kriminalstellenleiter Hölse (Köln) ihm die Bearbeitung von „Jugendfragen" übertragen habe und er so „in Berührung" mit dem SD gekommen sei. Dort habe er den Behörden Auskünfte politischer Art zu geben, die sich aus dem „Niedergang der moralischen Haltung der Jugend" ergaben sowie dem SD gegenüber deren „positive Gründe" darzulegen. Geheimer Beobachter des SD sei er jedoch nicht gewesen. Daraufhin hielt ihm der Vorsitzende vor, dass er dies aber im Fragebogen für das Rasse- und Siedlungshauptamt angegeben habe. Statt darauf einzugehen, berichtet Schnorbach darüber, dass er Missstände in der HJ-Führung und bei anderen höheren Stellen offengelegt habe. Anschließend kommt er unaufgefordert auf Heinrich Josef Günter zu sprechen.

Er habe diesen nur vernommen, weil eine Anzeige des Werftarbeiters Müller wegen Beleidigung des Amtsbürgermeisters vorgelegen habe.[64] Wie es zu Günters Verhaftung gekommen sei, könne er nicht sagen. Sicher sei sie durch die Gendarmerie vorgenommen worden. Auf die Nachfrage des Vorsitzenden, weshalb er sich dann an Günter wegen seiner Papiere gewandt habe, verweist Schnorbach auf den Besuch Günters bei seiner Frau, bei dem dieser seine Papiere mitgenommen und gesagt habe, dass er, Schnorbach, keine Schuld an seiner Verhaftung trage.

---

62 Vgl. Protokoll der öffentlichen Sitzung der Spruchkammer vom 23.9.1948 S. 1, Dokument 15.
63 Mit Ausnahme der Angabe zu seiner Tätigkeit nach der Volksschule (hier: Mitarbeit im elterlichen Landwirtschaftsbetrieb). Möglicherweise war dies vor seiner Ausbildung als Maschinist der Fall.
64 Laut Schnorbach war der Amtsbürgermeister Chef des Müller.

Bei der weiteren Befragung des Zeugen Günter erklärt dieser, dass er die Akte über seinen Fall vom Landratsamt bekommen habe. Daraus gingen alle Vorgänge klar hervor – auch dass die Anzeige von Schnorbach erstattet wurde. Über diesen Sachverhalt konnte keine Einigung erzielt werden. Schnorbach blieb dabei, dass er mit der Verhaftung und der Verleumdungsklage nichts zu tun hatte. Günter verwies u. a. auf die Anzeige des Betroffenen vom 17.8.1935, woraufhin er ins KZ eingewiesen worden sei.[65] Der Verteidiger versuchte, die Argumente Günters zu entkräften, indem er darauf verwies, dass sein Mandant 1935 noch kein Parteimitglied gewesen sei und daher auch keine Veranlassung für ihn bestanden habe, politische Berichte zu erstellen.

Des weiteren wurde noch die Verurteilung Günters zu Gestapo-Haft im Sommer 1944 wegen verbotenen Waffenbesitzes und seine anschließende Überstellung ins KZ-Buchenwald aufgrund eines Zusatzvermerks von Schnorbach besprochen. Der Kläger behielt sich vor, Günter in dieser Sache noch einmal zu hören.

Anschließend wurden die weiteren Zeugen angehört. In diesem Zusammenhang sollen einige ausgewählte Sachverhalte, die zuvor Gesagtes erweitern oder abrunden oder noch unbekannte Fälle, die erhellende Momente und Aussagen enthalten, dargestellt werden.

So hatte der polnische Zeuge Kowalski, ein 26jähriger Schlosser, zum Fall der Hinrichtung seines Landsmanns Franciszek Matczak am 16. August 1941 im Engerser Feld über die Beteiligung Schnorbachs berichtet. Dieser habe ihn und (lt. Schnorbach) 120 weitere Landsleute[66] an den Rhein bis zur Brücke geführt, wobei er sie gleich verwarnt habe: „Wer versucht sich zu entfernen, der wird umgelegt wie ein Kaninchen." Auch das streitet Schnorbach mit Verweis auf mehrere Zeugen ab und meint, dass das nicht seine Ausdrücke seien. Außerdem könne der Dolmetscher seine Worte verdreht haben. Das wiederum weist Kowalski zurück, weil ein Dolmetscher erst bei der Verlesung des Urteils in der Nähe des Tatortes dabei gewesen sei.

---

65 Siehe Ereignismeldung (Abschrift) vom 18.8.1935 aus „Amtliche Gestapo-Akte Landratsamt Neuwied" von H.J. Günter, in: Privatarchiv Salz, Dokument Nr. 16.

66 Nach einem Exekutionsbericht des Gendarmerie-Kreises Neuwied vom 16.8.1941 sollen es über 50 polnische Zivilarbeiter gewesen sein.

Drei weitere Fälle beleuchten die Haltung Schnorbachs gegenüber Ausländern:

Einem amerikanischen Staatsangehörigen, Mr. Bischweitz, dem durch die Landes-versicherungsanstalt ein Kuraufenthalt in Bad Montorf, Luxemburg, zugebilligt worden war, verweigerte Schnorbach die dafür erforderliche Abmeldung. Dieser habe erklärt, dass für ihn ein Kuraufenthalt nicht in Frage komme. Er sei ja Aus-länder, und auf seine Gesundheit lege er keinen Wert. Diese Angelegenheit wird in der Begründung zum Spruch der Spruchkammer noch einmal aufgenommen.

Beim zweiten Fall handelt es sich um einen jungen Schweizer Bürger namens Helmut Ruggli, der mit seiner Familie in Weis wohnte und an der Spruchkam-merverhandlung zusammen mit seinem Vater Josef teilnahm. Er schilderte, dass er vom Standesamt wegen einer Bescheinigung für seine Personalpapiere zu Schnorbach geschickt worden sei. Dort habe der ihm erklärt, dass er sich eine Stelle in der Schweiz suchen solle. Ruggli schwieg, weil er das Gefühl hatte, dass Schnorbach Streit suche. Dann habe er ihn gefragt, ob er bei der HJ wäre, was er verneinte, und ob er nicht Deutscher werden wolle. Denn „mit Ausländern wäre sowieso nichts".
Ruggli antwortete, dass sich darüber streiten ließe. Daraufhin habe er ihn mit Hand und Faust geschlagen, wobei Rugglis Uhr kaputt ging. Er solle nun „machen, dass er nach Hause käme", war der abschließende Kommentar von Schnorbach. Dieser habe ihm aber später den Schaden ersetzt und sich bei seinem Vater entschuldigt.

Nach dem Vorfall vom 19. Juli hatte sich sein Vater beim schweizerischen Konsulat in Honnef-Rhöndorf zwei Tage später, am 21. Juli 1943, schriftlich über Schnor-bach eschwert. Dabei beschreibt er den näheren Zusammenhang der Anfrage an Schnorbach und den genauen Hergang des Streits:[67]
Den dritten Fall schildert die Engerser Zeugin Marianne Reith, eine 21jährige Hausangestellte: Sie habe 1944 mit einem Holländer gegen 10 Uhr abends einen

---

[67] Wegen der lebendigen Sprache und der atmosphärischen Beschreibung des Vorgangs wird die Beschwerde an das Konsulat im Wortlaut abgedruckt (siehe Dokument 17).

Spaziergang am Rhein gemacht. Dabei seien sie von einer Streife „gestellt" worden und mussten ihre Papiere vorweisen. Sie sei etwas abseits getreten, während der „eine Polizist" (vermutlich Schnug, G.S.) die Papiere des Holländers kontrollierte. Währenddessen sei Schnorbach dazugekommen, wobei sich eine Debatte entwickelte. Dabei habe sie gehört, wie der Betroffene rief: „Der Kerl will frech werden", worauf es zu einer Schlägerei kam, an deren Ende ihr Begleiter liegen blieb. Schnorbach erläuterte, dass er an diesem Abend zusammen mit „Schung" [68] eine „Streife auf Jugendliche" hatte. Als er dazu gekommen sei, hätten die beiden sich „schon an der Krawatte" gehabt.
Sie selbst, berichtete Reith, sei mit zur Polizei genommen und dort verwarnt worden. Außerdem wurde sie dem Bürgermeister und ihrer Arbeitgeberin gemeldet. Weiter sei nichts passiert.

In einem Vermerk vom 1. September 1945 erfährt man mehr über den Hergang und seine Folgen. Darin sagte Frau Reith aus, dass sie mit dem Holländer Jan Boll in Höhe des Engerser Schlosses abends spazieren ging. Dort seien ihnen Schnorbach und seine Frau, ihr Sohn, der Polizeibeamte Schnug und ihre damalige BDM-Führerin Anneliese Müller begegnet. Nachdem sie aneinander vorbei gegangen waren, hörten sie auf einmal wie jemand „Halt" rief. Sie blieben stehen und Schnug habe den Ausweis des Holländers verlangt. Da aber Schnug in Zivil war, erbat Jan Boll zuerst den Ausweis von ihm, gab ihm aber dennoch seine Papiere. Ohne weitere Veranlassung schlug Schnug dem Holländer plötzlich ins Gesicht. Jetzt kam Schnorbach dazu und tätigte seinen Ausruf: „Der will frech werden!" Und danach seien Schnorbach und Schnug über den Holländer hergefallen und schlugen ihn derart, dass er liegen blieb. Trotz seines Schreiens hätten die beiden weiter auf ihn eingetreten. Der Holländer hat Frau Reith später mitgeteilt, dass er sich nur mühsam ins Lager schleppen konnte. Bei dem nachträglichen Verhör im Bürgermeisteramt habe man ihr eine Verhaftung angedroht,

---

68 Hier zeigt sich ein Übertragungsproblem. Während sonst, z. B. in einem Vermerk vom 1.9.1945 über den gleichen Vorgang vom Polizisten Schnug die Rede ist, verwendet Schnorbach lt. Spruchkammer-Protokoll den Namen Schung. Schnug und Schung sind in der alten deutschen Schrift leicht zu verwechseln. Ich gehe weiter davon aus, dass es sich um Schnug handelte.

die nur durch Fürsprache ihrer Arbeitgeberin verhindert werden konnte. Dafür habe sie nach 8 Uhr abends nicht mehr auf der Straße sein dürfen mit Ausnahme des BDM-Dienstes, der ihr zur besonderen Pflicht gemacht wurde.

Ihre Arbeitgeberin habe ihr nach einem Gespräch im Bürgermeisteramt von Schnorbach mitgeteilt, dass dieser der Meinung war, dass der Holländer „bestimmt nicht mehr aufkomme." Dem habe er noch zugesetzt: „Der stirbt, der Junge." So weit ist es nicht gekommen. Aber Frau Reith erfuhr von ihrem abendlichen Begleiter noch, dass man ihm die Brieftasche mit erspartem Geld aus zwei Jahren abgenommen, aber ohne das Geld zurückgegeben habe.

Aussage Wilhelm Süper

Wilhelm Süper, Parteigenosse seit 1933, kam nach eigenem Bekunden 1937 nach Engers zur Polizeiverwaltung wo er mit den im Amt Engers tätigen Polizeibeamten in „engste Fühlung" kam. Aufgrund dessen konnte er sich ausführlich auch über seinen Kollegen Philipp Schnorbach äußern. Hierzu lag ein Vermerk von Süper vom 20. April 1947 vor, der den Anwesenden durch den Vorsitzenden zur Kenntnis gebracht wurde. Darin führt Süper aus, dass Schnorbach in Engers stationiert war und sich großenteils in einem für Polizeibeamte reservierten Raum aufhielt, der direkt neben seinem Dienstzimmer lag. So hatte er verhältnismäßig viel Kontakt zu Schnorbach. Dessen Einstellung zur Politik der NSDAP sei hundertprozentig gewesen. Wiederholt sei es zu Meinungsverschiedenheiten über die Durchführung nationalsozialistischer Maßnahmen zwischen ihnen gekommen. Auf Wunsch (von wem ist unklar) gibt er seine Meinung über Schnorbach ab:

1. In Beziehung zur Bevölkerung allgemein schildert er Schnorbach als einen fanatischen Anhänger der nationalsozialistischen Weltanschauung. Das sei bei all seinen Handlungen zum Ausdruck gekommen. Innerhalb der „Gefolgschaft des Amtes" war er laut Süper der „am meisten Gefürchtete und Gefährlichste". In seiner Gegenwart seien alle Gespräche verstummt, weil sein Hang, den einen gegen den anderen auszuspielen, bekannt war. Wenn Besucher zu ihm hereinkamen und nicht den „Deutschen Gruß" sprachen, schickte er diese wieder heraus oder machte entsprechende Vorhaltungen. Politisch Andersdenkenden

gegenüber sei er rigoros und rücksichtslos gewesen. Auch in kleinen Verstößen gegen Regierungsanordnungen habe er Sabotagehandlungen erkannt.

2. Im Verhältnis zur Jugend stellt Süper dar, dass nachdem Schnorbach 1940 die Führung der gesamten HJ übernommen hatte, der Dienst darin spürbar strenger geworden war. Entschuldigungen bei Fernbleiben seien beinahe restlos zurückgewiesen worden. Bei der Erfassung der jüngeren Jahrgänge und bei Appellen der HJ habe er versucht, die jungen Leute zum Eintritt in die Waffen-SS zu bewegen. Ob er dabei Druckmittel angewandt hat, entziehe sich seiner Kenntnis.

3. Den im Amtsbezirk eingesetzten polnischen Arbeitskräften gegenüber sei er rücksichtslos gewesen und habe diese auch bei kleinen Verstößen angezeigt. Dann berichtet Süper aus seiner Sicht über die Hinrichtung „eines Polen" (Franciszek Matzcak, G.S.), ohne dessen Namen zu nennen.
Durch eine Schwester des Gesundheitsamtes Neuwied sei gemeldet worden, dass eine minderjährige ... aus ... ein Verhältnis mit einem Polen habe (Name und Ort geschwärzt, G.S.).[69] Beide hätten bei einem Verhör den Geschlechtsverkehr eingestanden. Nach Abschluss der Ermittlungen sei der Pole „zuständigkeitshalber" der Gestapo übergeben worden. Nach einiger Zeit hätten mehrere Angehörige der Gestapo oder des SD Schnorbach zur Vollstreckung des „Urteils" mitgenommen.[70]
Ob sich Schnorbach persönlich für das Todesurteil eingesetzt hatte, war Süper nicht bekannt. Das Verbot des Geschlechtsverkehrs mit deutschen Frauen sei den Polen unter Androhung der Todesstrafe bei ihrer Ankunft in deutscher und polnischer Sprache bekanntgegeben worden.

---

69 Schnorbach sei seiner Erinnerung nach nicht bei der Vernehmung dabei gewesen.
70 Hierbei gab es kein Urteil bei einem ordentlichen Gericht sondern eine „Sonderbehandlung", die durch das Reichssicherheitshauptamt in Berlin angeordnet wurde. Vgl. Salz, Günther, Erinnerung an Franciszek Matczak und die Zwangsarbeiter in Engers und Umgebung zur Zeit des „Dritten Reiches", Neuwied 1997, S. 10ff.

Danach kommt Süper zur Behandlung von Juden durch Schnorbach. Diese seien durch ihn gehässig behandelt und mit Worten gekränkt worden. Als Beispiel dafür benennt Süper den Fall der alten Jüdin Levy aus Gladbach, die noch einige Personen in ihrer kleinen Wohnung aufnehmen sollte. Dieser Frau sagte Schnorbach zynisch: „Wenn Sie keinen Platz zum Liegen haben, so müssen Sie sich in die Ecke hocken. Ein Quadratmeter Platz genügt für einen Juden."

Die Einstellung Schnorbachs zur Religion kennzeichnet Süper so, dass er in Folge seiner weltanschaulichen Überzeugungen ein Feind der konfessionellen Einrichtungen und besonders der katholischen Kirche war. Er habe keine Gelegenheit ausgelassen, um über die „Pfaffen" und „Schwarzen" herzuziehen. Immer wieder habe er davon gesprochen, dass nach dem Kriege eine große politische Bereinigung bzw. Entfernung konfessionell gebundener „Kräfte" aus den Verwaltungen stattfinden würde.
Aus den Äußerungen Schnorbachs habe man entnehmen können, dass er in einem unmittelbaren Schriftverkehr mit einer Dienststelle in Berlin gestanden hat, der er seine geheimen Berichte vorlegte.
Die Schutzbehauptung Schnorbachs, dass er unter dem Einfluss des Amtsbürgermeisters Stein gestanden habe und daher in seinen Handlungen gebunden war, mochte Süper nicht glauben. Eher sei das Verhältnis umgekehrt so gewesen, dass Stein dem Schnorbach gegenüber machtlos war.

Prüfen wir nun anhand des entsprechenden Protokollabschnitts, was in der mündlichen Verhandlung besprochen oder auch ausgespart wurde und insbesondere wie sich Schnorbach und andere zu den Aussagen von Süper verhielten. Nachdem Süpers Bericht vom April 1947 vorgestellt worden war, beschreibt dieser, wie er Schnorbach bei der Polizei des Amtes Engers kennengelernt hat, nämlich als überzeugten Nationalsozialisten, der dementsprechend gegen konkurrierende Einrichtungen wie die Kirche eingestellt war. Außerdem betonte er, dass man im Dienst vorsichtig sein musste, um nicht Opfer einer Denunziation zu werden – wie es im Fall eines bereits verstorbenen Polizeikollegen (einem gewissen Langeschied) geschehen sei.

Schnorbach entgegnete dazu, dass er mit Langeschied befreundet gewesen sei, der jedoch seinen Dienst vernachlässigt habe. Er habe mit ihm nur dienstliche und keine politischen Auseinandersetzungen gehabt.

Was die Kirche angehe, habe er sich nie in eine Aussprache eingelassen. Wohl sei er gegen die evangelische Kirche (der seine Frau angehörte, G.S.) eingestellt gewesen.

Einem Pfarrer aus „Glattbach" (womit sicher Gladbach gemeint war, G.S.) habe er nach der Anzeige „einer Frau" wieder zu seinem Recht verholfen.

Süper bekräftigte seine Einschätzung anhand einer persönlichen Erfahrung: Bei einer Auseinandersetzung über das Thema Kirche habe Schnorbach Kapläne als „Pfaffen" bezeichnet. So oder so ähnlich habe sich Schnorbach öfter ausgesprochen.

Weiter führte Süper über Schnorbach aus, dass er trotz fünfjähriger Bekanntschaft von 1937 bis 1942 nicht gewusst habe, dass dieser erst 1939 der Partei beigetreten war.[71]

Dass Schnorbach auch dem SD angehörte, wusste er, mehr aber nicht.

Über seinen HJ-Führungsdienst äußerte Süper sich ähnlich wie im Vermerk von 1947.

Bezüglich der Anwerbetätigkeit Schnorbachs für die SS habe es wohl eine Anweisung „von höherer Stelle" gegeben. Inwieweit Schnorbach dabei erfolgreich war, wusste Süper nicht. Da etwaige Berichte Schnorbachs außerhalb des Dienstweges gefertigt wurden, habe er keine nähere Einsicht in diese gehabt.

Was er aber aus eigener Erfahrung wisse, sei, dass Schnorbach Ausländern und Juden gegenüber „grob und unflätig" war.

Daraufhin behauptet Schnorbach, dass er nichts gegen Juden gehabt habe. Auch gegenüber den auf Weisung des Landrats in Schutzhaft genommenen Juden bei der „Kristallnacht" sei er „sachlich" und gemäß den „gesetzlichen Bestimmungen" vorgegangen.[72]

---

71 Hier irrt Süper oder der Protokollant: Schnorbach ist laut seiner NSDAP-Karteikarte bereits am 1.5.1937 in die Partei aufgenomen worden, obwohl sein Aufnahmeantrag auf den 16.6.1937 datiert.

72 Hier taucht wieder das treu-deutsche „Urvertrauen" in den Staat und seine Gesetze auf. Was unter diesen passiert ist, wissen wir alle.

Im Weiteren ging es um den Umgangston beim Polizeidienst und den persönlichen Neid unter Polizeikollegen. Der Zeuge Günter brachte noch eine Anschuldigung gegen Schnorbach und Süper vor, wonach einem zu entlassenden KZ-Häftling vor dem Rücktransport von Sachsenhausen nach Engers von den Beiden Gewalt angetan worden sei. Diese verteidigt Schnorbach als eine Art Notwehr, da er seitens des Häftlings ins Gesicht getreten worden sei, was Süper bestätigt. Der Häftling sei über Engers nach Andernach gebracht worden, da er „ein Kranker" gewesen sei.[73]

Der Vorsitzende bricht diesen Disput mit der Bemerkung ab, dass von Süper nicht verlangt werden könne, dass er sich für ein neuerliches Verfahren belaste, und leitet über zum Zeugen Johann Sonntag, einem 62jährigen Fabrikanten aus Weis.

Aussage Johann Sonntag

Dieser hatte im Vorfeld der mündlichen Verhandlung am 3. Juli 1948 eine Erklärung über seinen Sohn Werner, der seit 1942 bei der Kreissparkasse Neuwied beschäftigt war und 1944 zur Zweigstelle nach Engers gewechselt hatte, abgegeben. Seit dieser Zeit hätten ihn die Polizisten Schnorbach und Sauer nicht mehr in Ruhe gelassen und ihn bedrängt, der NSDAP, der SA und der SS beizutreten. Da sein Sohn das Ansinnen Schnorbachs ablehnte, sei er bis zu dreimal am Tag in die Ortspolizeibehörde Engers einbestellt und dort bis zu einer halben Stunde vernommen und regelrecht erpresst worden. Da auch das nichts half, habe Schnorbach seinen Sohn in das Straflager Stahleck bei Bacharach gebracht. Hier musste der Junge zusammen mit anderen nachts „mit nackten Füssen vom Speicher bis in den Keller laufen und von dort wieder nach oben." So sei es einige Nächte zugegangen. Am Tage mussten die Jugendlichen einen steilen Hohlweg auf dem Bauch liegend heraufrutschen und dazu bellen wie ein Hund. Diese Schikanen wurden noch gesteigert, indem dürre Böschungen angesteckt

---

73 Bei diesem Häftling handelte es sich um Johann Kaster, der laut einem Schreiben der Neuwieder Kreisvereinigung des VVN vom 13.7.1948 an den hessischen Minister für politische Befreiung in die Nervenheilanstalt Andernach gebracht und später der Vernichtung durch Vergasung ausgeliefert wurde.

und die Jungen gezwungen wurden, diese mit ihren Körpern auszuwälzen. Nach drei Wochen sei sein Sohn wieder entlassen worden.

Danach wurde er nach Bogel zum Arbeitsdienst eingezogen. Ob sein Sohn auch dort zu leiden hatte, wusste Johann Sonntag nicht. Nachdem er noch 1944 aus dem Arbeitsdienst entlassen worden war, habe er acht Tage später einen Stellungsbefehl zur Wehrmacht bekommen. Nach einer Ausbildung in Baumholder sei sein Sohn gleich an die Ostfront beordert worden. Er könne diese Angaben nicht selbst machen, da er sich noch in russischer Gefangenschaft befinde, erklärte Johann Sonntag. Dass sein Sohn schon mit siebzehn Jahren Soldat werden musste und nach Stahleck gekommen war, habe er den Machenschaften des Schnorbach zu verdanken, fügte er hinzu. Außerdem wies er darauf hin, dass er seine Aussagen frei aus sich heraus und nicht gezwungenermaßen gemacht habe.

Nach Verlesung seiner Erklärung vom Juli 1948 schilderte Sonntag knapp, dass die Probleme mit Schnorbach schon bei der Meldung zur Stammrolle[74] im Dezember 1943 anfingen. Bei dieser Gelegenheit habe Schnorbach versucht, seinen Sohn in die Waffen-SS hineinzuzwingen. Deshalb sei er im Dezember von Schnorbach zweimal hintereinander geladen worden. Daraufhin habe er seinem Sohn verboten, dort hinzugehen. Als er selbst dort war, habe ihm Schnorbach erklärt, dass sich sein Sohn zu nichts melden wolle - weder zur SS noch zu den Fallschirmspringern. Und das hatte die schon geschilderten Schikanen zur Folge.

Schnorbach erläuterte daraufhin, dass die HJ-Führung durch das Wehrbereichs-Kommando veranlasst worden sei dafür zu sorgen, dass sich ihre Mitglieder bei einer Waffengattung meldeten. Ein Polizeimeister habe ihm angezeigt, dass sich der Sohn Sonntag auch nicht bei der Feuerwehr betätige. Daher habe er ihn vernommen, wobei dieser erklärte, dass er nicht auf zwei Seiten Dienst machen könne. Der Vater Sonntag beklagte seinerseits, dass Schnorbach seinen damals erst sechzehnjährigen Sohn in eine Formation bringen wollte, während dessen eigener und älterer Sohn nicht zur Wehrmacht geschickt wurde, sondern zu Hause geblieben sei.

---

74 Die „Stammrollen" waren Listen, in die alle wehrpflichtigen Personen eines Ortes eingetragen wurden.

Schnorbach wiederum behauptete, dass ein „HJler", der sich nicht zu einer Formation gemeldet hatte, nicht weiter belästigt worden sei. Und die „Einziehung" seines Sohnes nach Stahleck habe nicht er, sondern ein Bannführer veranlasst. So stand Rede gegen Rede – ähnlich wie im folgenden, etwas bizarren Fall.

Der Zeuge Johann Blum, Landwirt, Parteigenosse und seit 1938 Bauernführer, erklärte, dass er 1942 als solcher abgesetzt worden sei. Nachdem er 1943 zu Allerheiligen die Kirchenfahne „herausgesteckt" hatte, sei Schnorbach gekommen und habe sie wieder einziehen lassen. Damit sei – so glaubte er – die Sache erledigt. Später seien jedoch die Polizisten Schung (also wohl Schnug, G.S.) und Kessler auf sein Feld gekommen, hätten ihn verhaftet und ihn anschließend dem Schnorbach vorgeführt. Der warf ihm vor, dass er zu der Zeit, als Mussolini verschwand, gesagt habe, dass Mussolini nach Japan abgehauen sei. So sei das fünf Tage hintereinander gegangen, bis er eines Tages besinnungslos geworden sei. In diesem Moment habe Bürgermeister Stein gesagt: „Es steht schlecht um ihn, er wird uns wohl sterben."
Darauf habe der Betroffene geantwortet: „Dann ist es gut, wir haben ihn los, wenn er kaputt geht, er würde ja doch aufgehängt werden." Das habe Frau Stein seiner Frau so weitergegeben.
Außerdem verdächtigte Blum den Betroffenen, dass er hinter einem weiteren Vorgang, einer Anzeige mit „Akte aus Koblenz" stecke, wonach er durch einen „Vertrauensmann" (Schnorbach?, G.S.) angezeigt worden sei. Diese Aussage wurde jedoch von Schnorbach bestritten. Er habe ihn nur vernommen und die Akte wieder zurückgereicht.
Nun könnte man hinter diesen Vorgängen mit Informationen aus zweiter Hand und möglichen Gedächtnisschwächen eine Art Provinzposse vermuten. Aber auch eine Posse konnte in Zeiten des Nationalsozialismus gravierende Folgen haben. Vergleicht man nämlich die mündlichen Aussagen von Johann Blum mit seinem Vermerk vom 5. Juli 1948, wird einem der Ernst solcher Erscheinungen klarer. Dort heißt es einleitend, dass Johann Blum (II) gegen „den ehemaligen Verbindungsmann beim Sicherheitsdienstes der SS und Stammführer der HJ Philipp Schnorbach" seine Beschwerde vorträgt. Und dabei geht es wieder um das Aus-

hängen der Kirchenfahne, die hier allerdings auf Fronleichnam[75] 1938 datiert wird. An diesem Tag habe seine Schwägerin die Fahne herausgehängt. Wenig später sei Schnorbach in sein Haus gekommen und habe gebrüllt, dass die Fahne sofort wieder eingeholt werden müsse. Auch habe er wissen wollen, ob er, Johann Blum, die Fahne herausgehängt hat, was seine Schwägerin verneinte. Seit diesem Tage sei er das besondere Angriffsziel Schnorbachs gewesen, so Blum. In diesen Zusammenhang ordnet er seine Festnahme 1943 auf dem Felde ein.

Bei seiner Vernehmung auf dem Bürgermeisteramt habe Schnorbach ihm den Vorwurf gemacht, gesagt zu haben: „Hitler ist ein Lump und wenn alles in Deutschland kaputt ist, flüchtet er nach Japan." Immer wieder habe Schnorbach ein Geständnis von ihm erpressen wollen. Wenige Tage nach diesen Vernehmungen sei er schwer erkrankt und für die Dauer von siebzehn Monaten (!) bettlägerig gewesen. Während dieser Zeit habe man seine Frau schikaniert; sie musste sich öfter bei der Gestapo melden und einmal auch eine Strafe von 500 Reichsmark zahlen.
„Das Kriegsende brachte mir und meiner Familie die Freiheit wieder", ließ Blum abschließend notieren.

Der Fall Johann Wambach

Hierzu liegt eine Aussage seines Bruders Josef vom 31. August 1945 (Abschrift vom 2.7.1948) vor, die in der Spruchkammer-Verhandlung vom Vorsitzenden verlesen wird. Darin bezeugt er, dass sein Bruder Johann am 28. Oktober 1941 auf Antrag des ehemaligen Stammführers der HJ und SS-Hauptscharführers Schnorbach zu 12 Tagen Jugendarrest verurteilt wurde. Der Grund dafür soll ein Gaststättenbesuch zwischen 20,00 Uhr und 20,30 Uhr gewesen sein, wobei die Anzeige nach Meinung von Josef Wambach reine Schikane von Schnorbach gewesen sei und unterblieben wäre, wenn sein Bruder oder ein anderer Nachkömmling bei der HJ gewesen sei. Dann nimmt er Bezug auf einen Beschluss vom 9.2.1942 (wahr-

---

75 Während ich den Zeitpunkt des Vorganges auf 1943 datiere, halte ich das Heraushängen der Kirchenfahne an Allerheiligen für eine Verwechslung.

scheinlich vom Jugendgericht, G.S.) und zitiert daraus die Bemerkung: „Wambach ist ein frecher Junge, disziplinlos und unkameradschaftlich." Hierzu erklärte er, dass sein Bruder während der Arrestzeit von Jugendrichter Hoffmann gefragt worden sei, ob er noch einmal in eine Gaststätte ginge, worauf dieser erwidert habe: „Selbstverständlich". Daraufhin habe Hoffmann seinem Bruder im Beisein von Ortsgruppenleiter Huhn eine Ohrfeige verpasst.

Nach dem Jugendarrest folgte noch eine Schutzaufsicht durch die NSV.[76] Diese habe nur den Hintergedanken gehabt, so Josef Wambach, seinen Bruder möglichst schnell zum Militär heranzuziehen. Um dem zu entgehen, hatte dieser eine zwölfjährige Verpflichtung zum Reichsarbeitsdienst (RAD) unterschrieben. Aber auch das habe nicht den Plänen Schnorbachs entsprochen, der es sich laut Josef Wambach zur Aufgabe gemacht hatte, die Engerser Jugend mit allen Mitteln zur SS zu bringen. Weiter berichtet er, dass sein Bruder, bevor er die RAD-Führerlaufbahn antreten konnte, eine Frontbewährung bei der SS ableisten musste. Dabei verlor er am 3. November 1944 bei den Kämpfen um Metz sein Leben.

Schnorbach hingegen habe es verstanden, seinen eigenen Sohn, der SS-Freiwilliger war, vor der Einziehung zu bewahren um ihn für eine Führerlaufbahn zu erhalten, kommentierte Josef Wambach. Abschließend machte er die Kammer noch auf einen Schulkameraden seines Bruders aufmerksam, der ebenfalls im Jugendgefängnis gesessen habe, aber zurückgekommen sei. Ein Scheidweiler Josef sei in der Lage, in diesem Zusammenhang näheres über Schnorbach zu berichten. Seine Frau stelle ihn heute als „Opfer der Bewegung" hin.

Nach Verlesung des Berichts ergänzt Josef Wambach noch, dass sein Bruder trotz günstiger Urteile seines Lehrherrn und der Schule verurteilt worden sei. Schnorbach habe als „HJ-Erzieher" seinem Vater abgesprochen, dass er seinen Sohn erziehen kann. Die Schutzaufsicht sei nach der Verpflichtung seines Bruders zum RAD aufgehoben worden.

---

76 Die NSV ist die „Nationalsozialistische Volkswohlfahrt".

Im weiteren Verlauf der Beweisaufnahme kommen einige **Entlastungszeugen** zu Wort, deren Aussagen nunmehr wiedergegeben werden sollen. Beginnen wir mit den Zeugen Flachskamp und Buhlmann, die beide zum Zeitabschnitt Ende 1944/Anfang 1945 aussagen.

Der Zeuge Flachskamp, Parteigenosse und seit 1930 SA-Mann, gibt bekannt, dass er den Betroffenen 1944 am Westwall kennengelernt habe, wobei er als Sturm-führer der HJ schon vorher mit ihm dienstlich zu tun gehabt habe. Schnorbach habe am Westwall ein HJ-Lager mit etwa 600 Jugendlichen geleitet. In dieser Eigenschaft setzte er sich für eine ordentliche Verpflegung und Unterbringung der Jungen ein, die oft in Schweineställen schlafen mussten. Wenn der Ver-pflegungsnachschub nicht klappte, habe er Schweine für die Jungen schlachten lassen. Darüber hinaus sorgte Schnorbach bei Fliegeralarm für ordentlichen Schutz. Einmal habe er einen Unteroffizier beauftragt, für die Jugendlichen und die Bewohner des Ortes die Messe zu lesen, da kein Pfarrer da war. Davon, dass der Betroffene als geheimer Beobachter eingesetzt worden war, wisse er nichts. Der Zeuge Sonntag macht darauf aufmerksam, dass beim Einsatz in Perl ein Russe von Jugendlichen erschossen worden sei, als sich diese um die Verpflegung stritten. Flachskamp macht dagegen geltend, dass die Jugendlichen in ihrem Lager keine Waffen besaßen.
Zeuge Günter wies darauf hin, dass der Betroffene unter der HJ als „Genickschuss-Kommissar" bekannt gewesen sei. Flachskamp wusste davon nichts, wohl aber von einem Fall, bei dem der Betroffene einen Jugendlichen verhauen hatte, weil dieser Sachen gestohlen hatte und sie einem anderen in den Koffer legte.

Der Zeuge Buhlmann, ein 55jähriger Monteur, Parteigenosse seit 1938, gab an, dass er Schnorbach auf der höheren Polizeiführerschule in Wiesbaden kennen-gelernt habe, wo sie 1944 wehrtechnisch ausgebildet worden seien. Anfang Januar (1945, G.S.) seien verschiedene Stützpunkte durch je 2-3 Schüler besetzt worden, wobei deren Aufgaben geheim gehalten wurden.
Der Kläger erklärte, dass es sich hierbei um die Wehrwolf-Organisation (sic) gehandelt habe. Daraufhin präzisierte Buhlmann, dass ihre Schule zwar Wehr-

wolf-Schule (sic) geheißen, aber mit dem letzten Aufruf Göbbels nichts zu tun gehabt hatte.[77]

Buhlmann schildert weiter, dass Schnorbach Mitte März 1945 von einem Einsatz zurückgekommen sei und mitgeteilt habe, dass „vorn" ein Großeinsatz von Amerikanern stattfinde. Er habe befürchtet, vor ein Standgericht zu kommen. Am Abend sei er aber geflohen.

Schnorbach selbst erklärt dazu, dass er damals den Befehl hatte, eine Eisenbahnbrücke zu sprengen. Dies habe er verweigert und die ihm zugeteilten Leute entlassen. Darauf hin sei er von einem SS-Offizier verhaftet worden. Vor Verhängung des Standgerichtsurteils sei er geflohen.

Zeuge Buhlmann bestätigt, dass ihm dies bekannt geworden sei. Sie seien 120 Mann, eingesetzt in etwa 30 Einsatzgruppen, gewesen. Ihm sei nicht bekannt, dass auch nur eine Einsatzgruppe ihren Auftrag ausgeführt hätte.

Anschließend werden einige Zeugen aus Engers und Umgebung aufgerufen, zuerst Paul Nieth, welcher Fotograf war und in der Nachbarschaft von Schnorbach gewohnt hatte (von seiner Frau war oben schon die Rede). Er war 1941 Parteigenosse geworden und hatte am 17. Mai 1947 eine entlastende Erklärung für Schnorbach bei der Amtsbürgermeisterei abgegeben. Darin teilte er mit, dass dieser in seiner Amtstätigkeit in Engers die damaligen Mitglieder der KPD weder verfolgt noch irgendwie gedrückt habe. Er selbst sei vor 1933 Politischer Leiter der Engerser Ortsgruppe gewesen und als solcher elf Wochen lang in Schutzhaft gewesen. Schnorbach habe mit einigen hiesigen Kommunisten freundschaftlich verkehrt und die Ansichten eines jeden geachtet. Im Falle seiner Stieftochter, die von einer Nachbarin angezeigt worden war, und bei einer Weitergabe der Anzeige eine empfindliche Strafe zu erwarten gehabt hätte, habe Schnorbach „in menschlichem Empfinden" die Anzeige vernichtet.

Durch die 1930er Jahre hindurch hätten bei ihm Hausdurchsuchungen statt-

---

77 Gemeint ist wohl die Initiative Goebbels, wonach der Sender Werwolf am Ostersonntag, dem 1. April 1945 einen Rundfunkappell zur Bildung des Werwolf gebracht hatte mit der Losung: „Haß ist unser Gebet und Rache ist unser Feldgeschrei. (Vgl. Wikipedia, Schlagwort „Werwolf (NS-Organisation)".

gefunden. Auf diese Weise sei er mit Schnorbach zusammengekommen. In ihm hätten sie einen Beamten kennen gelernt, „der uns auch als Mensch betrachtete." Als Beispiel dafür schilderte er eine Situation in einer Gastwirtschaft, in der ein angetrunkener Kommunist „in Fabeln über politische Geschehnisse" erzählt habe. Das habe er irgendwie abbiegen wollen. Schnorbach habe dann selbst die Situation bereinigt, in dem er versicherte, dass ihn das nichts anginge. Sie seien nur hier, um einen Wein zu trinken.

Der Zeuge Ruggli wendete gegen diese Darstellung ein, dass Schnorbachs Einstellung zum Krieg doch in der ihm gegenüber getätigte Aussage: „Wenn der Krieg verloren geht, was natürlich eine Illusion ist, da werden Leute wie Sie rechtzeitig für immer verschwinden, ..." zum Ausdruck gekommen sei.

Schnorbach wiederum bestritt seine Äußerung; auch der Zeuge Kessler konnte sich nicht darauf entsinnen. Er wusste nur, dass laut gesprochen wurde.

Der Zeuge Nieth wollte so etwas nicht bestreiten, doch nach seiner Wahrnehmung sei die Einstellung Schnorbachs eine andere gewesen.

Der Zeuge Franz Josef Mertz, der als Arbeiter Mitglied der DAF (Deutsche Arbeitsfront) war,[78] gab bekannt, dass er von seinen Hausmitbewohnern öfter angezeigt worden wäre. Einmal wegen Waffenbesitz und ein anderes mal als „Judenknecht", der noch bei Juden einkaufte.

Nach einer Hausdurchsuchung habe Schnorbach festgestellt, dass es sich bei den Anschuldigungen nur um Gehässigkeit gehandelt habe. 1939, erzählte Mertz weiter, habe er angeblich geäußert: „Wenn die Russen kämen, würden allen die Hälse abgeschnitten." Nach Vorsprache von Kessler, der wusste, dass es bei dieser Anzeige ebenfalls um Gehässigkeit wegen eines Stückchen Landes ging, habe Schnorbach alles genau untersucht und es so weit gebracht, dass der Mieter aus dem Haus musste. Im Oktober 1939 habe man ihm eine weitere Lügengeschichte andichten wollen. Dabei soll er gesagt haben, „dass man Hitler und die Obersten niederstechen müsste." Deswegen sei er im März 1940 zur Gestapo nach Koblenz gekommen und dort festgehalten worden. Aufgrund der

---

78 Nach der Zerschlagung der Gewerkschaften Anfang Mai 1933 am 10.5. desselben Jahres gegründete NS-Massenorganisation als Einheitsgebilde „aller schaffenden Deutschen".

Untersuchungen Schnorbachs konnte jedoch die Unwahrheit der Anschuldigung festgestellt und er entlassen werden.

Danach sagte Albert Blümke aus Heimbach aus, der Parteigenosse und Polizeibeamter im gleichen Rang wie Schnorbach war. Beide hatten Amtsbürgermeister Stein zum Vorgesetzten und sahen sich täglich – bis Blümke 1943 zu den Soldaten kam. Aus dieser Erfahrung heraus konnte er über den Betroffenen nur sagen, dass mit ihm gut arbeiten war. Auch wusste er, dass Schnorbach beim SD war. Er habe ihm das selbst mitgeteilt, so Blümke.

Der Verteidiger fragt ihn, ob er bei dem Betroffenen eine Gereiztheit im dienstlichen Verkehr oder Schroffheit gegenüber dem Publikum festgestellt habe. Blümke meinte dazu: „Als Polizeibeamter gewiss nicht, doch mag dies im Verkehr mit der HJ schon vorgekommen sein."

An dieser Stelle wurde die Zeugin Dora Schnorbach, die Frau des Betroffenen, achtundvierzig Jahre alt, Hausfrau, Parteigenossin und seit 1942 Mitglied in der Frauenschaft, aufgerufen. Sie erklärte: „Zu den Vorkommnissen Ende März 1945 (siehe oben, S. 39f.) kann ich sagen, dass mein Mann wohl aufgeregt nach Hause kam, er forderte mich auf, nach Osterspai zu meiner Mutter zu gehen. Er schimpfte, weil ich nicht weg wollte. Über den Amtsbürgermeister hat er nicht geschimpft." Dann fuhr sie fort: „Im Juli 1945 kam der Zeuge Günter zu mir nach Osterspai und er erklärte mir, dass mein Mann an seiner Verhaftung und der KZ-Haft nicht schuld sei."
Günter daraufhin: „Das stimmt. Damals hatte ich jedoch noch nicht die Akte vom Landratsamt. Diese bekam ich erst Ende 1945."
Hierauf wandte sich der Vorsitzende an Schnorbach mit der Frage, wo er nach Kriegsende seinen Wohnsitz gehabt habe, worauf Schnorbach antwortete, dass er in den Jahren 1945 und 1946 in Münchleusel gewohnt habe.
Anschließend werden weitere Fälle kurz behandelt, darunter ein Bericht von

Frau Schumacher, die einen Buchverleih unterhielt.[79]

Schnorbach konnte sich an diesen Fall nicht erinnern. Der Bericht könne nur im Einvernehmen mit dem Amtsbürgermeister gefertigt worden sein. Er merkte aber an, dass die Errichtung einer zweiten Bücherei neben der Volksbücherei für Engers „untragbar" gewesen sei.

Bezüglich der Überwachung der Kirche meinte Schnorbach, dass Anordnungen dazu von höherer Stelle erfolgt seien. Er selbst habe keine Überwachung durchgeführt, nur darüber berichtet.[80]

Weiter verlas der Vorsitzende Erklärungen von Pastor Weber und Pfarrer Wengenroth sowie Eingaben von einem Johann Kort und einem „Nikodemus" vom 18.11.1947.[81]

Zum Fall Kort erklärt Schnorbach, dass er dessen Radioapparat habe überprüfen lassen. Dabei sei festgestellt worden, „dass mit diesem Apparat keine Auslandssender abgehört werden konnten."

Der Zeuge Wambach kommt noch einmal auf seine Erfahrungen mit Schnorbach zu sprechen und wies erneut darauf hin, dass der Betroffene HJ-Angehörige in die Wehrmacht oder die SS zwingen wollte. Kamen sie dem nicht nach, nannte er sie Feiglinge, so Wambach. Dabei sei Schnorbach selbst beim ersten Einsatz ausgekniffen. Sein Sohn sei freiwillig in der SS gewesen, aber Schnorbach habe es verstanden, dass er nie „hinaus gekommen ist."

Daraufhin erklärte Schnorbach, dass sein Sohn das Gymnasium besucht habe und zurückgestellt worden sei; später sei er zum RAD gekommen. Nachdem der Verteidiger für den Betroffenen Arbeitsbescheinigungen vorgelegt hatte, schloss der Vorsitzende die Beweisaufnahme.[82]

---

79 Der erwähnte Bericht von Frau Schumacher liegt mir leider nicht vor (G.S.).

80 Danach werden zwei Fälle angerissen: den Fall eines anonymen „Anzeigers" und ein Vorgang in der (Wand-)Plattenfabrik Engers. Über diesen wird im Schlusskapitel S. 147ff. berichtet.

81 Vgl. Anhang mit weiteren Entlastungsschreiben S. 185f.; dabei fehlte jedoch die Nikodemus-Eingabe.

82 Vgl. zwei Zeugnisse im Dokumentenanhang: a) Chemische Werke Albert, Nr. 18 und b) Schlosserei der technischen Abteilung Lager Darmstadt Nr. 19. Der Vollständigkeit halber soll noch angemerkt werden, dass ein Entlastungsschreiben des erkrankten Zeugen Franz Neumann aus Heimbach-Weis nicht verhandelt wurde. Siehe Kurzfassung im Anhang S. 186 Nr. 6.

Nach nur zehnminütiger Pause beantragt der öffentliche Kläger: „Einreihung des Betroffenen in die Gruppe II der Aktivisten nach Art. 7,I,1 und 2, 4 ½ Jahre Arbeitslager nach Art. 16,1, Vermögenseinzug von 40% nach Art. 16,3, Anziehung der Artikel 16, 4-10".

Der Verteidiger beantragt: „Mit Rücksicht auf die bereits 3jährige Haft des Betroffenen Einreihung in die Gruppe III der Minderbelasteten und auf Grund seines geringen politischen Vergehens Erlassung der Sühnemassnahmen."

Als Letzter erhält der Betroffene die Gelegenheit, sich noch einmal zu äußern. Dabei schließt sich Schnorbach den Ausführungen seines Verteidigers an und bittet die Kammer um einen gerechten Spruch.

4.3.6 Der Spruch der Spruchkammer Darmstadt und seine Begründung

Nach geheimer Beratung der Kammer verkündet der Vorsitzende durch Verlesung der Spruchformel, Mitteilung der Gründe und unter Anfügung der Rechtsmittelbelehrung um 18,00 Uhr den Spruch der Spruchkammer.

In der Begründung zum Spruch gibt die Kammer einleitend noch einmal einen gerafften Überblick über den Lebenslauf Schnorbachs und seine verschiedenen Mitgliedschaften und Engagements bei der Partei, der SS, dem SD und der HJ. Dabei hält sie fest, dass er u. a. auch als geheimer Beobachtungsmann (der HJ, G.S.) tätig war, diese Tatsache aber bei der Vernehmung abgestritten habe. Die „sonstigen Mitgliedschaften" bei der NSV, dem RLB und dem NSKrB (Nationalsozialistischer Kraftfahrerbund) seien rein nomineller Natur gewesen, wovon sich allerdings seine Geschäftsführertätigkeit für den Kriegerbund abhebe.
Der Betroffene habe im großen und ganzen die Vorwürfe des Klägers gegen ihn bestritten. Dessen ungeachtet vertrat der Kläger die Meinung, dass Schnorbach *„der typische Vertreter der Nazigewaltherrschaft gewesen sei, der sich einerseits schützend vor bestimmte Personengruppen gestellt, andererseits mit konsequenter Rücksichtslosigkeit Antifaschisten*

gegenüberstand um diese unschädlich zu machen." Stattdessen habe der Betroffene versucht, „den Dingen eine andere Darstellung zu unterlegen."

Danach stellt die Spruchkammer die Ergebnisse der Beweisaufnahme dar, indem sie mit jeweils wenigen Sätzen und Zitaten die Vorwürfe und Anschuldigungen aller vierzehn Belastungszeugen nacheinander aufführte und sie als Tatsachen anerkannte. Dabei bezog sie sogar einige nicht anwesende, der Spruchkammer aber auf schriftlichem Wege bekannt gewordene Belastungszeugen wie Frau Schumacher und Jakob Pütz in die Begründung ein.

So kommt die Spruchkammer zu der Überzeugung, dass die von Schnorbach aufgebotenen Entlastungszeugen ihn nicht nennenswert entlasten könnten. Dies gelte insbesondere für die Einlassungen der Zeugen Mertz und Flachskamp. Auch die entlastend gemeinten Erklärungen mehrerer Pfarrer über Schnorbachs tolerantes Verhalten gegenüber der Kirche könnten die erwiesenen Belastungen nicht ausreichend zu seinen Gunsten beeinflussen, stellt die Kammer fest.[83] Und zwar gerade dann nicht, wenn man die entlastenden Momente mit Schnorbachs unverkennbarem Eintreten für den Nazismus und seine Behandlung von Ausländern, die wiederholt mit körperlichen Misshandlungen einhergingen, damit vergleicht. In diesem Kontext war der Kammer ein Originalbericht des Betroffenen an den Neuwieder Landrat vom 25.3.1935 wichtig, in dem er über einen „gewissen Jakob Pütz"[84] Ausführungen machte, die ihn schwer belasteten und der zu Maßnahmen der Gestapo hätte führen können – wenn der Bericht nicht fehlgeleitet und abgelegt worden wäre.[85] Dass Pütz in diesem Fall nicht zu Schaden gekommen sei, könne man Schnorbach nicht zugute halten, denn seine Absicht sei eindeutig gewesen, ein Verfahren gegen Pütz wegen dessen Gegnerschaft gegen den Nationalsozialismus einzuleiten.

---

83 Auch die von Schnorbach verweigerte Sprengung der Eisenbahnbrücke wurde ihm nicht positiv angerechnet. Sie kam in der Begründung nicht mehr vor.

84 Den Sohn des Jakob Pütz, Heinrich, habe ich als Nachbarn in der Alten Kirchstraße noch gekannt. Von ihm stammt auch die Belastungsanzeige gegen Schnorbach vom 15.9.1948, vgl. Dokument 20.

85 Dieser Bericht war leider nicht auffindbar.

So kommt die Spruchkammer zu dem Resümee:

„Nach diesem Gesamtbild ist erwiesen, dass der Betroffene die Tatbestände eines Aktivisten im weitesten Masse erfüllt hat, denn er hat durch seine Stellung und Tätigkeit die Gewaltherrschaft der Nazis wesentlich gefördert, seine Stellung und seinen einfluss (sic) zu Zwang, Gewalttätigkeiten und anderen ungerechten Massnahmen ausgenutzt."

Daher habe die Spruchkammer bei der Zumessung von Sühnemaßnahmen auf die Verhängung von Arbeitslager nicht verzichten können, wobei die Dauer der Arbeitslagerzeit angemessen sei. Auch könne man zwei Jahre der erlittenen Haft auf diese Dauer anrechnen, obwohl der Betroffene wenig zur Förderung der Wahrheit beigetragen habe. Ebenfalls sei die Höhe des Vermögensentzuges genauso berechtigt wie die Festsetzung eines Mindestbetrages von 500,- DM. Sollte dieser nicht geleistet werden können, käme eine Arbeitsleistung als Ersatz gemäß der 17. Durchführungsverordnung zur Anwendung.[86]

---

86 Auffällig am Spruch der Kammer ist, dass der erste Absatz bezüglich der Einweisung in ein dreijähriges Arbeitslager händisch durchgestrichen wurde. Damit wurden offenbar die Ergebnisse des nachfolgenden Berufungsverfahrens, durch das die vorgesehenen Sühnemaßnahmen stark abgeschwächt wurden, abgebildet. Vgl. dazu den Spruch der Spruchkammer Darmstadt-Lager vom 23.9.1948 (Dokument 21) sowie die nachfolgende Begründung in Spruchkammer-Akte HHStAW Bestand 520/38 Nr. 61222. Über das Ergebnis der Spruchkammerverhandlung berichtete die Rhein-Zeitung in ihrer Ausgabe vom 29.9.1948; siehe Dokument 22.

5. Das juristische Nachspiel: Schnorbachs Kampf um Rehabilitierung

5.1 Die Berufung gegen den Spruch der Spruchkammer Darmstadt-Lager vom 10.11.1948

Am 10. November 1948 legten die Rechtsanwälte Dr. Weber und Fünfrock namens und in Vollmacht des Betroffenen gegen den Spruch der Spruchkammer Berufung ein. Sie beantragten unter Aufhebung des Spruches, den Betroffenen in eine wesentlich günstigere Gruppe einzureihen.[87]
Sie begründeten die Anfechtung zunächst mit staats- und polizeipolitischen Argumenten und versuchten dann die Aussagen der Spruchkammer in Bezug auf die Belastungszeugen vor dem Hintergrund der damaligen Zeitumstände auch konkret zu erschüttern.

Weber und Fünfrock behaupteten einleitend, dass der festgestellte Tatbestand die Entscheidung der Kammer, den Betroffenen in die Gruppe 2 einzuordnen und ihn zu drei Jahren Arbeitslager zu verurteilen, nicht rechtfertige. Die Spruchkammer verkenne, „dass es sich bei dem Betroffenen um einen Beamten handelt und zwar um einen Polizeibeamten, der in dieser Eigenschaft zu Amtshandlungen verpflichtet war, die bei einem nichtbeamteten Betroffenen Ausdruck einer Gewaltherrschaft darstellen mögen, die aber bei einem Beamten einfach in seinen Pflichtenkreis gehören."

Und weiter: „Ein Beamter hat zu jeder Staatsform ein Treueverhältnis; er musste bis 1918 kaisertreu sein, von 1918-1933 hat er der Weimarer Republik gedient und von da an dem nationalsozialistischen Staat."
Schon der Wechsel von einem Regime ins andere trage für den Dienst schon die

---

87 Aus welchen Quellen die Rechtsanwälte bezahlt wurden, ist bislang unklar.

Gefahr in sich, charakterlos zu werden, woraus man auch Verständnis für die Haltung eines davon betroffenen Beamten ableiten müsse.

Um diese Argumentation zu unterstützen, führten die Rechtsanwälte Schnorbachs biografische Erfahrungen an: Er sei alter Soldat und danach Polizeibeamter und Mitglied im sozialdemokratisch geführten Schrader-Verband gewesen.[88] 1933 habe er sich vom Eintritt in die NSDAP zurückgehalten. Als man ihm dann anlässlich eines Lehrgangs für die Kriminalpolizei den Rat gab, in die Partei und in eine ihrer Gliederungen, hier in die für die Polizei „in Frage kommende" SS einzutreten, habe der Betroffene im Interesse seiner Existenzerhaltung entsprechende Konsequenzen gezogen. Da dieser zu jeder Zeit ein besonders pflichttreuer Beamter war, würde er es auch unter der heutigen Staatsform sein, so Weber und Fünfrock, auch dann, wenn dieser Staat „energisches Zupacken" gegenüber Missständen verlange und insbesondere dann, wenn es sich um staatsfeindliche Tendenzen handele.

Ferner wiesen die Anwälte darauf hin, dass der Betroffene keine leitende Stellung inne hatte, sondern von seinem jeweiligen Dienststellenleiter abhängig gewesen sei und dessen Anordnungen zu befolgen hatte.[89]

In der dienstlichen Praxis spiele auch die Veranlagung oder das Temperament des jeweiligen Beamten eine Rolle. Ungeachtet dessen liege es in der Natur der polizeilichen Aufgaben, diese mit der nötigen Energie durchzusetzen. Man verkenne diese Tätigkeiten, wenn man später aus politischen Gründen einem Beamten diesbezügliche Vorwürfe mache. Rein menschlich betrachtet, könne ein Polizeibeamter sich auch einmal im Ton vergreifen - wie im Fall Ruggli. Das

---

88 Der so genannte „Schrader-Verband" war ein 1923 gegründeter Interessenverband kommunaler und staatlicher Polizeibeamten mit der offiziellen Bezeichnung „Verband preußischer Polizeibeamten", der von Ernst Schrader, einem Sozialdemokraten, geführt wurde. Er war republikanisch ausgerichtet und parteipolitisch neutral. Nach der Machtübernahme der Nazis wurde der Verband unter dem neuen Dienstherr der deutschen Polizei, Hermann Göring, zerschlagen. Der Hinweis, dass Schnorbach einem „sozialdemokratisch geführten Verband" angehörte, soll womöglich suggerieren, dass er ebenfalls sozialdemokratisch gesinnt gewesen war. Das ist aber angesichts seiner beruflichen Vorgeschichte im Militär und einem Freikorps, wo er gegen „Spartakus" und die „Kommune" gekämpft hatte, nicht glaubhaft.
89 Ich erinnere an die Erfahrung Süpers, wonach eher der Amtsbürgermeister der Abhängige war.

sei aber nur wegen Überarbeitung geschehen. Überdies habe Schnorbach sich entschuldigt und den Schaden wieder gut gemacht.[90]
Im Falle des von Schnug, nicht von Schnorbach „aufgegriffenen" Holländers, sei dieser ausfallend geworden. Und Frau Reith sei Schnorbach dankbar für sein Eingreifen gewesen.

Bei Wambach sei es verfehlt, eine dienstliche Äußerung („Wambach ist ein frecher Junge, disziplinlos und unkameradschaftlich") bei einer Schutzaufsichtssache politisch zu werten. Schnorbach habe als Polizeiverwaltungsbeamter eine Anfrage des Kreisjugendamtes beantwortet, wie sie in tausenden von Fällen üblich gewesen seien.[91] Darüber hinaus seien die Angaben zu Wambach zutreffend, denn der Junge sei damals „total verwahrlost" gewesen, meinten Weber und Fünfrock.

Auch der Zeuge Sonntag habe versucht, einen damals üblichen Vorgang, nämlich die Vorlage eines Meldebogens, politisch zu werten. Nach Einschaltung der Partei in den totalen Krieg, seien Aufnahmeformulare des Wehrbereichs-Kommandos mit allen Waffengattungen einschließlich der Waffen-SS bei der Musterung vorgelegt worden, bei denen man sich einen Wehrmachtsteil auswählen konnte. Die Vorladung des Sonntag (-Junior, G.S.) sei auch nicht durch Schnorbach, sondern durch Polizeimeister Sauer wegen eines Dienstversäumnisses bei der Feuerwehr erfolgt.

Ebenso unverständlich sei, dass die Aussage des Zeugen Kowalski zum Nachteil des Betroffenen ausgewertet wurde. Denn dieser habe vor der Aufgabe gestanden, alleine 120 Polen zur Exekution eines anderen Polen führen zu müssen. Um diese von einem Fluchtversuch abzuhalten, habe er eine „energische Bemerkung" gemacht, um sie einzuschüchtern. „Dies würde auch heute ein Polizeibeamter tun."

---

90 Schnorbach hatte sich aber nicht nur im Ton vergriffen, sondern handgreifliche Gewalt angewandt.

91 Hier ist von Seiten der Rechtsanwälte keinerlei kritische Distanz zur Jugendhilfe im „Dritten Reich" zu spüren.

Der Betroffene bestreite auch, dass er geäußert habe, jeden Flüchtenden wie einen Hasen umzulegen. „Aber selbst wenn er sie getan hätte, läge sie im üblichen Rahmen."[92]

Im Fall des Zeugen Bischweitz beantragen die Verteidiger, zur Klärung des Sachverhaltes Obersekretär Friedrich Ludwig, zur Zeit wohnhaft in Traben-Trarbach, von der dortigen Polizei vernehmen zu lassen. Denn Bischweitz habe diesen –, und nicht Schnorbach –, angesprochen um zu erfahren, wie er die deutsche Staatsangehörigkeit erlangen könnte. Dafür sei Ludwig, der in der Partei das „Amt für Deutschtum im Ausland" innegehabt habe, zuständig gewesen.[93]

Auch die Aussage des Zeugen Süper, wonach der Betroffene die Kirche und ihre Diener beschimpft habe, wird für unwahr gehalten. Als Belege führen Weber und Fünfrock die eidesstattliche Erklärung des Zeugen Franz Neumann sowie vier Schreiben von vier Geistlichen an, woraus die wahre Einstellung des Betroffenen zur Kirche klar hervorgehe.[94]

Die Angaben des Zeugen Meurer seien ebenfalls unwahr und aus blindem Hass gemacht worden, behaupteten die Anwälte. Als Hauswirt des Schnorbach habe er auch die Schlüssel zu dessen Wohnung gehabt. Er sei auch derjenige gewesen, der die Wohnung des Betroffenen ausräumte und seine Möbel –, wie z. B. das Klavier –, mit Gewinn verkaufte.
Überhaupt müsse man bedenken, dass das Belastungsmaterial von Günter zusammengebracht worden sei und dass dieses auch dazu gedient habe, die

---

92 Die Rechtsanwälte haben sich offenbar zu intensiv in die Lage des damaligen Akteurs Schnorbach versetzt und dabei die Unterschiede zwischen Nationalsozialismus und Demokratie aus den Augen verloren. Damit erkennen sie im Nachhinein die Handlungweisen und -logiken des Nationalsozialismus explizit an. Ein erschreckender Vorgang.

93 Hier liegt m.E. ein für den Nationalsozialismus typischer Fall der Überschneidung von Parteiangelegenheiten und öffentlicher Verwaltung vor.

94 Der Leser möge sich daran erinnern, dass Schnorbach am 12.3.1940 aus der katholischen Kirche ausgetreten war.

Möbelverkäufe zu rechtfertigen, deren Herausgabe der Betroffene verlange.
Beim Zeugen Günter sei die Vorgeschichte der Anzeige Günters gegen Amtsbürgermeister Stein nicht genügend berücksichtigt worden. Er sei früher bei der
KPD gewesen und habe in antifaschistischem Sinne gegen den damaligen Staat
gearbeitet. Deshalb sei er ins KZ gekommen.
Bei der Waffenangelegenheit (die zeitlich weit nach der KZ-Einweisung im August
1935, nämlich im Sommer 1944 vorfiel), habe der Landrat einen Fragebogen von
Günter eingefordert und der Amtsbürgermeister angeordnet, dass Sicherheitsverwahrung beantragt werden sollte. Deshalb, so die Anwälte, wäre Günter
in jedem Fall auch ohne die Bemerkung des Betroffenen in ein KZ gekommen.
Deshalb folgern sie, dass die Bemerkung ihres Mandanten „für die späteren
Verfügungen der Gestapo über Günter in keiner Weise kausal" gewesen sei.[95]

Im Folgenden kommen die Verteidiger zu einer zusammenfassenden Bewertung.
Betrachte man die Handlungen des Betroffenen, müsse man zu dem Ergebnis
kommen, dass er im Dienst wohl energisch als Polizeibeamter aufgetreten sei.
In dem kleinen Ort Engers mussten schließlich sämtliche Aufgaben, auch solche
staatspolitischer Art, von wenigen Beamten erledigt werden. Als HJ-Führer
habe er die dort aufgetretenen Missstände bekämpfen müssen. Seine Angabe,
er sei Geheimer Beobachtungsmann gewesen, habe sich nur auf die Überwachung der HJ-Führer bezogen. Und da diese Aufgabe im Rahmen der Tätigkeit
des Inlands-SD gelegen habe, mag er sie auch im Formular für das Rasse- und
Siedlungsamt (sic) vom November 1938 erwähnt haben. So findet alles eine

---

95 Tatsächlich hatte Amtsbürgermeister Stein im April 1944 dafür gesorgt, dass die Waffenangelegenheit der Gestapo und nicht dem Amtsgericht vorgelegt wurde. Diese hatte am 18.
Mai 1944 den Polizeibeamten Schnug beauftragt, Günter bei der Firma Seresse in Neuwied, wo
er arbeitete, abzuholen und in Koblenz vorzuführen. Hierüber hatte Schnug am 19. Mai einen
Vermerk angefertigt, dem Schnorbach am gleichen Tag eine maschinenschriftliche Notiz beifügte. Hierin heißt es: „Die Sache ist derart verfahren, daß Günter in dieser Sache nur wegen
verbotenen Waffenbesitz bestraft wird, dann muss die Stapo nach Verbüßung Sicherungsverwahrung durchführen. Heil Hitler." Unterschrift: Schnorbach.
Ob nun die Initiative Steins oder Schnorbachs die entscheidende war, kann endgültig nicht
belegt werden. Jedenfalls erreichte das Täterduo sein Ziel.

„sachgerechte" Erklärung.

Bei den Informationen und Stimmungsberichten des SD handele es sich denn auch keineswegs um Denunziationen, sondern man habe bloß die wahre Stimmung im Volke auf diesem Weg erforschen wollen. Die Notwendigkeit solcher Berichte erklärten sich daraus, dass man nicht die Mittel des demokratischen Staates besaß, Vorgänge der Staatsführung bekannt machen zu können (!). Überdies seien derartige Einrichtungen in allen größeren Kulturstaaten (!) üblich.

Außerdem müsse man hervorheben, dass sich die Aufgaben des Inlands-SD auf solche Aufgaben beschränkten und „mit dem Auslands-SD, der in erster Linie in Nürnberg belastet worden ist, nichts zu tun hat."

Nun kommen die Verteidiger zu einem Punkt, der in der Verhandlung keine Rolle gespielt hatte. Die Entlastungen, die der Betroffene am Termin beigebracht hatte, seien von der Kammer nicht objektiv gewürdigt worden. Insbesondere müsse auf die Aussage des Zeugen Buhl (gemeint ist Buhlmann, s.o.) hingewiesen werden, der davon gesprochen hatte, dass der Betroffene die Sabotageakte wie die Sprengungen von Eisenbahnviadukten, Brücken usw. hintertrieben beziehungsweise nicht ausgeführt habe. Solche Taten seien damals sehr gefährlich gewesen, weil man durch eilig zusammengerufene Standgerichte Todesurteile veranlassen konnte.

Wie der Zeuge Blum II deutlich gemacht hatte, habe sich der Betroffene durchaus menschlich verhalten, wenn er es verantworten konnte und wenn er selbst „Herr seiner Entschlüsse war." Wenn er jedoch auf Anweisungen von Vorgesetzten tätig werden musste, so sei er unfrei und „Organ einer auch für ihn übermächtigen Organisation" gewesen.

5.2 Stellungnahme des öffentlichen Berufungsklägers vom 22.2.1949 zum Spruch der Spruchkammer und zur Berufung des Betroffenen

In seiner Stellungnahme vom 22.2.1949 legt der öffentliche Berufungskläger dar, dass der Betroffene seit 1937 Parteigenosse und seit 1939 SS-Hauptscharführer sowie Mitglied des SD war. Die Verhandlung vor der Spruchkammer habe ergeben, „dass der Betroffene nicht nur erheblich formal belastet ist, sondern in der Ausübung seines Dienstes gehässiges Verhalten gegen Ausländer gezeigt, Personen unter Druck gesetzt, und noch während des Krieges durch denunziatorisch wirkende Meldungen an seine Vorgesetzten eine stark nazistisch aktive Tätigkeit entfaltet hat."

Trotz des vorliegenden Sachverhalts beantrage der Berufungsführer eine wesentlich günstigere Einstufung des Betroffenen, „ohne die vorliegenden tatsächlichen Belastungen im wesentlichen entkräften zu können." Weiter führt der Erste öffentliche Kläger aus: „Er (der Berufungsführer, G.S.) stellt das Verhalten des Betroffenen als einem Polizeibeamten angemessen und gerechtfertigt dar, wobei zum Teil völlig abwegige Begründungen vorgetragen werden."

Diese Beurteilung führt den öffentlichen Berufungskläger zu dem Antrag, „die Berufung des Betroffenen zurückzuweisen und den Spruch der ersten Instanz zu bestätigen."
Abschließend bittet er darum, noch einmal die Zeugen Günter, Kowalski, Ruggli mit Sohn und Tochter sowie Wilhelm Süper zu laden.

5.3 Stellungnahme der Rechtsanwälte vom 30.3.1949 zur Stellungnahme des öffentlichen Berufungsklägers vom 22.2.1949

Auf die Abfuhr des öffentlichen Berufungsklägers reagieren die Berufungsführer mit einer nochmaligen ausführlichen Stellungnahme.

Als erstes greifen sie die durch die Kammer und den öffentlichen Kläger fest-gestellte formale Belastung des Betroffenen an. In der Parteimitgliedschaft könne diese nicht bestehen, meinen sie ohne Begründung. So bleibe nur die Mitgliedschaft in der allgemeinen SS und im SD. Was die SS betreffe, sei er als Hauptscharführer nur gemäß seinem Polizeidienstgrad „angeglichen" worden. Und dies würde durch die Rechtsprechung nicht als besondere Belastung an-gesehen. Daher könne es nur um Schnorbachs Tätigkeit im SD gehen. In Bezug auf den SD seien durch die Spruchkammern Urteile gesprochen worden, die dem wirklichen Sachverhalt nicht entsprächen. Aus einem Schreiben eines Verteidigers des SD beim Nürnberger Militärtribunal ergebe sich zum Beispiel, dass sowohl die ehrenamtlichen Behördenmitarbeiter als auch die so genannten Vertrauens-männer des SD nicht als verbrecherisch angeklagt worden seien.

Zum Beweis für diese Behauptung zitieren sie aus einem Schreiben des Vertei-digers und Rechtsanwaltes Dr. Hans Gawlik vom 10.9.1948 zur Personengruppe der angeklagten Vertrauensmänner des SD: "Auf Grund der von mir durch-geführten Beweisaufnahme hat jedoch die Anklagebehörde die Anklage gegen diese Personen zurückgenommen. Das IMT (Internationales Militärtribunal, G.S.) hat daher in seinem Urteil vom 1.10. 1946 ausdrücklich er...(unleserlich, G.S.), dass Vertrauensmänner, die nicht Mitglieder der SS waren, nicht zu dem für verbrecherisch erklärten Personenkreis gehören." Die Rechtsanwälte über-sehen bei ihrer „Beweisführung" jedoch, dass Schnorbach Mitglied der SS war.

In Bezug auf die ehrenamtlichen Behördenmitarbeiter wird das Handbuch des Obersten Hauptquartiers der Vereinten Nationen vom April 1945 herangezogen. Dort habe es geheißen, dass die Berichte der Nachrichtenmänner des SD außerordent-lich freimütig waren und ein vollständiges und unge... (schminktes?) Bild von der Stimmung und Haltung in Deutschland böten. „Aus diesem Dokument dürfte sich insbesondere ergeben", so Dr. Gawlik, „dass Ihre sic Tätigkeit als Behördenmitarbeiter des SD nicht in einer Unterstützung der nationalsozialistischen Gewaltherrschaft, sondern lediglich darin bestanden haben dürfte, Massnahmen von Partei und Staat zu kritisieren." Unter diesem Gesichtspunkt sei auch die Tätigkeit des Betroffenen zu beurteilen, meinen die Berufungsführer. Immer habe es sich dabei nur um Stimmungsberichte gehandelt, die von den Außenstellen des SD über die SD-Abschnitte an die Abteilung III des Reichssicherheitshauptamtes weitergeleitet wurden (Inlandsnachrichtendienst, G.S.). Zudem hätten die SD-Stellen, ohne Exekutivgewalt ausgestattet, auch keine Namen von Einzelpersonen nennen dürfen.[96] Daraus ergab sich für die Berufungsführer, dass die formale Belastung des Betroffenen nicht so weitreichend sei, dass man von einem Aktivismus im Sinne des Artikels 7 (des Befreiungsgesetzes, G.S.) ausgehen könne.

Weber und Fünfrock leiten daraus die Anfrage ab, ob nicht ein Polizeibeamter als Diener des damaligen Staates eine andere Würdigung verdiene, als etwa ein Funktionär der Partei oder einer Gliederung.

Die polizeilichen Maßnahmen, die der Betroffene im Interesse der allgemeinen Sicherheit einsetzen musste, könnten nicht als Gewalttätigkeit oder Zwang und Drohung im Sinne des Artikels 7, I, Ziffer 2 des Gesetzes angesehen werden, meinen die Beschwerdeführer. Als Beispielfälle für diese Einschätzung führen sie den Fall Kowalski (also die Zuführung der 120 Zwangsarbeiter zur Hinrichtungsstätte durch Schnorbach) und den Fall des Widerständlers Günter an.[97] Im Gegensatz zu Gestapobeamten, die unmenschliche Maßnahmen gegen

---

96 Die Berufungsführer verkennen hier, dass die Wege zwischen örtlichen Polizei- und SD-Dienststellen und zwischen den Gestapostellen und dem Reichssicherheitshauptamt kurz waren.
97 Weber und Fünfrock unterscheiden wieder einmal nicht die „allgemeine Sicherheit" in einem demokratischen Staatswesen und die innerhalb einer Gewaltherrschaft, wie sie der Nationalsozialismus darstellte. Die Drohung, bei Fluchtversuchen wie „Hasen umgelegt zu werden" hat m.E. auch nichts mit „allgemeiner Sicherheit" zu tun. Beim Überfall auf die jüdische Familie Mendel in Engers wollte Schnorbach nicht einmal die „besondere Sicherheit" der Familie gewährleisten.

politisch Andersdenkende einsetzten und die daher auch die volle Härte des Befreiungsgesetzes getroffen habe, müsste im Falle eines Polizeibeamten, der in einem kleinen Ort auch mit Aufgaben der Staatspolizei beauftragt war und auf Anweisung seiner Vorgesetzten handelte, eine andere Beurteilung Platz greifen.

Nachdem die Berufungsführer noch die Fälle Ruggli, bei dem sich Schnorbach entschuldigt hatte, und Süper, der durch Entlastungszeugen wie Neumann und die vier Geistlichen widerlegt worden sei, aufgerufen hatten, kommen sie zu einer anderen Betrachtung als die Spruchkammer und der öffentliche Kläger. Demnach seien die dem Betroffenen zum Vorwurf gemachten Tatbestände nicht so schwerwiegend, „dass man ihm durch Einreihung in die Gruppe II jede Möglichkeit zur Rückkehr in die bürgerliche Gesellschaft verbauen sollte." Eine richtige Würdigung seiner Tätigkeiten werde eine gerechtere Beurteilung herbeiführen, „was ja auch dem wahren Zweck des Befr. Ges. (Befreiungsgesetz, G.S.) entspricht."
Aber auch diese Eingabe hatte keinen Erfolg. Am 2. Februar 1950 beantragt der Erste Öffentliche Kläger die kostenpflichtige Verwerfung der Berufung, wobei er Dr. Weber, der die Federführung bei der Berufung innehatte, eine regelrechte Lektion erteilt. Deshalb sollen die wesentlichen Gründe der Berufungsentscheidung aufgeführt werden.

5.4 Die Verwerfung der Berufung und ihre Begründung vom 2.2.1950

In dem diesbezüglichen Schreiben bezieht sich der Erste Öffentliche Kläger Lilge auf den Schriftsatz der Berufungskammer Wiesbaden vom 22.2.1949 und bemerkte ergänzend zu diesem, „dass der Schriftsatz des Herrn Anwaltes Einlassungen enthält, die nicht nur das Prinzip der Wirksamkeit eines Schriftsatzes gefährden, sondern darüber hinaus eine starke Verkennung von Wesen und Absicht des Befreiungsgesetzes beweisen." Was Wesen und Absicht des Befreiungsgesetzes ist, erklärt er in einem Satz: „Den nationalsozialistischen Gewaltbestrebungen

will das Gesetz die sittlichen, die allgemein menschlichen Verhaltungsrichtlinien gegenüberstellen und die Verletzung der letzteren durch erstere sühnen."
Dann kommt er auf die Person des Betroffenen zu sprechen: „In dieser Beziehung erfüllt der Betroffene die von der Vorinstanz genannten Tatbestandsmässigkeiten, wobei darauf hingewiesen werden soll, dass das gehässige, zuweilen brutale Verhalten des Betroffenen Ausländern gegenüber (der Fall des Schweizers, die Begleitung des Polen-Transportes) nicht erklärt werden kann mit einem impulsiven, zu Jähzorn und Unbeherrschtheit neigenden Charakter, sondern ausschließlich durch die beim Betroffenen eingetretene nationalsozialistische Vergiftung und Verhetzung, die es möglich sein lassen, dass er in den Ausländern grundsätzlich minderwertige Menschen sah und sie dementsprechend behandelte."

Aus den genannten Gründen werde der Antrag auf Abweisung der Berufung als gerechtfertigt angesehen, schreibt Lilge. Seinem Schreiben fügt er eine zwei-seitige Begründung bei, in der er eingangs die Mitgliedschaften von Schnorbach in Partei, SS, HJ und SD erwähnt. Dann skizziert er noch einmal die Belastungs-fälle, die im Spruchkammerverfahren behandelt wurden. In der Berufung habe sich der Anwalt des Betroffenen in allgemeinen Auslassungen ergangen, die die Anschuldigungen gegen ihn bagatellisierten und seine Handlungen „sozusagen natürlich erscheinen" ließen. Auch wenn man auf die Überlegungen des Anwalts eingehen wollte, so Lilge, bliebe das Verhalten des Betroffenen gegen die Aus-länder Ruggli, Bischweitz und dem Holländer unentschuldbar und bedeute ein gehässiges Vorgehen im Sinne des Artikels 7/II/10.[98] Wenn Schnorbach dienstliche Anfragen so beantworte, dass sachliche Berichte verschärft werden wie in den Fällen von Schumacher und Günter, dann beweise dies, dass „der Betroffene von der Naziideologie durchdrungen war und als überzeugter Anhänger des NS im Sinne des Artikels 7/I/3 zu gelten hat." Diese Bewertung werde durch das Schreiben Schnorbachs an den Reichsführer SS und Chef der deutschen Polizei erhärtet.

---

98 In Ziffer 10 heißt es in Bezug auf die Merkmale von Aktivisten, dass ein Aktivist der ist, der „durch Wort oder Tat eine gehässige Haltung gegenüber Gegnern der NSDAP im In- oder Ausland, gegen Kriegsgefangene, die Bevölkerung der ehemals besetzten Gebiete, gegen ausländische Zivilarbeiter, Häftlinge oder ähnliche Personen eingenommen hat."

Auch die eidesstattlichen Erklärungen hätten nicht gewertet werden können, weil es an der dafür erforderlichen antinationalsozialistischen Gesinnung gefehlt habe. Wegen all dem müsse die Berufung verworfen werden, stellte der Erste Öffentliche Kläger fest; nur die Sühnemaßnahmen seien wegen der in den Erklärungen angeführten Umstände ermässigt worden.

Ihren endgültigen Abschluss findet die Verwerfung der Berufung mit dem Spruch der Zentralberufungskammer Hessen-Süd vom 23.2.1950. Dieser lautet: „Die Berufung des Betroffenen gegen den Spruch der Spruchkammer Darmstadt/Lager vom 23.9.1948, womit er in die Gruppe 2 der Belasteten eingereiht wurde, wird dem Grunde nach verworfen, es werden aber die Sühnemassnahmen dahingehend gemildert, dass an Stelle von 3 Jahren Arbeitslager nur ein Jahr Arbeitslager, das durch die politische Haft verbüsst ist, und an Stelle des 40% Vermögensentzuges ein Sonderbeitrag von DM 150 (einhundertundfünfzig) tritt. Ausserdem hat der Betroffene nur die Hälfte der Kosten des Berufungsverfahrens zu tragen."[99]

---

99 Der Streitwert betrug 2800,- DM. Vgl. HHStAW Best. 520/38 Nr. 61222

6. Eine neue Strategie: Der Gnadenweg

Schon während des noch laufenden Berufungsverfahrens und erst recht nach dessen Niederschlagung arbeitete Schnorbach hartnäckig weiter an seiner Rehabilitierung und der Verbesserung seiner Lebenslage.[100]

So hat er in einem handschriftlichen Brief an den Vorsitzenden der Berufungskammer vom 27. März 1949 darauf hingewiesen, dass er sich wieder ein Familienleben aufgebaut habe und wieder für seine Familie sorgen könne, die während seiner Internierung bitter hart gelitten habe.

Gegen Ende des Berufungsverfahrens muss er noch seinen Freund Pfarrer Erich Weber, den er in Kreuznacher Zeiten gut gekannt hatte, aktiviert haben. Denn am 1. März 1950 richtete dieser ein Schreiben an den Vorsitzenden der Berufungskammer Frankfurt, in dem er ihn bittet, die Aussagen der Belastungszeugen zu überprüfen und seinem ehemaligen Nachbarn Gelegenheit zu geben, seine Entlastungen selbst vortragen zu dürfen. Diese Gelegenheit hatte Schnorbach bei der mündlichen Verhandlung jedoch schon gehabt, jetzt war es dafür zu spät.

Aber auch in dieser Situation war er um einen Ausweg nicht verlegen. Die neue Strategie, mit der er seine Rehabilitierung und damit die Verbesserung seiner finanziellen Lage zu erreichen suchte, war der Gnadenweg. Zu diesem Zweck aktivierte er ein weiteres Mal seinen alten Freund Pfarrer Weber. Dieser richtete am 20. April 1950 im Auftrag von Schnorbach ein Gnadengesuch an den damaligen Ministerpräsidenten von Rheinland-Pfalz, Peter Altmeier, CDU, und schilderte ihm die elende Situation seines Freundes. Seit dieser im Entnazifizierungsverfahren in die Gruppe II eingereiht worden sei, befinde er

---

100 Er war zwei Tage nach der Spruchkammerverhandlung am 25.9.1948 aus der Internierungshaft entlassen worden und arbeitete lt. einer Bescheinigung des Arbeitsamtes Wiesbaden vom 12.7.1950 seit dem 15.11.1948 als Monteur bei der Maschinenfabrik Firma Heinrich Horn Söhne in Wiesbaden. In der Stellungnahme des Öffentlichen Klägers vom 22.2.1949 wird der Wohnort Schnorbachs mit Mittelheim/Rheingau Schulstrasse 8 und in der Verwerfung der Berufung vom 2.2.1950 mit Wiesbaden-Biebrich, Castellerstrasse 3 angegeben.

sich in großer wirtschaftlicher und seelischer Not. Nachdem das Berufungs-
verfahren keine Änderung des Urteils habe herbeiführen können, bleibe ihm
als letzte Möglichkeit nur der Gnadenweg, um eine neue Eingruppierung zu
erlangen, „die ihm wieder Lebensmöglichkeit für sich und seine Familie" gebe.
Daher habe sein Freund ihn gebeten, sein Gesuch, begleitet von einem persönlichen Schreiben seinerseits, an den Ministerpräsidenten weiterzuleiten.[101]

Wahrscheinlich hat dieser das Schreiben von Pfarrer Weber und das Gesuch von
Schnorbach an seinen Minister für Inneres und Wirtschaft weitergereicht. Denn
am 25. September 1950 sandte Weber ein weiteres Schreiben an eben diesen
Minister, welches das Gnadengesuch von Schnorbach unterstützen sollte.
Während Pfarrer Weber in seinem Schreiben vom 1. März 1950 die menschlichen
Tugenden Schnorbachs wie Pflichtgefühl, Kameradschaftsgefühl, seinen Gerech-
tigkeitssinn und sein Bestreben „Härten da zu vermeiden, wo es möglich war",
hervorgehoben hatte, argumentiert er jetzt mit der Bibel und der Botschaft Jesu.
Wenn er sich die Anschuldigungen, die Verurteilung und die Not des Bittstellers
vergegenwärtige, so komme ihm ein Bibelwort nicht aus dem Sinn: „Vergib uns
unsere Schuld, wie auch wir vergeben unseren Schuldigern."
Dieses Wort Christi gelte auch für den politischen Raum, was nicht bedeute,
dass jede in der Vergangenheit begangene Schuld einfach zu annulieren sei.
Aber im Falle von Schnorbach, wo eine Schuld „durch 5 lange Jahre hindurch
wirtschaftlich, körperlich und vor allem seelisch ‚gesühnt' worden" sei, da sollte
sie wo irgend möglich, doch vergessen sein, bemerkte Weber. Gerade das erwähnte Wort des göttlichen Herrn gebe denen, die „mit Ernst Christen zu sein
sich bemühen, immer wieder die Frage auf: wie lange die Schuld der ehem.
Nazileute nachgetragen werden soll, die ihren Irrtum eingesehen und die für
ihren Irrtum harte Strafen haben erleiden müssen - wie es auch bei dem Bittsteller der Fall ist." So appellierte Pfarrer Weber an das christliche Gewissen
des Ministers, nicht ohne anschließend noch einmal auf all die für Schnorbach
günstigen Entlastungsschreiben zu verweisen. Nach seinem Urteil sei der

---

101 Das Gesuch Schnorbachs liegt mir leider nicht vor.

Bittsteller weniger ein Nationalsozialist, sondern ein peinlich korrekter und pflichteifriger Beamter gewesen. In seiner „soldatischen Auffassung" möge er an einigen Stellen zu weit gegangen sein, heute aber glaube er „mit Bestimmtheit sagen zu können, dass alle nationalsozialistische Tendenz in ihm tot ist und er klar und eindeutig den Weg der vergangenen Aera (sic) verabscheut."[102] Im vorletzten Absatz bittet Pfarrer Weber den Minister inständig für einen Menschen, „der darum ringt, wieder Lebensmöglichkeit für sich und seine Familie zu gewinnen, der 5 Jahre lang ein hartes Los getragen hat, der keinen Pfennig Einkommen hat – und der doch wieder leben will." Losgelöst von seinem konkreten Fall hebt er sein Anliegen in einem höheren Zweck auf: „Der Nationalsozialismus ist – Gottlob! – vorüber. Möchten doch auch alle Schäden jener bösen Zeit vergehen. Dazu mitzuhelfen für den Bittsteller, mit dem ich durch fast 18 Jahre hindurch befreundet bin, ist mir ein großes Anliegen und herzliche Bitte, der ich in diesem Schreiben zu dem Unterhaltsgesuch Ausdruck zu geben mich bemühte."[103]

Im weiteren Fortgang seiner Rehabilitierungsbemühungen taten sich trotz aller Unterstützung neue Hindernisse auf. An diese Herausforderungen machte sich Schnorbach mit Hartnäckigkeit und großem Selbstbewusstsein, bisweilen auch mit Hochmut und Dreistigkeit heran – allen seinen eben beschworenen guten Charaktereigenschaften zum Trotz.

---

102 Ob dieses günstige Urteil zu halten ist? Siehe dazu Abschnitt 8.3 dieser Arbeit.
103 Die christliche Vergebungsbereitschaft hatte sich im Laufe der Jahre 1949ff. zu einem koordinierten Zusammenspiel zwischen Kirchenvertretern und Anwälten von Kriegsverbrechern entwickelt. So waren die Kirchen auch im Heidelberger Juristenkreis vertreten, der für die Freilassung von Kriegsverbrechern eintrat. Auch der oben (S. 86f.) von den Verteidigern Schnorbachs erwähnte Rechtsanwalt Hans Gawlik gehörte zu den ständigen Gästen. Vgl. Frei, Norbert, Vergangenheitspolitik. Die Anfänge der Bundesrepublik und die NS-Vergangenheit, München 2. Auflg. 1997, Kapitel II, insbes. S. 162ff.

6.1 Der Versorgungsstreit mit der Amtsverwaltung Engers 1951

Zum Hintergrund folgendes: Im Laufe des Jahres 1951 war das schwelende Problem der Wiedereinstellung und Versorgung von Beamten, die vor dem 8. Mai 1945 bereits Beamte waren, aber danach ausgeschieden waren, ohne seither wiederverwendet oder versorgt worden zu sein, mit dem Ausführungsgesetz zu Art. 131 Grundgesetz neu geregelt worden. Damit erlangten auch Personen, die durch die Entnazifizierung ihre Stellung verloren hatten, einen Anspruch auf Wiederverwendung und Versorgung.

Offenbar hatte Philipp Schnorbach kein Interesse an seiner Wiederverwendung, sondern eher an seiner Versorgung. Daher machte er sich bei den zuständigen Stellen auf Landes- und kommunaler Ebene bemerkbar. Sogleich machte er in einem Schreiben vom 8.7.1951 an den Amtsbürgermeister von Engers seine Forderung nach zwei Dritteln des gesetzlichen Unterhalts- bzw. Ruhegehalts geltend. Darauf habe er laut Mitteilung des Regierungspräsidenten in Koblenz seit dem 1.12. 1950 einen Anspruch.[104] Im gleichen Schreiben teilt er mit, dass er nach persönlicher Rücksprache „bei der Regierung" erfahren habe, dass er am 13.4.45 von Herrn Felsing entlassen worden sei.[105] Dabei sei er vom Neuwieder Landrat darüber unterrichtet worden, dass Felsing sich das Amt des Amtsbürgermeisters nur angemaßt habe. Überdies sei es auch nicht möglich, dass ein Beamter ohne Grund und Verfahren entlassen werde. Dies müsse er – wie auch sein Kollege Sauer – als ungesetzlich ablehnen.

An dieser Stelle macht Schnorbach unvermittelt eine Aussage zu dem vergangenen Spruchkammerverfahren, mit der er die Belastungszeugen sehr diskreditiert: „Ich darf Sie darauf aufmerksam machen, dass meine ganze (sic) Belastungszeugen

---

104 Tatsächlich hatte der Regierungspräsident in Koblenz ihm am 21. Juli 1951 mitgeteilt, dass zur Zahlung des Unterhaltsbeitrages das Amt Engers zuständig sei, da er dort bedienstet war. Darüber wisse der Amtsbürgermeister Bescheid. Notfalls müsse er klagen, empfahl der Regierungspräsident.

105 Felsing war eine Art „Übergangsbürgermeister" im Amt Engers am Ende des Krieges, von dem oben S. 40, Fußnote 38 schon die Rede war.

vor der Spruchkammer, Kommunisten und Rückversicherte waren, die heute verfassungsfeindlich sind." Dann setzt er noch hinzu: „Ich habe in meinem Bezirk jede illegale Wühlarbeit gegen den Staat rücksichtslos zerstört." Und heute arbeite er trotzdem wieder ehrenamtlich und „kenne genau die Verhältnisse in dieser Hinsicht auch in Ihrem Amt." „Wenn man 10 Jahre in einem Amt arbeitet, kennt man jeden einzelnen Menschen. Aber dieses nur zu Ihrer privaten Orientierung."

Was sollen diese Sätze heißen? Soll das eine Drohung an den Amtsbürgermeister sein? Will er darauf aufmerksam machen, dass mit ihm nicht gut Kirschen essen ist? Oder darauf, dass man ihn als einen gut informierten Mann mit besten Beziehungen ruhig einmal anfragen kann, wenn Not am Mann ist oder Unklarheiten herrschen?
Und was sagt der Satz, dass er jede illegale Wühlarbeit rücksichtslos zerstört habe? Jedenfalls werden uns die Verunglimpfung der Belastungszeugen und seine Zufriedenheit über seine „erfolgreiche" Polizeitätigkeit weiter unten noch beschäftigen.

Doch zurück zum Schreiben von Schnorbach. Im letzten Satz teilt er dem Engerser Amtsbürgermeister lakonisch mit, dass sein Unterhalt monatlich 136,80 DM bei einem Besoldungsdienstalter ab dem 1.6.1926 betrage.

Die Amtsverwaltung jedoch wehrt sich gegen Schnorbachs Forderungen - und zwar aus politischen Gründen. Diese werden im Protokoll über die Sitzung der Amtsvertretung von Engers vom 27. August 1951, die von Amtsbürgermeister Dr. Borgs-Maciejewski geleitet wird, unter Punkt 2 erörtert.[106]
Zunächst erklärt der Vorsitzende unter Bezugnahme auf eine Verfügung des Regierungspräsidenten in Koblenz (Polizeiabteilung), dass Schnorbach in den Personenkreis des § 63 zu Artikel 131 Grundgesetz falle, wonach das Amt Engers zu seiner Unterbringung und Versorgung verpflichtet sei. Auf dieser Grundlage

---

106 Der Tagesordnungspunkt lautet: „Anweisung des Herrn Regierungspräsidenten in Koblenz zur Zahlung einer Unterhaltsbeihilfe an den früheren Amtssekretär a.W. Schnorbach auf Grund der Bestimmungen des Rechtsstellungsgesetzes für Rheinland-Pfalz."

sei er aufgefordert worden, Schnorbach die ihm zustehenden Bezüge zu über-
weisen. Sodann informierte er die Amtsvertreter darüber, dass der Hauptausschuss sich bereits gegen die Zahlung von Unterhaltsbeiträgen an Schnorbach
ausgesprochen habe, weil er „in der Zeit des 3. Reiches in zahlreichen Fällen ein
Verhalten an den Tag gelegt habe, das als volksschädlich im vollen Sinne des
Wortes zu bezeichnen sei". Deshalb würde es auch bei der Bevölkerung kein Verständnis finden, wenn Schnorbach aufgrund eines Gnadenerweises zwei Drittel
des Ruhegehalts bzw. des gesetzlichen Unterhaltsbeitrages gezahlt würden.
Inzwischen habe er auch bei der Polizeiabteilung vorgesprochen und mitgeteilt,
dass die Amtsvertretung nach mehrfacher Beratung einer Zahlung von Unterhaltsbeihilfe wohl nicht zustimmen werde. Man habe ihm dort erklärt, dass
Schnorbach einen unzweifelhaften Rechtsanspruch darauf habe. Daher könne
das Amt Engers nur im Nachhinein ein Disziplinarverfahren einleiten.

Der Fraktionssprecher Krupp (CDU) bekräftigte, dass die gesamte Bevölkerung
des Amtes Engers hinter der ablehnenden Haltung der Amtsvertretung stehe.
Er habe bereits überlegt, ob man nicht einen Aufruf an die Bevölkerung richten
soll, damit alle, die gegen Schnorbach etwas vorzubringen hätten, sich bei der
Amtsverwaltung melden können. Fraktionssprecher Scholle (SPD)stimmte dem
geäußerten Vorschlag zu und ergänzte, dass man eine Eingabe an den Ministerpräsidenten verfassen und ihn bitten solle, von seinem Widerrufsrecht bezüglich
eines Gnadenerweises Gebrauch zu machen. Dem stimmte die gesamte Amtsvertretung zu.
Der Vertreter der KPD lehnte es namens seiner Partei grundsätzlich ab, „die
Zustimmung zu irgendwelchen Zahlungen an Schnorbach zu geben."
Zu guter Letzt fand man auch einen rechtlichen Grund, die Zustimmung zu Zahlungen an Schnorbach zu verweigern. Dieser sei nämlich 1935 dem Amt Engers
ohne Mitwirkung einer kommunalen Vertretungskörperschaft als Polizeibeamter
„durch eine staatliche Dienststelle" einfach zugewiesen worden. Daher „versage
die Amtsvertretung einmütig ihre Zustimmung zur Zahlung irgendwelcher Bezüge
an Schnorbach", schloss der Protokollauszug.
Der Konflikt beschäftigte Amtsbürgermeister Borgs-Maciejewski auch persön-

lich. So schrieb er zwei Tage später einen Brief an den Regierungspräsidenten in Koblenz, in dem er ihm sein Spannungsfeld zwischen gesetzlichen Vorgaben einerseits und der Position der Amtsvertretung andererseits erläuterte. Er habe sich nicht für befugt gehalten in dieser bedeutsamen Angelegenheit etwas von sich aus zu veranlassen, ohne der Amtsvertretung Gelegenheit zur Stellungnahme zu geben. Ihm sei bekannt gewesen, dass das Verhalten Schnorbachs in der Zeit des Dritten Reiches bei der Bevölkerung „ausserordentliche Erregung ausgelöst" habe. Aus den Personalakten sei zu entnehmen, „dass nach dem Ergebnis der Vernehmung **einwandfreier Zeugen** (Hervorhebung G.S.) und den Aussagen des politischen Ausschusses von Engers Schnorbach sehr ungünstig beurteilt wurde. Auch der Hauptausschuss habe einmütig die Zahlung eines Unterhaltsbeitrages abgelehnt. In dieser Sachlage befinde er sich in einem ernsten Gewissenskonflikt. Er sei sich bewusst, „den Bestimmungen des Gesetzes unterworfen zu sein, andererseits aber, zumal in einer Zeit wie der heutigen, ein berufsamtlicher Bürgermeister weder für sein Amt noch den Staat erfolgreich wirken kann, wenn er in einer schwerwiegenden, grundsätzlichen Angelegenheit gegen den erklärten einmütigen Willen der kommunalen Vertretungskörperschaft und der Bevölkerung handeln wollte."

Schnorbach seinerseits befand sich nur in der Spannung seiner persönlichen Interessen. Wie er in Erfahrung gebracht habe, schrieb er am 10. 9. 1951 an Amtsbürgermeister Borgs-Maciejewski, habe ein Gespräch zwischen einem Vertreter der Koblenzer (Bezirks-)Regierung, dem Amtsbürgermeister und dem Beigeordneten Krupp stattgefunden. Bei dieser Unterredung sei von ihm als Amtssekretär und nicht als Hauptwachtmeister die Rede gewesen. Das sei falsch, wie aus einem Schreiben eines Polizei-Majors Claus zu ersehen sei. Anhand seiner eigenen Schriftstücke könne man erkennen, dass er nach der Widerrufung nicht als Sekretär, sondern als Hauptwachtmeister unterschrieben habe. Deshalb forderte er eine Berichtigung. Weiter erklärte er dem Amtsbürgermeister zu „seiner Orientierung", dass alle gegen ihn vorgetragenen Argumente schon vor einem ordentlichen Gericht (dem Spruchkammerverfahren?) geklärt worden seien, „ganz abgesehen von meiner politischen Haft mit Lynchjustiz."[107] Letztere dürfte noch einmal akut werden, notierte er. Darüber hinaus habe er gehört, dass der Amtsbürgermeister gegen ihn ein Dienststrafverfahren einleiten wolle. Das kommentierte er mit dem Satz: „Ich habe somit den Eindruck, dass Sie sich Ihrer Sache sehr sicher sind, sodass Sie das Verfahren doch sicher umgehend einleiten werden."

Weiter verwahrte sich Schnorbach gegen die Behauptung des Beigeordneten Krupp, dass er mit schuld an der Erhängung eines Polen sei. Er verwies darauf, dass die Exekution von der Gestapo Koblenz durchgeführt worden sei. Er habe nur Absperrdienste geleistet „wie 20 andere Beamte." So sei er gezwungen, gegen Herrn Krupp gerichtlich vorzugehen, wenn er nicht innerhalb von zehn Tagen seine Aussage „in vorschriftsmässiger Form" zurücknehme (was auch geschehen ist, G.S.).

Im Schlussabsatz bittet er den Amtsbürgermeister darum ihm mitzuteilen, ob eine Zahlung an ihn erfolgt und wenn nicht, welche Gründe dem entgegenstehen. Sollte er bis 1.10.51 nicht antworten, sei er gezwungen, die Sache gerichtlich regeln zu lassen.

Mit Schreiben vom 19.9.1951 teilte ihm Amtsbürgermeister Borgs-Maciejewski „ergebenst" mit, dass er mit rechtskräftigem Spruch der Zentralberufungskammer Hessen-Süd in die Gruppe 2 der Belasteten eingestuft worden sei. Mit einem solchen Spruch sei nach der Landesverordnung zur politischen Säuberung „die dauernde Unfähigkeit zur Bekleidung eines öffentlichen Amtes und der Verlust der Rechtsansprüche auf ein aus öffentlichen Mitteln zu zahlendes Ruhegehalt, einer Unterstützung oder einer Rente verknüpft." Demzufolge sei es unerheblich, ob er in den Jahren seiner Tätigkeit in Engers als Polizeihauptwachtmeister oder als Amtssekretär a.W. tätig war. Das Beamtengesetz bestimme, „daß Beamte, die eine Freiheitsstrafe von mehr als einem Jahr erleiden, durch das Gerichtsurteil automatisch sämtlicher Ansprüche aus ihrem Beamtenverhältnis verlustig gehen." In solchen Fällen könne nur durch einen Gnadenerweis des Staatsoberhaupts nach Antrag eine Unterstützung bewilligt werden. In seinem Fall habe

---

107 Vermutlich meint Schnorbach hier seinen Aufenthalt im KZ-Dachau nach dem Krieg.

der Ministerpräsident einen Gnadenerweis erteilt. Die Engerser Amtsvertretung habe jedoch einstimmig den Standpunkt vertreten, dass sich daraus ergebende Zahlungen nicht dem Amt Engers zur Last fallen dürften.

Amtsbürgermeister Borgs-Maciejewski bittet Schnorbach um Verständnis dafür, dass er unter den gegebenen Umständen nicht gegen die einmütige Willenskundgebung der Amtsvertretung habe handeln können. Nach Lage der Dinge scheide auch ein Disziplinarverfahren aus, weil ein Beamtendienstverhältnis nicht mehr bestehe.

Damit waren nunmehr die Dinge aus der Sicht der Kommune klargestellt. Ob und wie Schnorbach hierauf noch einmal reagiert hat, ist unbekannt. Der Regierungspräsident in Koblenz war jedoch nicht gänzlich mit dieser Einschätzung einverstanden. Aber er fand einen Ausweg für die Kommune. Denn er schrieb dem Amtsbürgermeister am 18. Oktober 1951, dass nach nochmaliger Prüfung festgestellt worden sei, dass Schnorbach bis zur Kapitulation Gemeindepolizeibeamter und Polizeihauptwachtmeister gewesen war, dass aber aufgrund der 1947 erfolgten Verstaatlichung der Polizei **das Land** (Hervorhebung, G.S.) zur Zahlung des Unterhaltsbeitrages verpflichtet worden sei. Aus einer Bescheinigung der Bezirksregierung Koblenz vom 5.9.1952 geht hervor, dass Schnorbach ein Übergangsgehalt nach § 37 des Gesetzes zu Artikel 131 Grundgesetz in Höhe von 142,24 DM monatlich erhielt. Wenn Schnorbach von der politischen Säuberung nicht betroffen oder ohne Gehaltskürzung entnazifiziert worden wäre, hieß es in dem Schreiben, würde er das volle Übergangsgeld in Höhe von 213,36 DM erhalten. Ob Schnorbach mit den gefundenen Regelungen zufrieden war?

6.2 Schnorbachs Bittbriefe und die endgültige Rehabilitierung 1954

Man hätte sich es denken können – es verging kaum ein Jahr, als sich Schnorbach wegen eines „Gnadengesuchs" in servilem Tonfall am 14.7.1952 an den „Herrn Minister" (für politische Befreiung, G.S.) wandte. Als „Unterzeichneter" erlaube er sich „die Bitte vorlegen zu dürfen, ob heute eine Umstufung von Gruppe II in Gruppe III ermöglicht werden kann."

Der dann folgende Text ist es wert, vollständig zitiert zu werden: "Es ist ein furchtbarer Druck, der auf mir lastet, heute noch der Gruppe II anzugehören. Personen aus meinem Freundeskreises (sic), alte S.P.D. Mitglieder sind wiederholt an mich herangetreten, mit der Bitte um Mitarbeit auf diesem oder jenem Gebiete. Es ist mir sehr peinlich, diesen Fragen immer mit einem künstlichen Grund ausweichen zu müssen, da ich mich schäme den wahren Grund die Gruppe II anzugeben. Ich möchte doch als Wiedergutmachung meine ganze Kraft dem Aufbau des neuen Staates zur Verfügung stellen und endlich wieder als vollwertiger Bürger angesehen werden."

Dann bittet er höflichst, seinen Antrag zu prüfen und „günstig entscheiden zu wollen." Auskunft über sein Verhalten und seine heutige Einstellung könne man bei Herrn Bollinger einholen, einem alten SPD-Mitglied, der am Landratsamt St. Goarshausen beschäftigt sei.

Schnorbach konnte den Bescheid offenbar nicht in Ruhe abwarten. Kaum sechs Wochen später, am 30.8. 1952, klagte er erneut dem Minister für politische Befreiung sein Leid. Diesmal ging es um finanzielle Probleme. Er berichtete ihm, dass er derzeit einen Unterhaltsbeitrag von 140,95 DM monatlich erhalte. Von diesem Betrag würden ihm monatlich 70,05 DM abgezogen, weil er die vorher bezogene Arbeitsunterstützung und die Alfu (Arbeitslosenfürsorgeunterstützung, G.S.) zurückzahlen müsse. Auch sei er vom Amtsarzt wegen seines Herzleidens nur für leichte Arbeit tauglich geschrieben worden, so dass er in der Erntezeit noch einige Mark dazuverdienen konnte, was jetzt jedoch fortfalle. Von seinem Sohn könne er nichts bekommen, weil sich dieser in Berufsausbildung befinde und er noch hinzuzahlen müsse.[108] In dieser Situation sei ihm die Zahlung von Sühne und Kosten bis jetzt unmöglich gewesen. Er habe sich so nur kümmerlich durchschlagen können.

Offenbar spekulierte Schnorbach auf die Differenz zwischen gezahltem Unterhaltsbeitrag und dem, den er erhalten würde, wenn er in Stufe III als Minderbelasteter eingereiht würde. Vorsorglich hatte er dem Schreiben eine entsprechende Bescheinigung beigefügt. Sollte der Minister die Güte haben, seine Unterstützung zu erhöhen, verpflichte er sich, die Beträge in monatlichen Raten abzuzahlen, versprach Schnorbach.

Ungeschickt war er also nicht. Denn er schlägt dem Minister einen Deal vor, der beiden Seiten zu nützen verspricht. Dennoch muss er noch knapp zwei Jahre warten, bis sein Gnadengesuch endlich sein Ziel erreicht hatte. Am 30. Juli 1954 wies der hessische Ministerpräsident Dr. Zinn (SPD) das Abwicklungsamt des Ministeriums für politische Befreiung an, in Erweiterung der Gnadenerweise vom 9.12.1950 und 30.10.1952 die Sperrvorschrift nach Artikel 16, Ziffer 5 des Befreiungsgesetzes aufzuheben. Hierdurch stehe dem Betroffenen ab 1. Juli 1954 die volle Höhe der Bezüge zu, die ihm nach allgemeinen beamtenrechtlichen Vorschriften wie auch nach den Bestimmungen des Bundesgesetzes zu Artikel 131 Grundgesetz als Mitläufer zuständen. Schnorbach wird also noch eine Stufe besser gestellt, als er sich erbeten hatte.

---

108 Hinter diesen Satz setzte jemand handschriftlich das Wort „Ehefrau".

7. Schnorbachs Nachkriegsleben in Osterspai

Über Philipp Schnorbach und Familie ist aus der Osterspaierer Nachkriegszeit nicht mehr viel bekannt. Dies ist aber auch nicht weiter verwunderlich angesichts seines Lebenslaufs in der ersten Hälfte des 20. Jahrhunderts. Denn nach seiner Schulzeit, der Ausbildung in Oberlahnstein, dem frühen Eintritt ins Militär und den je zehnjährigen Aufenthalten in Bad Kreuznach und Engers sowie der Haft im Internierungslager Darmstadt, tauchte er erst Ende der 1940er Jahre wieder in Osterspai auf.

Auch nach den Erinnerungen der Kinder von Philipp Schnorbach haben diese ihren Vater erst nach 1948 wiedergesehen. Dem vorliegenden Schriftverkehr nach, wohnte er spätestens ab September 1951 wieder in Osterspai, und zwar in der Hauptstraße 239.[109] Wie mir Frau H. aus Osterspai, eine Bekannte der Tochter Maria Hirsch, mitteilte, habe diese oft erzählt, dass sie nach dem Krieg sehr arm gelebt hätten – ein Los, das viele Dorfbewohner zu dieser Zeit geteilt haben. Wahrscheinlich ging es mit Familie Schnorbach wirtschaftlich erst Anfang bis Mitte der 1950er Jahre wieder aufwärts. Denn nachdem der Vater in Pension gegangen war, so berichtete Harald Schnorbach im Interview von 1995, habe er bei „Herrn Baron" von Preuschen, die Verwaltung seines Gutes übernommen.[110]

---

109 Identisch mit Filsener Straße 239

110 Bei meiner Recherche habe ich dafür keine schriftlichen Belege auffinden können. Ob die behauptete Beschäftigung tatsächlich einer leitenden Stellung entsprach oder doch nur eine abhängige, vielleicht auch bloß saisonale Arbeit war, wie der Hinweis auf die Erntearbeit in seinem Schreiben vom 30.8.1952 nahelegt, ist nicht bekannt. Wie mir ein zeitweiliger Mitbürger von Osterspai sagte, sei die Arbeit vieler kleiner Bauern, die für „en Appel on en Ei" auf den freiherrlichen Gütern tätig waren, durchaus üblich gewesen. Manche sprachen sogar von „Fronarbeit" für den Herrn von Preuschen. Frau H. hält es für ausgeschlossen, dass die Freiherren jemanden aus dem Dorf für die Verwaltung ihrer Güter bestellt hätten – insbesondere nicht der soldatische Ludwig von Preuschen.

Jedenfalls scheint es Familie Schnorbach unter Einsatz familiärer Selbsthilfe möglich gewesen zu sein, ein Haus in der heutigen Filsener Straße zu bauen. Eine Bekannte der Familie erinnerte sich nämlich daran, dass die ganze Familie beim Hausbau mitgeschafft habe. Frau H. entsann sich zudem, dass vermutlich der Sohn Harald in späteren Jahren ein mehrstöckiges Hinterhaus mit Wohnungen gebaut habe, in das auch eine Schnapsbrennerei integriert wurde.[111] Harald Schnorbach berichtete im o.g. Interview, dass er 1961 aus einer beruflichen Tätigkeit bei einer Raiffeisen- und Volksbankversicherung in den mütterlichen Betrieb, eine Likörfabrik, gewechselt sei. Das wiederum ist ein Anhaltspunkt dafür, dass der Hinweis auf eine Schnapsbrennerei einen realen Hintergrund hatte.

In den späteren 1950er Jahren, nachdem Philipp Schnorbach den Gnadenweg erfolgreich beschritten hatte, ist er auch politisch wieder in die Gemeinde aufgenommen worden. Das belegt ein Auszug aus dem Wählerverzeichnis der Gemeindeverwaltung Osterspai aus den Jahren 1956/57, wo er zusammen mit seiner zweiten Frau Lina, geb. Leuchner, eingetragen ist.[112] Auf dieser Karteikarte wird ihre Wohnung mit „Filsenerstraße 239" angegeben.

Aus derselben Kartei ist auch ersichtlich, dass der Sohn Harald mit seiner Gattin Edith, geb. Mischke, ebenfalls als Wähler eingetragen wurde.[113] Ihr Wohnort wird jedoch mit „Hauptstraße 236" angegeben, was wohl durch einen Zahlendreher verursacht worden ist. Die beiden Generationen der Familie Schnorbach hatten sich offensichtlich wieder in die alte Heimat integrieren können.[114]

---

111 Solche Brennereien seien von etlichen Familien betrieben worden, hörte ich, denn in Osterspai habe es damals ausgedehnte Obstbaumanlagen und auf der anderen Rheinseite Weinberge gegeben.

112 Siehe Dokument 39. Frau Dora Schnorbach war lt. Geburts- und Taufregisterauszug Philipp Schnorbach im August 1956 in Osterspai verstorben.

113 Siehe Dokument 40.

114 Harald Schnorbach erzählte mir 1995 von seiner Nachkriegskarriere: 1951 sei er nach Osterspai zuückgekehrt und habe bei der Verwaltungs- und Wirtschaftsakademie Koblenz studiert. Mit Hilfe des Oberbürgermeisters von Koblenz, Josef Schnorbach, habe er eine Stelle in der öffentlichen Verwaltung bekommen und danach bei der Regierungshauptkasse Bad Kreuznach gearbeitet. Anschließend sei er zur Frankfurter Allianz und später zur Raiffeisen- und Volksbankversicherung gegangen. 1961 sei er – wie schon erwähnt –, in den mütterlichen Betrieb

Nun wäre es interessant zu wissen, ob sich Philipp Schnorbach nicht nur wirtschaftlich und rechtlich, sondern auch politisch und sozial wieder eingliedern konnte.

Wie oben (S. 100) erwähnt, will er von alten SPD-Leuten aus seinem Freundeskreis wegen einer eventuellen Mitarbeit angesprochen worden sein. Bei meiner Nachfrage bei einem derzeit aktiven SPD- und Gemeinderatsmitglied stellte sich heraus, dass ihm der Name Schnorbach völlig unbekannt war. Es gebe auch keine alten Mitgliederlisten; die SPD-Osterspai existiere erst seit den späten 1960er Jahren. Im Übrigen hätten sich die damaligen Gründungsmitglieder, die sich als treue Willy-Brandt-Leute verstanden, niemals mit einem ehemaligen Nazi eingelassen.

Weitere Vereinsmitgliedschaften sind nicht bekannt. Den Erfahrungen von Frau H. nach, die sich im Ort nach Philipp Schnorbach und seiner Familie umgehört hat, scheint der aktuelle Bekanntheitsgrad der Familie Schnorbach und insbesondere von Philipp Schnorbach, nicht hoch zu sein. Nur ein 90jähriger Osterspaier Mitbürger konnte sich an ihn als einen „schlimmen Nazi" erinnern.

7.1 Familie Schnorbach und ihre Beziehungen zu Familie von Preuschen

Im Folgenden möchte ich den Hinweisen von Harald Schnorbach auf die Beziehung seines Vaters zur Familie von Preuschen (und seiner eigenen) nachgehen. Zunächst einige wenige Hinweise auf die Historie der Familie v. Preuschen: Nachdem die vormalige Herrschaft des Herrn von Waldenburg über Osterspai 1792 mangels Nachkommenschaft zu Ende gegangen war, wurde dem Geheimrat und Regierungspräsidenten Georg Ernst Ludwig von Preuschen zu Dillenburg

gewechselt. Später habe er, begünstigt durch die Verbindungen seines Vaters zum Adel (!), die Alleinvertretung für französisches Ammoniak übernehmen können. Beim Hinausgehen zeigte er mir sein Arbeitszimmer, in dem eine Ehrenurkunde der Gesellschaft für Ammoniak hing. Dort sei er Ehrenritter; außerdem trage er den Titel „Dr. hc.", teile er mir stolz mit. Unglücklicherweise habe er 1986 bei einem Unfall in Frankreich seine Frau verloren, bekannte er zum Schluss.

durch den Fürsten des Hauses Nassau die Herrschaft Osterspai übertragen.[115] Seinen Sitz nahm er auf Schloß Liebeneck, oberhalb von Osterspai. Danach spaltete sich die Familie in zwei Linien auf, wovon die eine seit den 1870er Jahren im erneuerten Schlossbau und die andere in der Alten Burg im Dorf wohnte. Um 1900 kam noch Burg Lahneck in Lahnstein in den Besitz der Familie.

Um diese Zeit war die Herrschaft der von Preuschens bereits zu Ende gegangen (1869). Danach habe die Familie laut Bender weiter „in und mit Osterspai in einer von gegenseitiger Achtung geprägten Basis" gelebt. Besonders die Einrichtung eines Kindergartens im Jahr 1933 durch Gertrud Freifrau von Preuschen habe das gute Verhältnis zwischen der adeligen Familie und der Dorfbevölkerung gesichert, schreibt Bender.[116]

Damit komme ich zu den Familienmitgliedern der Preuschens, die Philipp Schnorbach (in den 1950er und 1960er Jahren) gekannt haben könnte.

Da ist zunächst Ludwig von Preuschen aus der 1. Linie (1875-1964), der im 1. Weltkrieg eine militärische Karriere gemacht und den Orden Pour le Merite erhalten hatte. Er war mit Gertrud Waltz verheiratet und wohnte mit ihr in der Alten Burg in Osterspai.[117] Aus dieser Ehe gingen die Söhne Gerhard (1902-1945) und Rudolf (1906-2007) hervor.[118]

Auf Schloss Liebeneck residierte Franz Ludwig von Preuschen (1882-1948), der mit Paula Müller verheiratet war. Von ihm war im Ort zu hören, dass er beim

---

115 Näheres bei Bender, Karl: Ortsgeschichte Osterspai, Koblenz 1993, S. 69-87; weitere Informationen habe ich von Herrn Gregor Rindsfüßer erhalten, der seit 1965 in Osterspai wohnt und sich ebenfalls mit der Historie von Osterspai befasst hat.

116 Bender, S. 87. Das allgemeine Verhältnis zwischen der Ortsgemeinde Osterspai und Familie Rudolf von Preuschen charakterisiert ein ehemaliger Mitbürger der 1990er Jahre als eine Art Patronatsverhältnis, was der Gemeinde bei allen Ambivalenzen einer solchen Beziehung durchaus Vorteile erbracht habe.

117 Herr Rindsfüßer erzählte mir, dass sein Großvater 1933 zu Ludwig von Preuschen gegangen sei, um in die NSDAP einzutreten mit der Absicht, zur Eisenbahn zu wechseln.

118 Vgl. Wikipedia „Ludwig von Preuschen". Nach Angabe von Herrn Rindsfüßer wurde 1911 ein dritter Sohn namens Götz geboren, der 1936 als Spanienflieger ums Leben kam.

Bau eines neuen Schweinestalls in den 1930er Jahren Grabsteine des alten jüdischen Friedhofs von Osterspai verbaut habe. Während des Krieges sollen in der dortigen Landwirtschaft auch osteuropäische Zwangsarbeiterinnen und Zwangsarbeiter eingesetzt worden sein.

Eine weitere, für unseren Zusammenhang wichtige Person, ist der schon erwähnte Jurist Rudolf von Preuschen (1906-2007), der bereits am 1.1.1931 in die NSDAP eingetreten und von 1934 bis zum Ende des Nationalsozialismus Landrat des Unterwesterwaldkreises in Montabaur gewesen ist.[119] Und das nicht nur aus politischen Gründen, sondern auch wegen der Verwandtschaftsverhältnisse in Bezug auf Philipp Schnorbach und seinen Sohn Harald. Denn Rudolf von Preuschen war mit Irmgard Mischke, der Tochter des Vizeadmirals Robert Mischke, verheiratet. Und der Sohn von Philipp Schnorbach, Harald, hatte eine „Mischke", nämlich Edith Mischke zur Frau. Es könnte also durchaus sein, dass Vater Philipp Schnorbach schon wegen einer vermuteten oder bestehenden Verwandtschaftsbeziehung bei Familie Preuschen gearbeitet hat. Das ist der eine Aspekt. In Bezug auf den politischen Aspekt ist es auch möglich, dass Philipp Schnorbach in den von Preuschens geistig Verwandte gesehen hat.

Auch der Sohn des Vizeadmirals Mischke, Gerhard, war sicher nicht ohne Grund nach Kriegsende von 1945 bis 1948 in US-amerikanischer Internierung. Denn er war Mitglied der NSDAP und in der allgemeinen SS. 1943 wurde er zum SS-Brigadeführer ernannt. Sicherlich käme man über die formalen Aspekte hinaus den inhaltlichen Gründen für die Haft näher, wenn man seine Tätigkeiten während des Nationalsozialismus als kommissarischer Landrat im Kreis Westerburg (1933), als Regierungsvizepräsident im Regierungsbezirk Wiesbaden (1934) und ab Juni 1937 als Regierungspräsident im Regierungsbezirk Koblenz bis zum bitteren Ende 1945 untersuchte, wozu dann auch seine Tätigkeit als stellvertretender Chef der

---

119 Vgl. Wikipedia „Rudolf von Preuschen"; nach dem Krieg erhielt er Berufsverbot als Rechtsanwalt. Was den Eintritt in die NSDAP angeht, wird im Landesgeschichtlichen Informationssystem Hessen (LAGIS) das o.g. Datum aus 1931 genannt. Laut den Aufzeichnungen des Freiherrn Rudolf von Preuschen aus dem Stadtarchiv Montabaur und an anderen Stellen wird das Jahr 1930 für den Eintritt festgestellt.

Zivilverwaltung im westlichen Operationsgebiet des Heeres vom 1. September 1939 bis Juni 1940 gehörte. Nach dem Krieg wurde er Miteigentümer der Burg Lahneck, die er verwaltete.[120]

Um den ersten Eindruck vom sozialen Umfeld des Philipp Schnorbach etwas vollständiger zu machen, möchte ich einige persönliche Erinnerungen von Osterspaier Mitbürgern, Herrn Rindsfüßer, Jahrgang 1965 und eines Zeitzeugen, der zeitweise in Osterspai gelebt hat (Jahrgang 1947) wiedergeben.[121]

Herr Rindsfüßer hat Rudolf von Preuschen und seine zweite Frau Renata geb. Mischke, noch persönlich kennengelernt. Als älterer Herr sei dieser in den 1990er Jahren mit seiner Frau von Burg Lahneck in die alte Burg im Dorf gezogen. Deshalb hat Herr Rindsfüßer einige Jahre regen Kontakt mit ihm pflegen können, wobei es zumeist um historische Themen ging, die die Heimatregion betrafen. Dabei hatte er den Eindruck gewonnen, dass er jemand war, für den die Welt mit dem Ende des Herzogtums Nassau 1866 offenbar ihren Sinn verloren hatte. Auch der Zeitzeuge hatte Frau Renata und Herrn Rudolf von Preuschen näher gekannt. Noch als sie in den späten 1990er Jahren in der Osterspaier Burg wohnten, hätten sie lebhaften Anteil an dem genommen, was in Osterspai geschah und sich insbesondere für die ökumenische Zusammenarbeit eingesetzt.

Der „Baron" Rudolf von Preuschen (offiziell Dr. Rudolf Freiherr von Preuschen, G.S.) sei ein frühes Mitglied der NSDAP gewesen, der in Osterspai eine führende Rolle gespielt habe (anders, als dies Herr Rindsfüßer in Erinnerung hat).[122] Ab Mitte der 1930er Jahre und durch den Krieg hindurch seien von Preuschens aber im Ort weniger präsent gewesen. „Andere Leute gestalteten wohl direkter die Gleichschaltung des Osterspaier Lebens mit dem Nationalsozialismus. Dieses Zentralstück der NS-Zeit ist für Osterspai noch nicht aufgearbeitet", stellt der

---

120 Vgl. Wikipedia, „Gerhard Mischke". Laut Hinweis des zeitweiligen Osterspaier Mitbürgers standen Dr. Gerhard Mischke und Dr. Rudolf von Preuschen als Verschwägerte in engem Kontakt miteinander.

121 Natürlich mit deren Erlaubnis; im Folgenden wird der zweite Auskunftgeber „der Zeitzeuge" genannt.

122 Mehr dazu im Exkurs über Rudolf von Preuschen, Abschnitt 7.3.

Zeitzeuge fest.[123] Nach dem Krieg habe der ehemalige Montabäurer Landrat Rudolf von Preuschen bald wieder Anstellung in der öffentlichen Verwaltung des Landes Rheinland-Pfalz gefunden und dort Karriere gemacht. So sei er bis zum Ende seines langen Lebens alimentiert worden.[124]

An dieser Stelle muss ich noch einmal zurückkommen auf den eben angeführten antisemitischen Vorfall beim Bau eines neuen Schweinestalls durch den Freiherrn Franz Ludwig von Preuschen. Denn anders als in der dörflichen Erzählung, ordnet der Zeitzeuge diesen Vorfall einem entfernten Verwandten der von Preuschens, nämlich dem Freiherrn von Loringhoven zu. Dieser habe auf Schloss Liebeneck eine Schweinezucht betrieben und polnische Zwangsarbeiter angewiesen, Grabsteine vom verwüsteten Judenfriedhof in das Fundament seines neuen Schweinestalls einzubetonieren, was nicht nur ein gemeiner Friedhofsvandalismus, sondern darüber hinaus eine perfide Schändung jüdischer Identität, Pietät und Religiosität bedeute.

Diesem Widerspruch soll im Blick auf weiteren Schändungen des Friedhofs in den 1990er Jahren und 2002 nachgegangen werden, wozu glücklicherweise schriftliche Aussagen vorliegen.[125]

In dem angeführten Aufsatz von Manfred Diefenbach, der auf Vorarbeiten von Elmar Ries fußt, werden die Historie und die Belegung des Friedhofs sowie mehrere Schändungen beschrieben. Vorab konstatiert Diefenbach mit Ries, dass auf dem ehemals dicht belegten Friedhof in Osterspai nur noch vier Fragmente zu sehen seien und fragt stellvertretend für seinen Vorgänger: „Wo aber sind die vielen anderen Grabsteine geblieben?" Dann kommt er auf die Friedhofs-

---

123 In diesem Zusammenhang nimmt der Zeitzeuge an, dass der engagierte Zeitgeschichtler Elmar Ries seine diesbezüglichen Nachforschungen nicht veröffentlicht hat, weil er dabei im Ort wenig Unterstützung und eher Widerstände erfahren hat.

124 Diese Angaben sind zutreffend. R. von Preuschen wurde 1969 Ministerialrat in der Mainzer Staatskanzlei und blieb in dieser Funktion bis zu seinem Eintritt in den Ruhestand im Jahr 1972. Er starb 2007 mit 101 Jahren.

125 Vgl. Diefenbach, Manfred, Der jüdische Friedhof in Osterspai, in: Gesellschaft für Christlich-Jüdische Zusammenarbeit Limburg e.V., Aufsatzsammlung über „Jüdische Friedhöfe in den Kreisen Rhein-Lahn und Westerwald", Diez/Backnang 2023, S. 334-339.

schändungen zu sprechen. Demnach hat es einen ersten Frevel während der Reichspogromnacht gegeben. Dabei seien „Kinder (genauer: Hitlerjungen, G.S.) auf den jüdischen Friedhof in Osterspai bestellt (worden), um die dort befindlichen Grabsteine umzuwerfen und zu zerstören."

Nachdem der Friedhof in den 1960er Jahren neu angelegt worden war, hatte 1997 eine zweite Schändung stattgefunden. Dabei seien Grabsteine umgeworfen, die Einfriedung zerstört und leere Bierdosen zurückgelassen worden. Die Kunde davon trieb Elmar Ries dazu an, den Tatort zu besuchen und danach einen öffentlichen Protest- bzw. Leserbrief zu schreiben. Hierin schildert er die Folgen dieser Übeltat: „entsetzt musste ich feststellen, dass der rechte Jägerzaun am Eingang umgerissen war. Die drei Grabsteine waren aus dem Boden gerissen umgestürzt worden. Vier Bierdosen lagen in ihrer Nähe, zwei Zigarettenschachteln und der Kopf einer zerschlagenen Bierflasche. An einem Baum fand ich ein gebrauchtes Präservativ und die dazugehörige Packungshülle nicht weit davon entfernt."

Zum Schluss seines Leserbriefs schrieb Ries: „Diese 4 Grabsteine sind der traurige Rest einer größeren Anzahl, die einst auf dem Osterspaier jüdischen Friedhof standen. Niemand scheint zu wissen, wo die restlichen Erinnerungsstücke jüdischer Mitbürger hingekommen sind."

Trotz der Eindringlichkeit dieses Protestbriefes und der Forderung, dem Antisemitismus in jeglicher Form entschieden entgegenzutreten, gab es im August 2002 eine weitere Schändung des Friedhofes, wobei ein Grabstein aus seiner Verankerung herausgerissen, aber nachher wieder aufgerichtet wurde.

Die Frage nach dem oder den Verursachern der Verwüstungen des jüdischen Friedhofs ist meines Wissens nach bis heute (September 2024) ungeklärt. Auch Bender macht dazu keine Angaben. Ob es überhaupt eine Familie von Loringhoven auf Schloss Liebeneck während der NS-Zeit gab, ist fraglich.

Sicher und belegt ist jedoch, dass der aus dem lettischen Adiamünde stammende Landwirt Evert Baron Freytag von Loringhoven (Jg. 1902) bald nach dem Krieg auf Schloss Liebeneck seinen Wohnsitz genommen hatte. Auf der Flucht vor den herannahenden Russen Ende 1944 kam er nach einer Zwischenstation auf Hof

Sommerberg bei Wiesbaden im August 1946 in Osterspai an.[126] Dort vermählte er sich später mit Frau Ehrentraut Freiin von Preuschen zu Liebenstein, die fortan als Ehrentraut Baronin Freytag von Loringhoven bezeichnet wurde. Im Ort wurde sie die „Baronesse" genannt.

In den Jahren 1946 bis 1953 betrieb Baron Freytag von Loringhoven ein Wiedergutmachungsverfahren als politisch Verfolgter im Zusammenhang mit der Verschwörung des 20. Juli 1944. Tatsächlich saß er vom 29.7. bis zum 3.12.1944 zuerst im Gestapo-Gefängnis von Thorn, dann bei der Berliner Gestapo in der Prinz-Albrecht-Straße in Haft. Sein Antrag auf Ersatz von Schäden beim „wirtschaftlichen Fortkommen" aufgrund der erlittenen Haft in Höhe von 10.000 DM wurde jedoch abschlägig beschieden, da er als ehemaliger Nutznießer der deutschen Besatzungsmacht nicht als Verfolgter gelten könne.[127] Lediglich seine mehrmonatige Haftzeit wurde ihm mit 600 DM entschädigt.

Im Jahr 1959 verkaufte die Baronin ein knapp 126 ha großes Waldstück für einen sechsstelligen Betrag an die Münchener Allianz-Versicherung.[128] Ob dies damit zu tun hatte, dass der Baron seinen Besitz liederlich geführt und Spielschulden aufgehäuft hatte, wie man im Dorf munkelte, ist möglich, aber nicht belegt. Positiv zu vermerken ist, dass Evert Baron Freytag von Loringhoven von der israelischen Holocaust-Gedenkstätte Yad Vashem im Jahr 1967 als „Gerechter unter den Völkern" geehrt wurde, weil er einigen jüdischen Zwangsarbeiterinnen das Überleben bis zur Ankunft der Roten Armee und seiner Flucht ermöglicht hatte.[129] Diese wenigen Schlaglichter auf eine Persönlichkeit in schwierigen Zeiten und

---

126 Im Verlauf eines Wiedergutmachungsverfahrens bescheinigt ihm der Bürgermeister der Gemeinde am 26.9.1949, dass er seit dem 1. August 1946 in der Gemeinde Osterspai, Schloss Liebeneck, polizeilich gemeldet ist (vgl. LHAKo Best.927 Nr. 397).

127 Da dem Baron nach Ende des Polenfeldzuges die Bewirtschaftung des Gutes Mirakowo im Kreis Thorn in Westpreußen übertragen wurde, müsse man davon ausgehen - so das zuständige Ministerium für Finanzen und Wiederaufbau -, dass dieser den Parteidienststellen genehm war, weshalb bei ihm keine nazifeindliche Haltung vorgelegen habe könne (vgl. Schreiben des Ministeriums vom 17.3.1953 a.a.O.).

128 Vgl. LHAKo Best.441 Nr. 37684.

129 Näheres bei Fraenkel, Daniel/Borut, Jakob (Hg.), Lexikon der Gerechten unter den Völkern. Deutsche und Österreicher, Göttingen 2. Aufl. 2005, S. 185f.

Umständen müssen einstweilen genügen. Jedenfalls kann Baron Evert von Frey-tag-Loringhoven nichts mit der Friedhofsschändung während der Nazi-Zeit zu tun gehabt haben. Nach Meinung von Herrn Rindsfüßer kann auch der gemein-same Sohn von Baron Evert und Baronin Ehrentraut, Evert Freiherr Freytag von Loringhoven (Jg. ca. 1950), der ebenfalls Landwirt war und in den 1970er Jahren einen modernen Schweinestall auf dem Hofgut Liebeneck errichtete, nicht mit dem Verbau von jüdischen Grabsteinen in Zusammenhang gebracht werden.[130]

Mehr kann der Autor dieser Schrift als auswärtiger Chronist nicht sagen und tun. Die Frage von Herrn Ries zu beantworten und damit die dunklen Stellen der Historie von Osterspai aufzuhellen, scheint mir zuerst die Aufgabe der Oster-spaier Bevölkerung und ihrer politischen Vertretung zu sein.

Wie zwei angesehene Mitbürger von Osterspai mit der NS-Vergangenheit um-gingen, soll in den folgenden beiden Abschnitten dargelegt werden.

7.2 Zur „offiziellen" Erzählung der NS-Zeit in Osterspai

Für die 1993 erschienene Ortsgeschichte Osterspais von Karl Bender, dem ehe-maligen Bundesbankdirektor, hat Dr. Rudolf Freiherr von Preuschen ein kurzes Geleitwort beigesteuert, welches sehr allgemein gehalten ist und etwas farb- und tonlos wirkt. Er lobt den Autor für seine Arbeit und bedauert gleichzeitig, diese nicht selbst geleistet zu haben. Er hofft, dass das Werk den Bürgern von Osterspai, in deren Mitte er aufgewachsen war, Freude bereite. Die Leser könnten nun selbst staunen über „die Fülle dessen, was die Geschichte der Ortsgemeinde Osterspai ausmacht und wie diese Geschichte ... noch prägend ist." Offensichtlich hat weder der Freiherr noch der Autor diesen Gedanken auf die Darstellung der NS-Geschichte Osterspais bezogen. Denn der nur dreieinhalb Spalten lange Text

---

130 Schade ist, dass dessen Sohn Philipp, ein Enkel des „alten Baron" Freytag von Loringhoven, mir auf meine Anfrage wegen der damaligen Umstände und der eventuellen Beschäftigung von Philipp Schnorbach auf Gut Loringhoven nicht antwortete.

verzichtet bewusst auf die Nennung irgendeines Verantwortlichen in der NS-Zeit. Zwar werden die Zwänge, denen vor allem die jungen Leute ausgesetzt waren und die Folgen von sporadischer Opposition an einigen Stellen verdeutlicht. Aber das Interesse an eigener Nachforschung wird meines Erachtens kaum stimuliert. Wahrscheinlich ist das eine Folge der Vorentscheidung des Autors Bender, „mit Rücksicht auf noch überlebende Angehörige, keine Namen der damals Verantwortlichen" zu nennen. Nur historisch-wissenschaftlich Interessierten könne ein Einblick „in jede Art von Ursächlichkeit gewährt werden", hieß es.[131] So vermied man damals an vielen Orten eine offene und öffentliche Auseinandersetzung mit der NS-Zeit und ihren Funktionären, aus der vor allem die junge Generation hätte lernen können.[132]

7.3 Exkurs: Persönliche Erinnerungen des Dr. Rudolf Freiherr von Preuschen und sein Verfahren zur Politischen Säuberung

Was sich schon beim Geleitwort von Dr. Rudolf Freiherr von Preuschen für die Ortsgeschichte von Osterspai andeutete, tritt bei seinen persönlichen Erinnerungen und Aufzeichnungen über seine Zeit als Landrat im Unterwesterwaldkreis in Montabaur noch stärker hervor.[133] Was ich hiermit meine, soll im Laufe der Darstellung anhand von einigen Beispielen verdeutlicht werden.

In seinen Aufzeichnungen berichtet er zunächst über seine 1929 getroffene Entscheidung, in die NSDAP einzutreten, die folgende Vorgeschichte hatte: 1928

---

131 S. 185.

132 Ganz ähnlich versuchte man auch in Engers vorzugehen. Meine Schwierigkeiten mit der Aufarbeitung der NS-Zeit von Engers habe ich in meinem Buch „Der Blaustift. Verdrängung und Wieder-Erinnerung der NS-Zeit am Beispiel einer rheinischen Kleinstadt" 2004 beschrieben. Sollte es in Osterspai später doch zu einer öffentlichen NS-Diskussion gekommen sein, bitte ich die geneigte Leserschaft, mich darüber zu informieren (Mailadresse: gsalz@posteo.de).

133 Ich danke Herrn Stadtarchivar Röhrig sehr herzlich dafür, dass er mir das dazu vorliegende umfangreiche Material des Stadtarchivs Montabaur, Abt. 9.4 Nr. 96 herausgesucht und zur Verfügung gestellt hat.

bekam er die Möglichkeit, auf einem Frachtschiff nach Leningrad zu fahren, wo er sich innerhalb von drei Wochen umsehen konnte. Hier erhielt er den Eindruck, dass die Stadt sehr verwahrlost und die Bevölkerung völlig verarmt sei – und das zehn Jahre nach der Revolution!

1929 fuhr er ein zweites Mal per Schiff nach Leningrad und von dort weiter mit dem Zug nach Moskau. Dort angekommen, sammelte er verschiedene Eindrücke, die für ihn eindrucksvoll und deprimierend gewesen seien, berichtet er. In diesen Tagen sah er, wie eine Mutter-Gottes-Statue von einem Eingangstor zum Roten Platz im Beisein einer schweigenden Menge entfernt wurde. Auch beobachtete er, wie aus einer Kirche alte Gemälderahmen herausgetragen und auf einen Haufen geworfen wurden. Bei einer Veranstaltung des „Internationalen Seemannsclubs" erlebte er viel Propaganda. Und bei einem Rundgang einer „Intourist-Gruppe" wurde u. a. ein Gefängnis gezeigt, bei dem die einzelnen Zellen mit einem Radio-apparat ausgestattet waren. Die Gefangenen selbst habe man jedoch nicht zu Gesicht bekommen. Diese Eindrücke hätten ihn darüber aufgeklärt, welche Macht und Ausstrahlungskraft der Kommunismus über die Menschen ausüben könne. In der inneren Abwägung zwischen den zwei Großalternativen „Internationale Diktatur des Proletariats/Atheismus" oder Leben in „nationaler Unabhängigkeit", habe er sich für letzteres entschieden. So trat er 1930 der Partei bei.

Als Landrat hatte Dr. Rudolf von Preuschen dann Gelegenheit, seine Alternative in der Praxis zu erleben und diese teilweise auch mitzugestalten. Das tat er zum Beispiel in Zusammenarbeit mit dem Reichsarbeitsdienst (RAD) im Rahmen von Notstandsmaßnahmen und solchen zur Strukturverbesserung, die im Falle des RAD auch die Einebnung von Tongruben umfassten. Bei solchen Maßnahmen seien auch Insassen der Haftanstalt Diez eingesetzt worden, schrieb er.

Eine wichtige Infrastrukturmaßnahme sei der Bau der Reichsautobahn gewe-sen. Dabei habe man erreichen können, dass die Trassenführung nicht östlich, sondern westlich von Montabaur entlang geführt wurde, um die reichhaltigen Tonvorräte für die Tonindustrie um Montabaur zu erhalten.[134]

Schließlich kam auch das militärische Interesse des Rudolf von Preuschen zur

---

134 Vgl. Bericht der Westerwälder Zeitung zum 98. Geburtstags des Freiherrn Dr. von Preuschen 2004, Stadtarchiv Montabaur Abt. 9.4 Nr. 96.

Geltung: 1937 gelang es ihm, ein Bataillon der Wehrmacht nach Montabaur ver-
legen zu lassen. Und – offensichtlich zu seiner Freude – wurde die Stadt 1939
mit dem Regiment „Großdeutschland" belegt. Und dann kam auch noch der
Reichskanzler Adolf Hitler persönlich zur Weihnachtsfeier der Soldaten! „Die
Begeisterung der Bevölkerung beim Einzug der Truppen wie auch beim Besuch
Adolf Hitlers" sei groß gewesen, hält von Preuschen fest.

1938 hätte er Gelegenheit gehabt, den wahren Charakter der NS-Ideologie
kennenzulernen. Aber nach Lektüre seines sachlich-neutralen Berichts über die
Reichsprogromnacht vom 9./10. November bin ich mir darüber nicht sicher. Dr. von
Preuschen schreibt: „Soviel ich mich erinnere, kam eines Morgens ein Schnellbrief
aus Wiesbaden, vom Regierungspräsidenten, daß die Juden im Kreis mit Hilfe der
Gendarmerie zu konzentrieren seien. Ich überlegte, was zu geschehen habe und
kam zu dem Entschluss, das bischöfliche Ordinariat in Limburg anzurufen, um
das katholische Jugendheim Kirchähr für diesen Zweck benutzen zu können. ...
Ich brachte mein Anliegen vor und erhielt auch die gewünschte Einwilligung. ...
So konnten die Juden aus Montabaur und dem südlichen Teil des Kreises in
Kirchähr untergebracht werden. Die im nördlichen Teil des Kreises wohnhaften
Juden brachte ich in Steinen in einem ehemaligen Arbeitsdienstlager unter.
... Insbesondere sollte der Bürgermeister Decken ausgeben, die irgendwo gelagert
waren. ... Wie lange die Juden nun konzentriert waren, weiss ich nicht mehr, ...
Ich glaube, es waren nur einige wenige Tage. Die Juden fragten mich natürlich,
was mit ihnen geschehen würde. Ich antwortete, daß sie nach Frankfurt in ein
Altersheim kommen sollten, ohne mir klarzumachen, wann und wie das zu be-
werkstelligen sei. Nach meiner Erinnerung wurden sie nach einigen Tagen nach
Hause entlassen." So weit der Bericht.

Die Pogromnacht im Westerwald war für Dr. von Preuschen augenscheinlich
ein reines Verwaltungsproblem, das funktional und gemäß den Weisungen von
oben umgesetzt werden musste. Das Herausreißen der Juden aus ihren an-
gestammten Wohnungen, um dann ungefragt in ein Altersheim nach Frankfurt
gebracht zu werden, scheint ihm kein Kopfzerbrechen zu bereiten oder gar

Skrupel auszulösen.[135]
Kannte er das nächtliche Fernschreiben von Reinhard Heydrich an die Stapoleit-
und Stapostellen aus der Nacht vom 9. auf den 10. November 1938 nicht? Darin
war bestimmt worden, dass die Staatspolizeileitstellen sofort nach Eingang des
Schreibens mit den für ihren Bezirk zuständigen politischen Leitungen, den Gau-
oder der Kreisleitungen, Verbindung aufnehmen sollten um „die Durchführung
der Demonstrationen" zu organisieren? Und nicht allein das: Nach Abschnitt 5
des Fernschreibens sollten die männlichen Juden bei den „Demonstrationen"
festgenommen und vorübergehend in vorhandene Haftträume untergebracht
werden, um sie anschließend unverzüglich in die zuständigen Konzentrationslager bringen zu können.[136]

Wie es den Juden im Westerwald tatsächlich erging, beschreiben u. a. Markus
Wild und Claudia Kobold in dem 1998 erschienenen[137] Buch „Juden im Westerwald. Leben, Leiden und Gedenken."[138] Über das Schicksal der Montabaurer
Juden in der Reichspogromnacht führt Wild aus, dass sie nach Verwüstung
ihrer Wohnungen und schweren Misshandlungen von Kindern, Frauen und alten
Menschen vor dem Rathaus zusammengetrieben, registriert und in ein provi-
sorisches Internierungslager in Kichähr gebracht worden sind. Von dort seien
die meisten der Genannten nach zwei Tagen durch die SA wieder in die Stadt
zurückgeführt worden. Die Männer zwischen 18 und 60 Jahren jedoch wurden
über Frankfurt in das KZ-Buchenwald überstellt, von wo sie zum Teil erst nach
vier Monaten – schwer gezeichnet – zurückkehrten.
Claudia Kobold berichtet in ihrem Artikel „'Die Juden sind zu konzentrieren' -

---

135 In den Aufzeichnungen von Dr. von Preuschen findet sich eine Anmerkung, in der eine
Vernehmung des Amtsgerichts Niederlahnstein aus 1949 (offensichtlich wegen der Reichspogromnacht) dem Wortlaut nach angeführt wird. Darin behauptet er, dass er dafür gesorgt
habe, dass die kranken Juden mit einer Taxe nach Frankfurt gebracht wurden. Dies habe der
Jude Leopold Kahn, der früher in Montabaur gewohnt habe, bei der Militärregierung bereits
bestätigt. Dass dies der Wahrheit entspricht, scheint mir zweifelhaft zu sein.
136 Vgl. https://www.ns-archiv.de/verfolgung/pogrom/heydrich.php
137 Also noch zu Lebzeiten von Rudolf von Preuschen.
138 Vgl. Markus Wild in: Joachim Jösch/Uli Jungbluth u. a. (Hrsg.), Juden im Westerwald. Leben,
Leiden und Gedenken. Ein Wegweiser zur Spurensuche, Montabaur 1998 S. 208f.

Kirchähr und Steinen nach der Pogromnacht 1938" (S. 133-137), über die Zustände und Ereignisse an den beiden Orten. Zunächst zu Kirchähr: Einem Augenzeugenbericht des persönlichen Sekretärs des Jugendpfarrers Dirichs, Carl Benz zufolge, hätten die Nazis die Juden von Montabaur und Umgebung vom „2jährigen Jungen bis zum 86jährigen Greis" rücksichtslos zusammengetrieben und das Jugendheim Kirchähr „vollgepfropft". Manche Juden hätten noch Pantoffel und Schlafröcke getragen, da man ihnen keine Zeit gelassen hatte, sich anzuziehen. Dennoch hätten sie ihre Gottesdienste auf hebräisch abgehalten und dabei ihre Häupter mit Zeitungspapier oder Taschentüchern notdürftig bedeckt. Derselbe Augenzeuge berichtet weiter von einem schrecklichen Selbstmordfall unter den Juden: Ein 35jähriger Jude aus Montabaur, den man von einer Baustelle an der Autobahn weggeholt hatte, habe mehrfach und immer verzweifelter versucht, sich das Leben zu nehmen. Bei einem ersten Versuch in dem abgeschlossenen Abort hat ihn der Augenzeuge retten können und erneut bei einem zweiten Versuch, bei dem sich der Gequälte an seiner Krawatte erhängen wollte. Nachdem er wieder zu sich gekommen war, habe er jedoch versucht, sich mit eigener Hand den Kehlkopf zuzudrücken. Während Benz zusammen mit der Heimleiterin versuchte, den Griff zu lösen, sei ein Wagen gekommen, um den Mann wegzubringen. Man habe ihn mit einer Zwangsjacke gefesselt und auf den Rücksitz des Kübelwagens gesetzt. Selbst beim Wegfahren stieß der Gefangene noch den Chauffeur mit seinem Oberkörper, um ihn von der Straße abzubringen. Das letzte, was er von ihm gehört habe, erinnerte sich Benz, seien seine Schreie in Westerwälder Platt gewesen: „Eich han do nit gedau" – „Ich habe doch nichts getan."

Über den Zwangsaufenthalt der Juden in Steinen kann Claudia Kobold nur ausschnittweise berichten (S. 136f.) : Nach Aussagen von Zeitzeugen habe der Ortsbürgermeister Holz in die Halle des ehemaligen Reichsarbeitsdienstes bringen lassen, um den Aufenthalt der Juden bei Kälte zu ermöglichen. Auch Landrat von Preuschen sei noch am Abend der Reichspogromnacht in Steinen gewesen. Eine Bewohnerin meinte in der Rückschau, dass wohl die SA die Juden mit einem Lastwagen gebracht habe. Ein damals 12jähriger erinnerte sich, dass er eines Morgens vor der Halle Lastwagen und „ein Kommen und Gehen" beobachtet habe. Eine Frau aus Selters, Besitzerin eines Schuhladens, habe sich bei einer Familie in Steinen eine Jacke ausleihen dürfen. Die Genannte erinnerte sich auch, dass eine Mitbewohnerin von Selters abends von den Töchtern einer ihr bekannten Familie Eßwaren zugesteckt bekam.

Nach diesen traurigen und erschreckenden Erfahrungsberichten über die Opfer der Nazizeit fällt es einigermaßen schwer, wieder zum Landrat und Verwaltungsbeamten Dr. Rudolf Freiherr von Preuschen zurückzukehren.
Aber noch fehlen einige Facetten, um das Bild eines beteiligten Zeitzeugen der NS-Zeit abzurunden. Die erste Frage, die sich mir dazu stellt, ist folgende: Konnte jemand, der schon vor 1933 in die NSDAP eintrat und wenig später das öffentliche Amt des Landrats bekleidete und dazu noch Parteirichter war, humaner Mensch und unabhängig von der NS-Ideologie und deren Rahmenbedingungen bleiben? So stellte ihn jedenfalls die Presse in ihren Berichten anlässlich seines 98. Geburtstages 2004, aber auch zu seinem Tod im Mai 2007 dar.[139] Dementsprechend heißt es im Bericht zu seinem 98. Geburtstag: „In den Jahren der NS-Zeit wehrte er, der damals selber die braune Amtswalteruniform trug, die Bestrebungen zweier NS-Kreisleiter ab, ideologisch in den Dienstgang seiner Behörde einzugreifen, die ausschließlich den strengen Prinzipien einer preußischen Verwaltung unterlag."[140] In der Laudatio zum Tode Rudolf von Preuschens schreibt die Westerwälder Zeitung, dass er sich für den Ausbau des Schul- und Gesundheitswesens, für soziale Verbesserungen und Elektrifizierung eingesetzt hat und dabei die „menschliche Zuwendung und Hilfsbereitschaft vor die damals verordnete Ideologie" gestellt habe.
Tatsächlich gab es zwei Begebenheiten, die von den zuletzt angeführten Eigenschaften zeugen. Da ist zunächst der Fall einiger Kommunisten, die zu Beginn des Krieges verhaftet und in das Gerichtsgefängnis von Montabaur eingeliefert wurden, weil sie auf der so genannten „A-Liste" standen (eine Gegnerliste der Nazis, G.S.). Dr. von Preuschen hat diese Männer besucht und den Leiter des

---

139 Vgl. Berichte der Westerwälder Zeitung aus 2004 zum 98. Geburtstag (ohne Datum) und den Nachruf vom 23. Mai 2007, Stadtarchiv Montabaur Abt. 9.4 Nr. 96.
140 Dieser Satz ist nahezu wortgleich den Erinnerungen Dr. von Preuschens zu seinem 100. Geburtstag entnommen.

Amtsgerichts gebeten, die Gefangenen zusammenkommen zu lassen, da „sie nichts gemacht hätten".[141]

Beim zweiten Fall handelte es sich um den vor 1933 als Bürgermeister von Montabaur amtierenden Heinrich Roth, der im Zuge der nationalsozialistischen Machtergreifung im Westerwald aus dem Amt geputscht worden war.[142] Dessen Ehefrau, eine ehemalige Mitarbeiterin von Rudolf von Preuschen in der Kreisverwaltung, wandte sich im August/September 1944 aufgeregt an ihn, der gerade auf Heimaturlaub war, weil ihr Mann im Gestapogefängnis Klapperfeld in Frankfurt sitze. Sie bat ihn eindringlich, sich für die Freilassung ihres Mannes einzusetzen. An dieser Stelle spürt man eine (selten vorkommende, G.S.) emotionale Regung bei von Preuschen: „Angesichts des Ernstes ihrer Lage, aber auch wegen der Treue und Zuverlässigkeit, die sie in all den Jahren ihrer Zugehörigkeit zur Kreisverwaltung gezeigt hatte, beschloss ich, ... mich für ihr Anliegen einzusetzen", schrieb er in seinen Erinnerungen zu seinem 100. Geburtstag 2006. Er gab ihr ein offizielles Schreiben an die Frankfurter Gestapo mit, in dem er ihren Mann als unbescholtenen Volksgenossen mit einwandfreiem Verhalten beschrieb. Mit diesem Schreiben „bewaffnet", fuhr sie nicht nach Frankfurt, sondern gleich zur Gestapo nach Berlin und übergab dort den Brief an „Gestapo-Müller", dem Chef des Amtes IV des Reichssicherheitshauptamts. Nachdem sie von ihm vorgelassen worden war, bat sie „mit fester Stimme" darum, ihren Mann freizulassen, weil er „ein guter Deutscher" sei, der schon einmal von den Franzosen nach dem (ersten) Weltkrieg verhaftet worden sei. Das imponierte Müller derart, dass er ausrief: „Oh, Sie kämpfen aber um Ihren Mann!" worauf sie entgegnete: „Das würde Ihre Frau auch für Sie tun." Müller reagierte darauf mit: „Selbstverständlich" und – gar nicht mehr herablassend – „Ich will sehen, was ich für Sie tun kann." Nicht lange nach diesem Gespräch geschah das sehnlichst Erhoffte: Eines Tages habe Heinrich Roth abgemagert mit einer Persilschachtel unter dem Arm vor der Haustüre gestanden, heißt es in den Erinnerungen von Preuschens anlässlich seines 100. Geburtstages.

---

141 Die Folgen der Festnahme werden im Verfahren zur Politischen Säuberung gegen Rudolf von Preuschen eine wichtige Rolle spielen (vgl. S. 135).

142 Vgl. dazu Jungbluth, Uli: Zur Nazifizierung der Deutschen. Machtergreifung im Westerwald, Höhr-Grenzhausen 1993 S. 299 und S. 237ff.

Aus der gleichen Quelle erfahren wir auch Näheres über die oben genannte Frage, ob man innerhalb der faschistischen Strukturen unabhängig von der nazistischen Ideologie bleiben und den „strengen preußischen Verwaltungsprinzipien" weiterhin nachhaltige Geltung verschaffen konnte. Rudolf von Preuschen ist offensichtlich dieser Meinung und führt als Beweis seinen Konflikt mit dem damaligen NSDAP-Kreisleiter Koch an, der zu Beginn seiner Landratstätigkeit auch stellvertretender Landrat war. Mit ihm sei eine Zusammenarbeit in seinem Sinne nicht möglich gewesen, konstatierte er. Er musste ihn also loswerden bzw. neutralisieren. Um hierbei zum Erfolg zu kommen, sah er sich jedoch genötigt, den Gauleiter Sprenger in Frankfurt zu Hilfe nehmen, der (lt. Wikipedia) ein „militanter Antisemit" und als „Reichsstatthalter des Volksstaats Hessen" auch eine einflussreiche Nazigröße war.[143] Nur so gelang es von Preuschen, dass der weit angenehmere Kreisleiter von St. Goarshausen, Hinterwälder, Kreisleiter und Bürgermeister von Montabaur wurde, während Koch als Kreisleiter nach St. Goarshausen ging.[144] Eine bloße Personalrochade macht das Arbeiten zwar einfacher, ist m. E. aber noch keine Garantie für die Fortgeltung preußischer Verwaltungstugenden, zumal diese in der weiteren Entwicklung des NS-Regimes in den Jahren des Krieges zunehmend von parteilichen, polizeilichen und militärischen Interessen überlagert und teilweise ganz ersetzt worden sind.[145]

Außerdem kommt in der personalen Gemengelage eine weitere Facette der Haltung von Preuschens zum Vorschein, die Uli Jungbluth in seinem Buch über die Machtergreifung im Westerwald (S. 371) ganz unabhängig von meinen eigenen Überlegungen in Bezug auf den Konflikt mit Koch thematisiert. Er schreibt: „Der

---

143 Über die praktische Umsetzung des Antisemitismus Sprengers berichtet der Dokumentarband von Monica Kingreen und Volker Eichler über die Deportation der Juden aus Hessen 1940 bis 1945; vgl. Kingreen, Monica, Eichler, Volker, (Hg.), Die Deportation der Juden aus Hessen 1940 bis 1945. Selbstzeugnisse, Fotos, Dokumente, Wiesbaden 2023, S. 98, S.174, S. 195, S. 201 und S. 360.

144 Vgl. dazu Jungbluth, S. 371f.

145 Näheres zur Entwicklung von Justiz und Verwaltung während der NS-Zeit bei Ritter, Ernst, Justiz und innere Verwaltung, in: Benz, Wolfgang u. a. (Hg.) Enzyklopädie des Nationalsozialismus, S. 85-97.

Freiherr Rudolf von Preuschen hat nicht nur die bessere Kompetenz, sondern auch die besseren Verbindungen als Oskar Wilhelm Koch." In diesem Zusammenhang führt er einen Bittbrief des Freiherrn vom 18. Februar 1933 an den „Herrn Minister" ... zwecks Übernahme in den Preußischen Verwaltungsdienst an. Hierbei bezieht sich von Preuschen auf den Landgerichtsrat und Parteigenossen Dr. Krebs in Frankfurt, der ihm geraten habe, dem „Herrn Minister" direkt seine Bitte vorzutragen. Diesem Rat wage er sich um so mehr zu folgen, als er der Verlobte der Tochter des verstorbenen Vizeadmirals Mischke, Burg Lahneck, sei. Sein Gesuch beendete er mit dem deutschen Gruß „Heil Hitler".

Ohne Akzeptanz der nazistischen Verhaltensregeln und ohne Ausnutzung seiner Verwandtschaftsbeziehungen kommt auch Rudolf von Preuschen nicht aus. Mit ihrer Hilfe konnte man schon immer und auch im Nationalsozialismus leichter Karriere machen. Auch sein privater Heiratsplan gelang. Am 5. Mai 1934 heiratete Rudolf von Preuschen die Tochter des Vizeadmirals Irmgard. Nach deren Tod 1968 ehelichte er im April 1970 deren Schwester Renata.

Von wirklicher Unabhängigkeit konnte im Nationalsozialismus keine Rede sein. Am 2. Januar 1940 wurde der Freiherr laut seiner persönlichen Erinnerungen zum Frankreichfeldzug einberufen. Nach seiner Rückkehr im Juli 1940 wies man ihm zusätzlich die Leitung des Oberwesterwaldkreises zu. Im Juni 1941 wurde er erneut eingezogen, diesmal für den Russlandfeldzug.[146] Er blieb bis zum Kriegsende Soldat und kam im Oktober 1946 nach amerikanischer Gefangenschaft und Internierung nach Hause. Danach richtete er sich auf dem Wohnsitz seiner Schwiegereltern und seiner Familie, der Burg Lahneck oberhalb von Lahnstein am Rhein, häuslich ein.

Auch er konnte – wie so viele Militärs, Polizisten und Juristen – eine zweite Karriere in der Bundesrepublik machen: Ab 1952 war er Regierungsrat, dann Regierungsdirektor beim Landesentschädigungsamt Koblenz (!) und ab 1969 Ministerialrat in der Staatskanzlei unter Helmut Kohl.

---

146 Der Russlandfeldzug war kein gewöhnlicher Krieg, sondern ein Rasse- und Vernichtungskrieg gegen den „Weltfeind Nummer 1", den „jüdischen Bolschewismus" und damit gegen die Juden und die Kommunisten überhaupt.

Nach seinem Eintritt in den Ruhestand 1972 betätigte sich Rudolf von Preuschen zwanzig Jahre lang auf dem familieneigenen Campingplatz oberhalb von Burg Lahneck, bevor er dann 1993 in die „Alte Burg" nach Osterspai zog.

Bei der feierlichen Beisetzung von Rudolf von Preuschen am 25. Mai 2007, an der man beim Absenken seines Sarges das Lied „Vom guten Kameraden" intonierte, trat auch ein ehemaliger Kriegskamerad mit einer spontanen Rede auf.[147]
Es war Helmut Trella aus Mannheim, der Rudolf von Preuschen im Russlandkrieg 1943 bei Charkow kennengelernt hatte. Er sei als „blutjunger Leutnant" von der Kriegsschule weg gleich als Ordonnanzoffizier beim Infanterie-Regiment 848, welches zur 282. Infanterie-Division gehörte, eingesetzt worden. Dort habe er Dr. von Preuschen als Regimentsadjutant und Oberleutnant angetroffen. Er habe dem Regimentskommandeur als eine Art „Filter" in dienstlichen Angelegenheiten zur Verfügung stehen müssen und sei dennoch der „ruhende Pol" im Regimentsstab gewesen. Sie hätten „manche schwere Zeit miteinander verbracht", erinnerte sich Trella. Während Dr. von Preuschen in ein Lazarett kam, sei er bis August 1944 beim Regiment geblieben und dann in russische Kriegsgefangenschaft gekommen. Nach dem Krieg hätten sie sich in der Kameradschaft der ehemaligen Angehörigen der 282. Infanterie-Division wiedergetroffen und auch darüber hinaus öfter Kontakt miteinander gehabt. Dr. von Preuschen habe sich sehr für Mannheim interessiert, weil sein Vater dort der letzte Kommandeur des 2. Badischen Grenadierregiments „Kaiser Wilhelm I" war. Er sei sehr stolz auf ihn, der im 1. Weltkrieg den Pour le merite erhalten hatte, gewesen. Mit dem Tod von Dr. von Preuschen verliere er einen väterlichen Freund und einen guten Regimentskameraden, schließt Trella seine Erinnerungen ab.[148]
Es fehlt also nichts, was zu einem adeligen Manne gehört: gleichfalls adelige

---

147 Vgl. den Bericht über die Trauerfeier in der Pfarrkirche St. Martin (Osterspai) von Josef Otto Schneider S. 6f., Stadtarchiv Montabaur Abt. 9.4 Nr. 96.
148 Nachgehend erzählte Trella dem Chronisten der Trauerfeier, Herrn Schneider, noch, dass der Freiherr lange Jahre Mitglied der Kameradschaft und sogar Ehrenmitglied war. Auch sei er ein großzügiger Beitragzahler gewesen. (Hatte er möglicherweise auch die Rechtsanwaltskosten für Schnorbach übernommen?, G.S.)

Vorgänger, eine gute Ausbildung, Militär- und Kriegserfahrung und eine hohe
gesellschaftliche Stellung, verbunden mit dem entsprechenden Ansehen.

Was jedoch bei all seinen Erinnerungen und Aufzeichnungen auffällt, ist, dass
nirgendwo ein kritischer Gedanke zu dem verbrecherischen Charakter des
Russlandfeldzuges auftaucht. Alle Schrecken und Gräuel des Rasse- und Vernichtungskrieges blieben ausgeblendet. Aber wenn er diesen Krieg von Anfang
bis Ende mitgemacht hat, müsste er auch etwas von den berüchtigten Sonder-
kommandos der SS und des SD mitbekommen haben, die in vier Einsatzgruppen
organisiert, hinter der gesamten Front vom Baltikum bis zur Insel Krim her
marschierten um die rückwärtigen Armee- und Heeresgebiete zu „befrieden",
d.h. von allen politischen Gegnern und missliebigen Personen (-gruppen) zu
„säubern". Dazu gehörten insbesondere die politischen Kommissare, Partisa-
nen, Juden, Zigeuner, Behinderte und „Asoziale".[149] Um ihre Aufgaben erfüllen
zu können, brauchten sie die systematische Hilfe der deutschen Wehrmacht
und der deutschen Polizei.[150] Diese bekamen sie auch an einem der Einsatzorte
von Preuschens in Charkow. Nach der Einnahme von Charkow im Herbst 1941
überlegten Stabsoffiziere der 6. Armee gemeinsam mit dem Sonderkommando
SK 4a, was sie angesichts des verbreiteten Hungers mit der Zivilbevölkerung
und vor allem mit den Juden machen sollten. Im Dezember 1941 erging schließlich ein Aufruf des Stadtkommandanten an die Juden, sich bis zum 16. 12. in der
Werkssiedlung des Traktorenwerks zwecks „Evakuierung"zu sammeln. In den
folgenden Wochen wurden dann in einer nahegelegenen Schlucht 12000-15000
Menschen erschossen.[151]

---

149 Vgl. u. a. Krausnick, Helmut, Hitlers Einsatzgruppen. Die Truppe des Weltanschauungskrieges 1938 bis 1942, Frankfurt/Main 1998 sowie Gerlach, Christian, Kalkulierte Morde. Die
deutsche Wirtschafts- und Vernichtungspolitik in Weißrussland 1941 bis 1944, Hamburg 1999.
150 Vgl. Heer, Hannes, Naumann, Klaus (Hg.), Vernichtungskrieg. Verbrechen der Wehrmacht
1941-1944, Hamburg 8. Aufl. 1997
151 Vgl. Mallmann, Klaus-Michael u. a. (Hrsg.), Deutsche Berichte aus dem Osten 1942/43. Dokumente der Einsatzgruppen in der Sowjetunion III, Darmstadt 2014, S. 104f. Fußnote 9 sowie Boll/
Safrian, Auf dem Weg nach Stalingrad. Die 6. Armee 1941/42, in: Heer/Naumann, S.279 bis 281.

Drangen solche u. a. Fälle auch in die Ohren der Kriegskameradschaft und in die des Rudolf von Preuschen? Haben die Kameraden von einst jemals ihre Rolle als Soldaten in einem verbrecherischen Krieg reflektiert? Bereuten sie, was sie taten? Leisteten sie auf irgendeine Art Sühne? Besuchten sie (wenn sie noch lebten) wenigstens die Wehrmachtsausstellung in den Jahren nach 1995? Diese Fragen werden wohl nie beantwortet werden können. Man kann nur hoffen, dass sich von Preuschen und seine Kriegskameraden einmal den Satz Adornos zu Gemüte geführt haben: „Es gibt kein richtiges Leben im falschen."

Im Zusammenhang mit den Kriegserfahrungen und dem späteren Umgang mit diesen, möchte ich noch einmal mein Unbehagen über die Art und Weise der Berichterstattung des Dr. Rudolf von Preuschen aufrufen.

Hätte der Kriegskamerad Rudolf von Preuschens nicht bei seiner Beerdigung über ihre gemeinsame Zeit in Charkow berichtet, wüssten wir gar nichts von den Kriegserfahrungen des Freiherrn.[152] Dabei waren gerade in den Kriegsjahren die „strengen Prinzipien der preußischen Verwaltung", an die er sich immer gehalten haben will, völlig obsolet geworden. Auch er musste sich der militärischen Hierarchie und den Notwendigkeiten des Krieges, der zudem kein gewöhnlicher, sondern ein Rasse- und Vernichtungskrieg war, unterwerfen.
Er tat es ohne (für uns) erkennbaren Widerspruch, ohne Zweifel und ohne Emotionen. Er blieb „der ruhende Pol". Ob er gar an Kriegsverbrechen beteiligt war, wissen wir nicht (und wir wollen es auch nicht annehmen). In seinen Erzählungen spart er den Krieg ganz aus. Dass er 1940 an der Westfront und 1941/43 beim „Russlandfeldzug" dabei war, erfahren wir nur über eine Vorbemerkung seines Freundes Josef Otto Schneider in Bezug auf seine „Erinnerungen". Und dort auch nur als Unterbrechung seiner Landratstätigkeiten. Das alles nährt den Verdacht, dass Rudolf von Preuschen unangenehme Ereignisse oder Erfahrungen des Krieges eher verdrängte.
Unabhängig davon sind seine Erzählungen ganz überwiegend in einem sachlichen

---

152 Herr Rindsfüßer, bestätigte mir, dass Dr. Rudolf von Preuschen bei ihren Gesprächen nie vom Krieg erzählt hat.

Berichtsstil gehalten. Er bleibt dabei immer neutral. Persönliche Stellungnahmen und Gefühle kommen kaum vor. Da von Preuschen selbst nichts vom Krieg erzählt hat, findet sich auch keine kritische Reflexion desselben. Allenfalls im kleinen Kreis der Kriegerkameradschaft oder im persönlichen Gespräch wird man persönliche Erfahrungen ausgetauscht und sich vielleicht Gedanken über den Charakter des Krieges gemacht haben. Ob das kritische Reflexionen oder doch eher heroische Soldatengeschichten waren, wissen wir nicht. So bleibt manches offen.

Ein Zufallsfund im Stadtarchiv Neuwied wirft weitere Fragen auf. Bei meiner Recherche zu Philipp Schnorbach fand ich in den Polizeiakten des Amtes Engers die Abschrift eines Schreibens des Regierungspräsidenten von Koblenz vom 19. März 1943, welches von Dr. Freiherr von Preuschen im Auftrag gezeichnet war.[153] Hierin teilt er dem Landrat (Dr. Rudolf Artur Reppert, G.S.) von Neuwied mit, dass die Beschwerde des Johann Jakobs aus Heimbach gegen seinen Bescheid der „Versagung des Wandergewerbescheines" von Seiten des Regierungspräsidenten als unbegründet zurückgewiesen wird.
Im nächsten Absatz spricht Dr. von Preuschen den Beschwerdeführer direkt an: „Die Prüfung der Angelegenheit hat ergeben, dass Sie die für die Ausübung des Gewerbes im Umherziehen nach § 57 b Ziffer 2 der Gewerbeordnung erforderliche Zuverlässigkeit nicht besitzen, da Sie bereits zweimal vorbestraft sind und auch von der zuständigen Kreisleitung als politisch unzuverlässig bezeichnet werden."
Dann fordert Dr. von Preuschen den Johann Jakobs auf, eine geeignetere Arbeit im Sitzen zu finden. Mit der Bemerkung: „Dieser Bescheid ist endgültig", macht er ihm klar, dass es keine weiteren Rechtsmittel für ihn gibt.
Die Abschrift enthält zusätzlich den internen Hinweis, dass die Geheime Staatspolizei in Koblenz Kenntnis erhalten habe. Ende März 1943 leitete der Landrat das Schreiben an den Amtsbürgermeister zur Kenntnis weiter. So kam es auch in meine Hand.

---

153 Siehe Bestand 655,126 Nr. 659

Dieser Vorgang ist in mehrfacher Hinsicht interessant:

1. stellt sich die Frage, wie und warum von Preuschen im Jahr 1943, wo er doch in Charkow als Soldat gewesen sein soll, wieder in der Verwaltung des Regierungspräsidenten auftaucht. Leistete er dort eine Art „familiäre Amtshilfe"? Gut möglich. Denn der damalige Koblenzer Regierungspräsident war Dr. Gerhard Mischke (1898-1987), Sohn des Vizeadmirals Robert Mischke und seiner Frau Larissa, der wiederum Schwiegervater von Dr. Rudolf von Preuschen war.

2. Den personellen Faden des Falles Johann Jakobs können wir sogar noch weiter bis in die Amtsverwaltung Engers hinein spinnen. Denn für die Vergabe und Kontrolle der Wandergewerbescheine war kein anderer als Philipp Schnorbach zuständig![154]

3. macht das kurze Schreiben sehr gut deutlich, dass es im nationalsozialistischen Staat eine Doppelstruktur von noch erhalten gebliebenem zivilen Verwaltungs-/ Ordnungsrecht und den herrschenden Parteigesetzen und -ideologien gab, die hier zum Nachteil des Heimbacher Kleinkrämers angewandt werden. Von den „strengen Prinzipien der preußischen Verwaltung" war auch hier kaum etwas übrig geblieben.[155]

Ziehen wir an dieser Stelle eine vorläufige Zwischenbilanz zur Person des Dr. Rudolf Freiherr von Preuschen in der Zeit des Nationalsozialismus.
Als jemand, der während der gesamten Dauer des Nationalsozialismus als Landrat tätig war, musste v. Preuschen zu einer ambivalenten Person werden. In Engers

---

154 Vgl. Geschäftsverteilungsplan für die Abteilungen des Amtes Engers. Hier: Abteilung II, Polizeibüro.

155 Auf der Website der Deutschen Hochschule der Polizei findet sich eine ähnliche Aussage zur Polizei im Nationalsozialismus: „Das NS-Unrechtsregime schafft einen Doppelstaat, in dem das vorhandene zivile Verwaltungssystem mittels Maßnahmen aus verschiedenen Machtzentren willkürlich unterlaufen wird. Die Grenze zwischen Polizei und SS wird bewusst zugunsten der SS verwischt, der schließlich alle Gewalt zufällt." Grundlegend dazu: Ernst Fraenkel, Der Doppelstaat, deutsche Ausgabe, Hamburg 1974. Vgl. dazu auch: Wikipedia, Der Doppelstaat.

nannte man solche Personen jene, die „auf zwei Schultern" zu tragen hatten:
Auf der einen Seite mussten sie die Vorgaben des nationalsozialistischen Un-
rechtsstaates erfüllen, andererseits waren sie – wo es machbar erschien – darum
bemüht, bedrängten Menschen Hilfe zu leisten oder ihnen wenigstens Linderung
ihrer Leiden zu verschaffen.[156] Das System selbst haben sie nie angegriffen oder
verurteilt – auch nicht nach dem Ende des Nationalsozialismus. Sie waren und
blieben Funktionsdiener und Nutznießer des 3. Reiches, die in ihm aufsteigen
und Karriere machen wollten. Und dennoch: Die Unterstützung für Frau Roth
z. B., die mit Hilfe eines Schreibens von Rudolf von Preuschen erfolgreich für
ihren Mann Heinrich gekämpft hatte, war menschlich und mutig, auch deshalb,
weil er durchaus mit Nachteilen hätte rechnen müssen.[157]
Eine „Gesamtbilanz" zu Rudolf von Preuschen kann man – wenn überhaupt – nur
mit Berücksichtigung des Geschehens in der Nachkriegszeit geben. Zu diesem
Zweck skizziere ich den Ablauf und das Ergebnis seines **Verfahrens zur Politischen Säuberung** in den Jahren von 1948 bis 1950.[158]

Nach der Entlassung von Preuschen aus der Internierungshaft vom 13. Juni 1945
bis 11. Oktober 1946[159] kehrte er in seine heimatlichen Gefilde zurück und nahm
seinen Wohnsitz auf Burg Lahneck am Rhein.[160]

---

156 Es sieht ganz danach aus, dass sich die eben bezeichnete Doppelstruktur auch in der Person
Rudolf von Preuschens, seinen Tätigkeiten und in seinen Berichten abbildet.
157 Uli Jungbluth, der mit dem Sohn von Heinrich Roth, Dr. Hermann Josef Roth bekannt ist,
erzählte mir, das Rudolf von Preuschen nach dem Krieg bei Familie Roth ein- und ausging.
Vielleicht war das der Ort, wo eine kritische Reflexion der NS-Zeit stattfinden konnte!?
Nachtrag: Ende März 2024 erreichte mich eine Mail von Dr. Roth, der er einen Tagebuchauszug
seiner Mutter über Freiherr von Preuschen beifügte. Dort hatte sie notiert, dass sie ihretwegen
„allerhand riskiert" habe, obwohl er beim Kreisleiter und anderen in „Ungnade" gefallen war.
Deshalb sei er schließlich als Landrat beurlaubt und zum Militärdienst geholt worden, meinte sie.
158 Dabei greife ich auf die Bestände 856 Nr. 153028, Nr. 150720 und Nr. 280808 sowie den Bestand 53C054 Nr. 229 des LHAKo zurück.
159 Vgl. Entlassungsschein vom 11.10.1946, LHAKo Best. 53C54 Nr. 229.
160 Vgl. Aufenthaltsbescheinigung des Bürgermeisters von Montabaur als Ortspolizeibehörde
vom 7.7.1948, Best. 856 Nr. 153028. Darin wird einerseits bestätigt, dass er vom 3.9.1934 bis

Nachdem der Koblenzer Landeskommissar für die politische Säuberung in Rheinland-Pfalz geklärt hatte, dass für das Bereinigungsverfahren gegen v. Preuschen
nicht der Untersuchungsausschuss Niederlahnstein, sondern der in Montabaur
zuständig war, wurde das Verfahren von dort aus aufgerollt.

Rudolf von Preuschen gibt in seinem Meldebogen vom 22.Januar 1948 an, dass
er in Montabaur wohne und von Beruf Landrat, aber zur Zeit landwirtschaftlicher Arbeiter sei. In der NSDAP habe er von 1930 bis 1945 das Parteiamt des
Kreisrichters ausgeübt und beim Reichsbund der Deutschen Beamten (RDB)
das des Kreissachbearbeiters.[161] Seine Dienststellung bei der Wehrmacht sei
Oberstleutnant der Reserve gewesen.[162]
In der Klageschrift des Öffentlichen Klägers beim Untersuchungsausschuss
Montabaur vom 31. März 1948 wird von Preuschen in die Gruppe III der Minder-
belasteten der Bewährungsgruppe eingereiht. Dabei legt man ihm als Sühne-
maßnahme ein Verbot zur Führung und zum Besitz eines Unternehmens auf.
Zudem entzieht man ihm das Recht der Wählbarkeit und das Recht auf politische
Betätigung inklusive des Rechts der Mitgliedschaft in einer Partei. Darüber hinaus
verhängt man auch eine Geldbuße in Höhe von 3.000,- Reichsmark.
Zur Begründung der Klage weist der Öffentliche Kläger auf von Preuschens frühe
Parteimitgliedschaft und seine beiden Ämter hin. Demnach müsse er eigentlich
in die Gruppe II der Belasteten eingereiht werden. Einer solchen Eingruppierung
stehe aber entgegen, dass der Betroffene bei allen seinen Handlungen zuerst
Mensch und erst an zweiter Stelle Parteimitglied gewesen sei. Obwohl er von
der NS-Ideologie überzeugt war, habe er versucht, den Terror der Machthaber
des 3. Reiches gegen die Juden zu unterdrücken und die Freilassung inhaftierter
Nazigegner zu erreichen.

„heute", also bis 7.7.1948, in Montabaur polizeilich gemeldet war, andererseits aber auch, dass
er ab 2.10. 1946 auf Burg Lahneck seinen Wohnsitz genommen hatte.
161 Die Hauptaufgabe des RDB war die Erziehung der Mitglieder zu vorbildlichen Nationalsozialisten und deren Durchdringung mit dem nationalsozialistischen Gedankengut. Vgl.
Enzyklopädie des Nationalsozialismus, S. 667.
162 Vgl. LHAKo Best.856 Nr. 150720, Dokument 23.

Von Preuschen sei bekannt dafür gewesen, dass er auch für Andersdenkende Verständnis aufgebracht habe. Man könne auch annehmen, so der öffentliche Kläger, dass er „von innen heraus" von den Methoden des Nazismus abgerückt sei; wegen all dem sei es gerechtfertigt, ihn in die Gruppe der Minderbelasteten einzuordnen.

Einige Wochen später fand am 12. Mai 1948 die nicht öffentliche Sitzung des Untersuchungsausschusses der Rechtsmittelabteilung der Spruchkammer Montabaur statt. Dabei waren neben dem Betroffenen sechs Zeugen und der Rechtsanwalt Müller aus Koblenz zugegen.

Nach Verlesung der Klageschrift konnte sich der Betroffene äußern. Dabei gab er freimütig zu, dass er aus innerer Überzeugung in die Partei eingetreten sei.[163]
So sei er in Osterspai bis zu seiner Versetzung nach Montabaur Blockleiter gewesen, dann in Montabaur Kreissachbearbeiter der Kreisbeamtenschaft und ab 1934 Kreisrichter.

Gelassen merkte er an, dass er gegen die Begründung der Klageschrift nichts einzuwenden habe, denn vor dem Gesetz sei jeder gleich. So habe er es auch als Landrat gehalten. Offenbar war er auch stolz darauf „es fertig gebracht" zu haben, dass man den berüchtigten Kreisleiter Koch, der Bürgermeister von Montabaur werden sollte, versetzt habe.

Dann gab von Preuschen die Zeit seiner Internierung und seine persönlichen Verhältnisse als verheirateter Vater mit vier Kindern bekannt. Weiter informierte er darüber, dass er nach der Internierung bei seinem Vater (Ludwig von Preuschen, G.S.) als landwirtschaftlicher Arbeiter beschäftigt sei und monatlich 75,- Reichsmark erhalte. Auch wies er darauf hin, dass er Schwerkriegsbeschädigter sei und seine 12-Zimmer-Wohnung in Montabaur verloren habe.

Nach Vernehmung der Zeugen wurde er gefragt, ob er noch etwas zu erklären habe. Das Protokoll vermerkt dazu: „Er erklärte nichts." Von Preuschens Rechtsbeistand überließ dem Untersuchungsausschuss die Eingruppierung des Betroffenen, bat aber darum, von einer an sich verwirkten Sühneleistung Abstand zu nehmen.

---

163 Schließlich hatte er den Kommunismus 1929 in Leningrad als abschreckendes Beispiel kennengelernt.

Am Ende der mündlichen Verhandlung wurde v. Preuschen im Säuberungs-vorschlag in die Gruppe III der Minderbelasteten unter Auferlegung einer Be-währungsfrist von einem Jahr eingereiht. Die angedachte Geldbuße wurde in Anbetracht der Internierungshaft als abgegolten erkannt, jedoch sollte er die Kosten des Verfahrens tragen.

In der Begründung zum Spruchvorschlag wurde wieder das Schema von Anklagen und Entlastungsmomenten angewandt. Bei diesen hob man die Zeugenaussagen hervor, die belegten, dass v. Preuschen nie seine Stellung als Landrat ausgenutzt hatte, Andersdenkende zu bedrängen oder zu verfolgen. Im Gegenteil habe er diejenigen Bürgermeister seines Kreises, die keine Parteimitglieder waren, gegen Maßnahmen der Kreisleitung in Schutz genommen, wenn sie im übrigen ihren Dienst ordnungsgemäß verrichteten. Als weiteren Pluspunkt für von Preuschen sah man auch seinen Einsatz für die Freilassung des ehemaligen Bürgermeisters von Montabaur an. Aus diesen Gründen schlug man vor, dem Betroffenen eine Bewährungsfrist zu bewilligen und ihn in die Gruppe III der Minderbelasteten einzureihen. Auf die Entziehung des Rechts der Wählbarkeit und das Verbot, sich politisch zu betätigen oder einer Partei anzugehören, wollte man mit Verweis auf die Landesverordnung jedoch nicht verzichten. Aber von einer Geldbuße sah man mit Blick auf die Internierung und die Tatsache ab, dass er fast sein ganzes (bewegliches, G.S.) Vermögen verloren hatte.

Mit Datum vom 31. Mai 1948 fertigte der Untersuchungsausschuss einen Säube-rungsvorschlag mit der Geschäftsnummer SJI 296/48 aus, wonach der Betroffene in die Gruppe III der Minderbelasteten einzureihen sei und ihm die bereits genannten Sühnemaßnahmen mit einer Bewährungsfrist von einem Jahr auferlegt wurden. Von der Zahlung einer Geldbuße sah man ebenfalls ab. Bei der Begründung zum Spruchvorschlag bediente man sich der wortgleichen Begründung aus der mündlichen Verhandlung vom 12. Mai 1948.

Von Preuschen konnte zu diesem Zeitpunkt noch von einem passablen Ergebnis des Säuberungsverfahrens ausgehen zumal sein Rechtsbeistand Dr. Alles in einem Schreiben vom 25. Oktober 1948 weitere Entlastungszeugen im Zusammenhang

mit einer Debatte über seine Rolle als Parteirichter aufbot. Diese Parteigerichte,
so führte Dr. Alles aus, seien keine verbrecherischen Organisationen und überdies
nur für Parteigenossen zuständig gewesen. In seinem Amt habe von Preuschen
„lediglich nach den Grundsätzen der Menschlichkeit" gehandelt. Dies werde durch
die Zeugen – darunter auch ein Leiter der Parteigerichte – unisono bestätigt.

Aber dann wurde ein Dokument bekannt, welches das ruhige Fahrwasser auf-
wühlte: In einem Schreiben des öffentlichen Klägers bei der Spruchkammer I
Montabaur an die Spruchkammer in Montabaur vom 24. September 1948 erklärte
sich dieser zwar mit dem Spruch des Untersuchungsausschusses Montabaur auf
Einreihung in Gruppe III einverstanden, beantragte aber über das Verbot, öffentliche Ämter zu bekleiden hinaus, eine Geldbuße von 500,- DM. Außerdem wies
er darauf hin, dass von Preuschen nicht nur Anhänger, sondern auch „Schöpfer
und Wegbereiter des nationalsozialistischen Machtstaates" gewesen sei. Denn
er habe weit vor der Machtergreifung der Nazis als Mitglied der NSDAP zäh
und erbittert und am Ende erfolgreich für die Durchsetzung des NS gekämpft.
Das werde aus einer Ausgabe des Nassauischen Volksblatts vom 31.10.1933
deutlich.[164] Damit sei ein neuer Tatbestand hinzugekommen, der sich nachteilig
für den Betroffen auswirke und bei der weiteren Durchführung des Verfahrens
berücksichtigt werden müsse.

Offenbar in Folge dieser neuen Erkenntnisse gab es eine Klageschrift des Öffentlichen Klägers der Spruchkammer II in Montabaur vom 20. Januar 1949 an den
dortigen Vorsitzenden der Spruchkammer II, wonach der Landeskommissar für
die politische Säuberung in Rheinland-Pfalz unmittelbar beim Vorsitzenden der
Spruchkammer I gegen den Säuberungsbeschluss vom 22. November 1948, der
die Einreihung in Gruppe IV der Mitläufer (!) vorsah, Widerspruch eingelegt habe.
Deshalb beantragte der Öffentliche Kläger der Spruchkammer II, Rakowsky,
in seinem Schreiben vom 20. Januar 1949, den Betroffenen in die Gruppe II der
Belasteten einzureihen und ihm etliche Sühnemaßnahmen aufzuerlegen. Hier-

---

164 Vgl. Originalbericht der Nassauischen Zeitung und die maschinenschriftliche Übertragung
des Berichts in der Dokumentation Nr. 24 und Nr. 25.

zu gehörten die Entlassung aus dem Amt, der Verlust des Ruhegehalts, ein Berufsverbot, Verlust der öffentlichen Rechte sowie ein Verbot der politischen Betätigung in einer Partei. Darüber hinaus durfte der Betroffene nicht Mitglied einer Gewerkschaft oder einer wirtschaftlichen oder beruflichen Vereinigung sein. Weiter wurde ihm für die Dauer von fünf Jahren untersagt, als Selbständiger zu arbeiten oder einen leitenden Posten in einem unselbständigen Beruf zu bekleiden. Auch durfte er weder als Lehrer, Prediger, Erzieher, Verleger, Redakteur, Schriftsteller oder Rundfunkkommentator tätig sein. Diese sehr weitreichenden Konsequenzen begründete Rakowski ausführlich über fünf einzeilig maschinengeschriebene Seiten.

Zunächst führt der Öffentliche Kläger von Preuschens frühen Eintritt in die Partei und seine „Vorleistungen" in Osterspai als Organisator und Blockleiter an und ergänzte diese um seine Tätigkeiten beim Reichsbund deutscher Beamten vor seiner Ernennung zum Landrat und sein Amt als Parteirichter. Anschließend kommt Rakowsky zu einigen erhellenden inhaltlichen Ausführungen, die damit beginnen, indem er die Vorinstanz dafür kritisiert, einen für von Preuschen unpassenden Maßstab an seine politische Persönlichkeit angelegt zu haben. Denn dieser sei nicht nur ein höherer Verwaltungsbeamter wie tausend andere gewesen, sondern ein politischer Landrat, dazu aus einer feudalen Familie stammend, der als Leiter der Selbstverwaltung eines großen Landkreises wesentliche und historische Bedeutung – gerade auch für die Zeit des nationalsozialistischen, totalitären Staates – gehabt habe.
Für Rakowsky war von Preuschen ein von der NSDAP präsentierter Exponent des NS-Systems und politischer Aktivist, der womöglich auch mithilfe einflussreicher Verwandten in sein Amt gekommen sei. Nicht bloß seine guten Examina, sondern auch die propagandistische Begleitmusik, wie sie das Nassauische Volksblatt ertönen ließ, habe ihn in das Amt des Landrates gebracht. Dabei sei das „Volksblatt" nicht bloß ein „Winkelblättchen", wie sein Rechtsbeistand meinte, sondern ein offizielles Organ für „parteiamtliche Bekanntmachungen" gewesen. Jedenfalls stehe für ihn fest, dass die Betriebsamkeit und Propaganda des Rudolf von Preuschen als „alter Kämpfer" und „Schöpfer des Aufbaus" in Osterspai von

Seiten der Partei belohnt worden sei, weshalb man ihn gemäß § 7, Abs. 2 des Befreiungsgesetzes eindeutig als einen „Nutznießer" des NS bezeichnen müsse. Andererseits habe sich von Preuschen gerade durch seine Zuverlässigkeit für den NS-Staat und die Partei empfohlen.

Danach kommt Rakowsky auch auf die klassenspezifische Bedeutung Adeliger für den Nazismus zu sprechen: Für die Nationalsozialisten sei es ein „gefundenes Fressen" gewesen, „wenn man die Standesherren oder ihre Abkömmlinge als sich anbietende politische Propaganda-Aushängeschilder sich freiwillig und mit größtem Eifer in die Reihen der ‚Arbeiterpartei' hineindrängen sah und immer wieder darauf hinweisen konnte! Das war für die Nazi (sic) eine ausgezeichnete und ausserordenlich wertvolle Propaganda, auf welche sie stolz sein konnten und stolz waren, was sie immer damit ausdrückten: ‚Seht, wie uns alle zulaufen, auch die Prominenten der nun vergangenen Zeiten'. Schon in diesem Zulauf, nicht ‚Mitlaufen' von seiten (sic) der ‚Feudalen', wie es der Betroffene und seine Mutter als erste, also älteste Parteimitglieder in der Gemeinde Osterspay waren, ‚alte Kämpfer' darstellend, liegt die Hauptschuld des Betroffenen und tausend anderer solcher aus der Masse herausgehobener Persönlichkeiten, besonders aber der Barone, Grafen und Fürsten einerseits und Industrieller andererseits, der Partei zu ihrer späteren Machtstellung verholfen zu haben." Der Ungeist dieses Opportunismus für das NS-System müsse durch „exemplarische Ahndung" beseitigt werden, meinte Rakowsky.

Die Mitwirkung dieser Opportunisten habe Hitler und seinem System großen moralischen Kredit verschafft. Und zu diesen „Hitleranbetern" gehöre zweifellos der Betroffene. Dieser könne sich auch nicht damit herausreden, dass er am Anfang des Nationalsozialismus nicht habe erkennen können, was daraus werden könnte und dass er nicht der Gewaltherrschaft dienen wollte, sondern lediglich einem anfänglich „normal" funktionierenden Staatsregime. Das sei Wortklauberei. Für die kritischen Beobachter sei die Gewaltherrschaft von Anbeginn erkennbar gewesen. Denn sie fing mit der SA an und hörte mit den SS-Unmenschlichkeiten auf, betonte Rakowsky.

Vor dem Hintergrund seiner juristischen Ausbildung und dem mit Hilfe seiner familiären Traditionen geschulten historischen Blick, könne man davon ausgehen, dass der Betroffene soviel Einblick in die politischen Zusammenhänge gewonnen hatte, dass er das „Va-banque-Spiel" der Nationalsozialisten schon von Anfang an durchschauen konnte.

Auch später sei von Preuschen nicht merklich vom Nationalsozialismus abgerückt. Nur dann hätte man vielleicht eine „Minderbelastung" in Rechnung stellen können. Ganz im Gegenteil sei er aus der Evangelischen Kirche ausgetreten, während die Mitglieder der evangelischen Bekenntniskirche unter den Gefahren für ihre Freiheit, Gesundheit und Leben um ihren Glauben stritten. Mit seinem Kniefall vor Hitler habe der Betroffene als Teil der Elite für die Durchschnittsdeutschen ein sehr schlechtes Vorbild abgegeben. Auch sein gelegentlicher Einsatz für Bedrängte habe kein allzu großes Risiko dargestellt. Aufgrund seiner starken Stellung in der Partei habe er dies gefahrlos tun können. Davon, dass er für wirklich Verfolgte eingetreten sei, könne man kaum sprechen. Das alles befreie ihn nicht von seiner Verantwortung, dem Nationalsozialismus von Anfang bis Ende politische Unterstützung gewährt zu haben.

So kommt Rakowsky – ohne die entlastenden Leumundszeugnisse zu übersehen – zu der realistischen Einschätzung, dass „der Betroffene auf Grund seiner Eigenschaft als alter Kämpfer und, wie anzunehmen ist, auch auf Grund seiner guten persönlichen Beziehungen zu anderen Grössen der Partei, der ein Teil seiner nächsten Verwandten schon angehörte, den von ihm für erstrebenswert gehaltenen Posten eines Landrats erobert hatte, ... mit Vorsicht und Diplomatie Milde walten lassen und sich derart Freunde erwerben." Dies habe aber seiner Eigenschaft als einem der Treuesten im Gefolge Hitlers keinen Abbruch getan, zumal auch seine besten Leumundszeugen erklärt hatten, dass er ein überzeugter Parteigenosse war, was er selbst auch nie abgestritten hatte. Angesichts dieser Sachlage stellte sich für Rakowsky die Frage, ob von Preuschen verantwortlich ist oder nicht. Diese Frage beantwortet er mit einem klaren „Ja". Nur dass sich von Preuschen nicht auf Grund seiner Amtseigenschaft unabkömmlich stellen ließ, könne man ihm zugute halten. Als gegebene Tatsachen hält Rakowsky fest, dass der Betroffene „1. seine Zuverlässigkeit als Nationalsozialist bewiesen

hat, 2. dass er politisch unliebsame Leute hat verhaften und abführen lassen,
und 3. politisch missliebige Beamte usw. entfernt hat, bezw. (sic) wesentlich
bei diesen Massregelungen mitgewirkt hat." Als Beleg für diese Behauptungen
führt er ein Schreiben des Landesvorsitzenden der Vereinigung der Verfolgten
des Nazi-Regimes vom 10.1.1949, Regierungsvizepräsident Alfred Knieper aus
Montabaur an ihn an, wonach diesem bekannt sei, dass auf Betreiben von
Preuschens in seiner Eigenschaft als Landrat mehrere dem Nationalsozialismus feindlich gegenüberstehende Personen aus dem Dienst entlassen worden
seien. Das habe den ehemaligen Kreisoberinspektor Tobias beim Landratsamt
Montabaur, den Regierungsrat Keul, ebenfalls Montabaur und den Otto Born
aus Höhr-Grenzhausen betroffen.

Er selbst, so schildere Knieper, sei am 1.9.1939 (dem Tag des Überfalls auf Polen,
G.S.), zusammen mit vier weiteren Personen auf Anordnung von Preuschens
durch den Polizisten und Oberlandjäger Landau aus Höhr-Grenzhausen verhaftet worden. Nachdem man sie nach Montabaur gebracht hatte und dort eine
Stunde unter Bewachung auf der Straße stehen mussten, habe von Preuschen
ihre vorläufige Unterbringung im Gerichtsgefängnis Montabaur veranlasst. Von
dort erfolgte später die Einweisung in das KZ-Buchenwald aus dem sie erst nach
dem Zusammenbruch des Hitler-Regimes im Mai 1945 befreit wurden. Zwei der
bei Kriegsbeginn Verhafteten, Ewald Dommermuth aus Ransbach und Heinrich
Sanft aus Höhr-Grenzhausen, hätten im KZ ihr Leben gelassen, berichtete Rakowsky abschließend aus dem Schreiben Kniepers.[165]

Am Schluss seiner Klageschrift sorgt sich Rakowsky darum, dass es durch die
teils zwangsläufige Schematisierung der Entnazifizierungsverfahren womöglich
zu einer Rehabilitierung des Opportunisten von Preuschen kommen könnte. Da
dies eine nicht zu unterschätzende Gefahr für den neuen Staat bedeute, habe
er die eingangs dargelegten Anträge gestellt.

Dass diese Sorge nicht unbegründet war, zeigte der weitere Fortgang des Verfahrens gegen von Preuschen. Nachdem dieser durch seinen Rechtsbeistand am

---

165 Vgl. Dokument 26. Über das wechselvolle Leben Alfred Kniepers und den Zusammenhang mit der A-Liste der Nazis informiert Joachim Hennig im Koblenzer LokalAnzeiger vom
2. Oktober 2019, S. 13.

1.7.1949 einen Befangenheitsantrag gegen den Vorsitzenden der Rechtsmittel-abteilung der Spruchkammer Montabaur, Amtsgerichtsrat Kaesberger, gestellt hatte, der aber abgeschmettert werden konnte, kam das Verfahren durch einen Beschluss der Rechtsmittelabteilung der Spruchkammer Koblenz – an die das Verfahren zwischenzeitlich delegiert wurde – im Mai 1950 zu seinem Ende.

Dabei spielte der Zeitablauf dem Beschuldigten von Preuschen in die Hände. Denn im Januar 1950 war das „Landesgesetz zum Abschluss der politischen Säuberung in Rheinland-Pfalz" in Kraft getreten. Dieses bestimmte, dass anhängige Verfahren nur dann noch durchzuführen seien, wenn die Einordnung eines Betroffenen in die Gruppe I oder II zu erwarten war. Das hatte der Öffentliche Kläger der Spruchkammer II in Koblenz dem Vorsitzenden der Rechtsmittel-abteilung an der Spruchkammer Koblenz, Kaesberger, in einem Schreiben vom 24. Mai 1950 entsprechend dargelegt. Dabei führte er aus, dass „auf Grund des gesamten Akteninhalts" von der Klageschrift des Öffentlichen Klägers bei der Spruchkammer II Montabaur (Rakowsky, G.S.) abgewichen werden müsse weil anzunehmen sei, „dass eine Einstufung des Betroffenen allenfalls in die Gruppe 3 als Minderbelasteter erfolgen dürfe, jedoch nicht in die Gruppe 2 der Belaste-ten." Aufgrund dieser Sachlage beantragte der Öffentliche Kläger in Koblenz, das Verfahren gemäß Landesgesetz einzustellen.
Diesem Antrag wurde eine Woche später, am 31. Mai 1950, seitens der Rechts-mittelabteilung der Spruchkammer Koblenz entsprochen, wobei der Betroffene die Kosten des Verfahrens tragen sollte.
Zur Begründung gab die Rechtsmittelabteilung der Spruchkammer Koblenz folgendes an: „In Übereinstimmung mit den Ausführungen des Öffentlichen Klägers im Antrag vom 24.5.1950 ist die Kammer der Überzeugung, dass der Betroffene kein Mitläufer, sondern ein nationalsozialistischer Aktivist gewesen ist, dem allerdings auf Grund seiner Gesamthaltung und zahlreicher Umstände, die sich aus den Akten ergeben, mildernde Umstände und die Einstufung in die Gruppe der Minderbelasteten nicht versagt werden können. Aus diesem Grund war das Verfahren unter Aufhebung des angefochtenen Säuberungsspruchs einzustellen."[166]

---

166 Vgl. LHAKo Best. 856 Nr. 280808

Auf diese Weise hatte Rakowsky seinen Kampf um eine gerechte Beurteilung des Aktivisten von Preuschen am Ende - quasi von Gesetzes wegen - doch noch verloren. Für uns, die „Nachgeborenen" und für den Autor als Chronist der Ereignisse im und nach dem Nationalsozialismus, waren seine Ausführungen jedoch sehr wertvoll und erhellend.

Zugleich stellen sie ein Gegengewicht gegen die verklärende Erzählung über Rudolf von Preuschen als einer Person dar, die „immer Mensch" geblieben und als Landrat nahezu souverän und unangefochten durch die Zeit des Nationalsozialismus gekommen sei. Mit Rakowsky als dem Öffentlichen Kläger der Spruchkammer in Montabaur hat die weiße Weste von Preuschens jedoch eine braune Tönung bekommen.

Kehren wir nun zur Hauptperson meiner Darstellung zurück. Nach der Beschreibung der Lebensstationen und des sozialen und politischen Umfeldes von Philipp Schnorbach und seiner Familie möchte ich nunmehr den Versuch einer verdichteten Zusammenschau seiner Person und seiner Zeit unternehmen (Kapitel 8), bevor ich sein Lebensbild mit einem Fazit (Kapitel 9) abschließe.

8. Zusammenfassung: Philipp Schnorbach und seine Zeit

Vorweg: Niemand kann sich eine Epoche aussuchen: er/sie wird in sie hineingeboren und ihrem „Zeitgeist" gemäß erzogen. Diese Grundtatsache kann aber nicht dafür hergenommen werden, dass persönliche Entscheidungen und Verantwortlichkeiten in bestimmten Situationen oder historischen Phasen als nebensächlich oder unwichtig anzusehen wären, insbesondere dann nicht, wenn die jeweiligen Zeitgenossinnen und -genossen das Jugendalter hinter sich gelassen haben.

Im Leben des Philipp Schnorbach (1898-1969) haben wir es – ebenso wie bei Rudolf von Preuschen – mit gleich vier politischen Epochen zu tun: der imperialistisch-nationalistischen Kaiserzeit und dem 1. Weltkrieg, dann mit der krisenhaften Weimarer Republik – gefolgt vom Nationalsozialismus und dem 2. Weltkrieg, der wiederum vom Versuch eines politischen Neuanfangs mit Hilfe der Besatzungsmächte in zwei Varianten, der Bundesrepublik Deutschland im Westen und der Deutschen Demokratischen Republik im Osten abgelöst wurde.

8.1 Schnorbach im Kaiserreich und in der Weimarer Republik

Die erste Epoche, in der Schnorbach durch Familie und Schule in einem katholischen Ort grundlegend geprägt wurde, war die wilhelminische Kaiserzeit mit ihrer autoritär-patriarchalischen Erziehung. Ob er schon in der Kinder- und Jugendzeit mit Zinn- oder Bleisoldaten gespielt hatte und einen „Matrosenanzug" trug, wissen wir nicht. Aber wahrscheinlich haben der Vater (als „Reichsbahner i.R.") und die Mutter als Hausfrau eben jene patriarchalisch-obrigkeitshörige Erziehung übernommen.[167]

---

167 Sollte Philipp Schnorbach einen der noch seltenen Kindergärten besucht haben, war das sicher nicht anders.

In der Schule wurde dann bereits offen die Erziehung zum Krieg praktiziert. Wie schon oben (S. 14) erwähnt, entwickelte sich die kaiserlich-nationalistische Erziehung immer stärker in „eine Erziehung zum Krieg und zum Hass auf die kriegsführenden gegnerischen Nationen."

Der politisch-ökonomische Hintergrund für eine solche Entwicklung bestand darin, dass sich Deutschland in den Jahren zwischen 1895 und 1914 zu einem bedeutenden Industriestandort gemausert hatte, dessen Staat im imperialen Wettbewerb immer stärker einen „Platz an der Sonne" beanspruchte. Und dies nicht nur mit ökonomischen, sondern auch mit militärischen Mitteln. Das sprach der Liberale Friedrich Naumann, gerichtet an die (noch mehrheitlich pazifistisch ausgerichtete) Sozialdemokratie, deutlich aus: „Eure Löhne, die Preise eurer Lebensmittel hängen nicht zum wenigsten davon ab, welchen Platz dieses Vaterland auf dem Weltmarkt erobern wird. Das Deutsche Reich braucht Macht, es braucht Heer und Flotte, eine Partei, die diese elementarsten Notwendigkeiten verneint, schließt sich damit selbst von der Mitwirkung an staatlichen Aufgaben aus. Die Sozialdemokratie muss vom internationalen zum nationalen Sozialismus kommen."[168]

Aufrüstung und Krieg wurden zu anerkannten, ja notwendigen Mitteln in der internationalen Konkurrenz. Diese Botschaft verfing auch in der Breite, da gegen Ende des 19. Jahrhunderts und zu Beginn des 20. Jahrhunderts zahlreiche militaristische und chauvinistische Verbände und Vereine entstanden waren. Dazu gehörten z. B. die deutsche Kolonialgesellschaft (1882), der Alldeutsche Verband (1891), der Deutsche Flottenverein (1898), der Jungdeutschland-Bund (1911) und der Kyffhäuserbund (1898), der die vielen lokalen Kriegervereine zusammenfasste. Die Kriegsbegeisterung war allgegenwärtig. Der Alldeutsche Verband z. B.erhob den Krieg in ihrem Verbandsorgan „Alldeutsche Blätter" zu einem Instrument der Höherentwicklung der ganzen Nation: „Der Krieg ist uns Alldeutschen nun einmal nicht der große und blindwütige Zerstörer, sondern der sorgsame Erneuerer und Erhalter, der große Arzt und Gärtner, der die Menschen auf ihrem Weg zur Höherentwicklung begleitet. Wehe dem Volk, das längere Zeit hindurch

---

168 Vgl. Grebing, Helga, Geschichte der deutschen Arbeiterbewegung, München 6. Aufl. 1975, S. 132.

seiner heilenden und hegenden Hand entraten muss.[169]
Der Jungdeutschland-Bund, der es speziell auf junge Menschen abgesehen hatte und sie vom Pazifismus der Arbeiterjugend-Bewegung abhalten wollte, steigerte die Kriegslyrik noch einmal: „Ja, das wird eine frohe, große Stunde, die wir uns heimlich wünschen dürfen ..., still und tief im deutschen Herzen muß die Freude am Krieg und ein Sehnen nach ihm leben, weil wir der Feinde genug haben und der Sieg nur einem Volk gehört, das mit Sang und Klang zum Kriege wie zu einem Fest geht ..., der Krieg ist schön. Seine wahre Größe hebt das Menschenherz hoch über Irdisches, Alltägliches hinaus. Auch unser warten solche Stunden. Wir wollen ihnen entgegengehen mit dem männlichen Wissen, dass es schöner, herrlicher ist, nach ihrem Verklingen auf der Heldentafel in der Kirche ewig fortzuleben, als namenlos den Strohtod im Bett zu sterben."[170]

Auch wenn Philipp Schnorbach solche von Todessehnsucht getränkte Kriegslyrik in Osterspai nie zu Gesicht bekommen haben mag, wird er doch die allgemeine Kriegsbegeisterung wahrgenommen haben. Allerdings erfolgte sein Eintritt in den Krieg zu einem Zeitpunkt, als die Erwartung eines Blitzsieges im Westen sich bereits als Täuschung erwiesen hatte und zu einem blutigen Stellungskrieg mit hunderttausenden von Toten geworden war. Aber gerade in dieser Situation brauchte das deutsche Heer jeden Mann. So trat Schnorbach Ende 1916, dem Jahr in dem die bekannte Pickelhaube vom Stahlhelm abgelöst wurde, in den im Westen und Osten Deutschlands tobenden Krieg ein.
Hatte er dabei auch private Motive? Wollte er ein Held oder mindestens ein „richtiger Mann" in den „Stahlgewittern" der Front werden? Hatte er als junger Soldat auf Ansehen und Bewunderung durch die Familie und Freunde oder auch einer Freundin gehofft? Wir können das nicht wissen. Aber man kann vermuten, dass er auf seine Fronterfahrung stolz war. Sonst hätte er nicht im Fragebogen des Rasse- und Siedlungshauptamtes 1938 den „Frontkämpfer" und das Frontehrenkreuz eingetragen. Offenbar konnte er die militärische Niederlage

---

169 Zitiert nach Schabronat, Klaus, Kriegstreiber – Kriegsgewinnler erster Weltkrieg und kapitalistischer Profit, Neuwied 2022, S. 146.
170 a.a.O., S. 148

Deutschlands – wie viele Angehörige der paramilitärischen Freikorps – nicht akzeptieren. Kaum aus der Gefangenschaft entlassen, trat er in ein Freibataillon ein und kämpfte gegen „Spartakus". Wenig später ging er zur Reichswehr. Mit dem Dienst als Soldat im Krieg, dem freiwilligen Kampf gegen die politische Linke und dem nachfolgenden Dienst bei der Reichswehr hat Schnorbach zwei charakter-, meinungs- und mentalitätsprägende Grunderfahrungen gemacht, die sich im Grunde bis in seine Tätigkeit als Gefolgschaftsführer der Hitler-Jugend, ja bis in die Nachkriegszeit hineinzogen: Er war und blieb Soldat, Militarist (Krieger) und Antikommunist.

Alle seine ehrenamtlichen Engagements zeugen mindestens von einem oder gar beiden Elementen: Seine Mitgliedschaft im Kavallerie-Verein (nachdem er schon im Reiterregiment 16 gedient hatte), beim Stahlhelm, dem Bund der Frontsoldaten und in der von ihm gegründeten Soldatenbund-Kameradschaft in Engers. So gesehen muss man der Einschätzung seines Sohnes Harald, wonach der Vater immer Soldat geblieben sei, unbedingt recht geben. Dabei war gerade der von Militärs, Unternehmern und ostelbischen Großgrundbesitzern finanzierte Stahlhelm ausgesprochen antirepublikanisch, antikommunistisch, antisozialdemokratisch und antisemitisch eingestellt. Hier kam schon beinahe alles zusammen, was man auch für die kommende Nazi-Zeit brauchen konnte. Prompt trat der Führer des Stahlhelm, der ehemalige Reserveoffizier Franz Seldte am 30. Januar 1933 als Arbeitsminister in das Kabinett Hitler, von Papen und Hugenberg ein. Im April desselben Jahres unterstellte er den Stahlhelm als „geschlossene soldatische Einheit" dem Führer, 1934 ging der Stahlhelm in der SA auf.[171]

In den krisenhaften, unruhigen Anfangsjahren der Republik tat sich für Schnorbach nach seiner Entlassung aus der Reichswehr 1922 eine Lücke auf die es zu schließen galt, zumal er seit Januar 1923, dem Inflationsjahr, mit Dora Tamm verheiratet war.[172]

---

171 Vgl. Wikipedia, Stahlhelm, Bund der Frontsoldaten.
172 Wie auf S. 16 erwähnt, gibt es auch in Bezug auf die archivalischen Quellen eine Lücke. Denn weder einen Dienst bei der Schutztruppe Bad Kreuznach noch eine Ausbildung bei der dortigen Polizeischule (wovon Sohn Harald gesprochen hatte) ließ sich bislang nachweisen.

Bedingt durch die archivalische Lücke kann hier nur spekuliert werden, dass sich Schnorbach durch seine militärischen Vorerfahrungen für den Polizeidienst in Bad Kreuznach ab 1925 empfohlen hatte. Dort führte er im Rahmen seiner Polizeitätigkeiten seinen Kampf gegen Kommunisten fort wie sein Brief an Himmler belegt. Darüber hinaus engagierte er sich im Kavallerie-Verein und im Stahlhelm, wobei er im Falle des Stahlhelms auch dessen neue nationalsozialistische Ausrichtung und Bezeichnung als NS-Frontkämpferbund offenbar ohne Probleme akzeptierte. Durch seine Mitgliedschaft im Opferring der NSDAP ab 1934 bekundete er auch seine Sympathie für die Partei.

8.2 Schnorbach und der Nationalsozialismus in Engers 1935 bis 1945

Im Zuge seiner Versetzung zur Amtsverwaltung Engers, nahm Philipp Schnorbach am 1. Februar 1935 seine Tätigkeit bei der hiesigen Polizei auf. Über sein Aufgabenfeld und die Besetzung der Abteilung II, des „Polizeibüros", gibt ein detaillierter Geschäftsverteilungsplan (GVP) Auskunft.[173]
Demnach bestand die Abteilung II aus dem Leiter der Abteilung, einem Herrn Ludwig, Amtsobersekretär, Philipp Schnorbach als Amtssekretär auf Widerruf, und zwei Angestellten, Herrn Fritzen und Herrn Tiby.[174] Während die Aufgaben der Leitung und der Angestellten deutlich von der Kriegszeit geprägt sind, werden bei Schnorbach überwiegend originäre Polizeiangelegenheiten aufgeführt, wobei aber die Bereiche „Wehrmachtserfassung" und „Preisüberwachung" signalisieren,

---

173 Leider weist der GVP im Bestand des LHAKo-Romm. 655,126 Nr. 285 kein Datum aus. Er soll aus dem Jahr 1940 stammen. Darin ist Schnorbach jedoch als Amtssekretär auf Widerruf aufgeführt, der er erst ab 1.4.1942 war. Ich gehe davon aus, dass seine Zuständigkeiten auch in den Jahren zuvor in etwa die gleichen waren.
174 Schnorbach war nicht der einzige Polizist im Hause der Amtsverwaltung in der Bendorfer Straße in Engers. Ich nehme an, dass weitere Polizisten, wie Süper, Sauer, Schnug und Blümke, die im Laufe der Darstellung genannt werden, der Ortspolizei angehörten.

dass man sich im Krieg und in einer Kriegswirtschaft befindet.[175]

Im Folgenden werden wir sehen, dass Aufgaben wie Anzeigen, Vernehmungen, Feststellungen, Strafverfügungen, die Strafkartei, die Fremden-, Gewerbe-, und die Gesundheitspolizei, die Legitimationssachen und das Ausländer- und Paßwesen die Hauptrolle im Tätigkeitsfeld von Schnorbach spielen. Dabei muss man sich immer vergegenwärtigen, dass er sich in den Jahren 1935 bis 1945 in der „Kernzeit" des Nationalsozialismus nach seiner Konsolidierung 1933/34 befindet. Und dessen Regeln, Normen und „Werte" wollte und musste Schnorbach vor Ort an der „Heimatfront" durchsetzen. Zugleich musste er die Gegner aus der Weimarer Zeit und den ersten Jahren nach der Machtergreifung im Auge behalten oder wenn nötig, eingreifen. Umgekehrt sahen sich die Gegner und Skeptiker genötigt, sehr vorsichtig zu Werke zu gehen und sogar in der eigenen Familie auf der Hut zu sein. Denn Denunzianten und Zuträger lauerten überall. Da Schnorbach nicht nur Schutzpolizist, Parteimitglied und SS-Mann war, sondern auch ehrenamtlicher Mitarbeiter des Sicherheitsdienstes und geheimer Beobachtungsmann der HJ, waren ihm solche Personen sehr nützlich für seinen Dienst. Aus den Polizeiakten beim Stadtarchiv Neuwied geht deutlich hervor, dass es im Dreieck zwischen der Amtsbürgermeisterei Engers, dem Landrat von Neuwied und der Gestapo Koblenz häufige Kontakte und kurze Wege gab. Neben gewöhnlichen Briefen, die z.T. mit den Zusätzen „Eilt sehr"oder „Streng vertraulich" versehen waren, wurden auch Fernschreiben und Telefon benutzt.[176] Daher kann man sagen, dass die Amtsbürgermeisterei Engers mit dem Polizeihauptwachtmeister Schnorbach, weiteren Ortspolizisten und dem NS-Amtsbürgermeister Dr. Stein, **ein Horch- und Vorposten der Gestapo** in Koblenz war.[177]

---

175 Vgl. Geschäftsverteilungsplan für die Abteilungen des Amtes Engers in der Dokumentation Nr. 27. Im Aktenplan des Amtes Engers spiegelt sich auch die ideologische Ausrichtung der Verwaltung im „Dritten Reich" wider. Vgl. Dokument Nr. 28, Seite 1 des Aktenplans.

176 Ein eindrückliches Beispiel für die „kurzen Wege" war der Fernspruch der Gestapo Koblenz vom 19.8.1944 an das Landratsamt Neuwied zwecks Meldung aller ehemaligen KPD- und SPD-Funktionäre und -Abgeordneten, der von Schnorbach aufgenommen und am 21. August beantwortet wurde (vgl. die Dokumente 29 und 30). Am 22.8.1944 erfolgte ein zweiter Fernspruch, bei dem die Zentrumsabgeordneten gemeldet werden sollten. Auch dieser wurde von Schnorbach bearbeitet.

177 Die Gestapo Koblenz bestimmte sogar darüber, wo der Engerser Pfarrer Krause sein 40.

Mit der Beschreibung und Vergegenwärtigung der Tätigkeiten von Schnorbach anhand von Beispielfällen möchte ich den Versuch machen, ein realistisches und authentisches Bild des spannungsreichen Engerser Alltags im Nationalsozialismus zu zeichnen und dabei auch die praktische Handlungsmacht von Philipp Schnorbach zu demonstrieren. Dies wiederum soll zusammen mit einer Auswertung des Spruchkammerverfahrens am Ende zu einer begründeten Einschätzung der Person Schnorbachs und seiner Zeit führen.

Einer der ersten Herausforderungen nach seinem Dienstbeginn in Engers im Februar 1935 war der Fall des Kommunisten Heinrich Josef Günter.[178] Dieser war schon bei den Erwerbslosenunruhen im Sommer 1932 aufgefallen. Im Sommer 1933 geriet er in den Verdacht, illegale Druckschriften der KPD empfangen und verteilt zu haben. Nach einer Hausdurchsuchung und einer Postsperre im Frühjahr und im Sommer 1935 weist der Polizeikollege Hospes den einzuschlagenden Weg: Günter versuche noch immer in der Bevölkerung Unfrieden zu stiften, vermerkt er am 18.8.1935; daher sei eine „Präventivmaßnahme" gemäß Verfügung des Chefs der Gestapo Berlin erforderlich. Bereits am Vortag, dem 17.8.1935, hatte Schnorbach Günter wegen unwahrer Gerüchte über Amtsbürgermeister Stein angezeigt. Diese Anzeige wurde am 18.8.1935 in die Form einer „Ereignismeldung" gebracht und eine Festnahme gemäß der o.g. Gestapo-Verfügung beantragt. Zu allem Unglück wurde Günter einen Tag später noch vom Engerser Kaufmann Wilhelm Kill denunziert: Günter habe beim Einziehen der Luftschutzlisten kein Interesse an der Sache bekundet. Daraus sah Kill „eine kommunistische Tendenz und Herausforderung", die Amtsbürgermeister Stein in einem Schreiben vom 20.8. 1935 an den Landrat annahm. Darin stellte er klar, dass weniger die Anzeige Schnorbachs als eine Aussage Günters, die dieser sowohl ihm als auch Schnorbach gegenüber gemacht hatte, ausschlaggebend war. Sie lautete: „Meine

Dienstjubiläum im Jahr 1937 feierte. Weil das für die Feier vorgesehene Gesellenhaus als profanes Gebäude angesehen wurde, musste sie in der Kirche stattfinden. Vgl. LHAKo-Romm., Best. 655,126 Nr. 659.

178 Vgl. zum Folgenden: Salz, Günther, Erinnerung an den Engerser Kommunisten Heinrich Josef Günter und die KPD am Mittelrhein. „Ich bin und bleibe radikal!", Neuwied 2001.

Gesinnung hat sich nicht geändert, ich bleibe was ich war. Ich war immer radikal und bleibe radikal."

Diese mutige und offene Trotzreaktion brachte Günter insgesamt dreieinhalb Jahre Konzentrationslager ein, die ihn zwar nicht das Leben, aber seine Gesundheit kostete. Nachdem er am 12.12.1938 entlassen worden war, musste er sich noch einige Monate bei der Ortspolizeibehörde – also bei Schnorbach und Kollegen – zur Nachüberwachung an jedem dritten Werktag melden. Man kann sich vorstellen, was das für Günter bedeutete. Aber auch diese Zeit überstand er mithilfe seiner ungebrochenen Haltung. Mit Ironie und Selbstbewusstsein trug er sich in die Meldeliste mit „GünterHJ" ein. Seine Bespitzelung ging indes weiter: Nur wenige Wochen nach seiner Entlassung aus dem KZ wurde er zur Arbeit in der Neuwieder Autowerkstatt Serresse & Sohn dienstverpflichtet. Dort stand er unter Beobachtung des Juniorchefs, der ausgerechnet ehrenamtlicher Leiter der SD-Außenstelle der NSDAP-Neuwied war.

Im Frühjahr 1939 muss Günter wieder irgendeinen Verdacht erregt haben. Denn die Gestapo richtet am 9. Mai 1939 ein streng vertrauliches Schreiben mit dem Zusatz „Eilt sehr!" an die Ortspolizeibehörde in Engers. Darin wird um einen sofortigen Bericht darüber „ersucht", ob Günter noch in der Sayner Landstraße in Engers wohnt oder zwischenzeitlich seinen Wohnsitz geändert hat. Für die Folgezeit drängt die Gestapo darauf, dass ihr jeder Wohnungswechsel des Genannten unverzüglich und schriftlich berichtet wird.[179]

Das „dicke Ende" der Überwachung Günters kam dann mit seiner mehrmonatigen Untersuchungshaft bei der Gestapo Koblenz ab Mai 1944 und der anschließenden Einweisung in das KZ Buchenwald wegen verbotenen Waffenbesitzes. Auslöser dieser Maßnahmen war tragischerweise seine eigene (zweite) Ehefrau. Sie hatte eines Tages eine Pistole in der Aktentasche ihres Mannes entdeckt und diesen Fund bei der Engerser Polizei angezeigt, ohne die möglichen Folgen zu bedenken.

---

179 Vgl. Polizeiakten, LHAKo-Romm. Best. 655,126 Nr. 659 (siehe Dokument 31).

Der Fall Jakob Pütz

In Kapitel 3 wurde schon von den Erfahrungen einiger Engerser Zeitgenossinnen und -genossen mit Schnorbach berichtet, darunter der Fall des jungen Werner Scheidweiler, der ihn bei einer Einbestellung nicht mit „Heil Hitler" begrüßt hatte. Während diese „undeutsche" Begrüßung nur zu einer lautstarken Zurechtweisung führte, bekam ein anderer Engerser Bürger, der bei der Spruchkammerverhandlung erwähnte Installateur Jakob Pütz, längerfristig erhebliche Folgen wegen einer falschen Begrüßung zu spüren. Diese verdankte er ursprünglich einer zufälligen Begegnung mit einem deutschfreundlichen Franzosen auf dem Gelände der Wandplattenfabrik Engers.

Über dieses Zusammentreffen hatte Schnorbach am 25. Mai 1939 einen Vermerk angefertigt. Demnach hatte er zwei Tage vorher bei einem Streifengang in Erfahrung gebracht, dass vor einigen Wochen ein junger Franzose in der Wandplattenfabrik tätig war, „um die deutsche Herstellung der Plattenfabrikation zu erlernen." Dieser Franzose sei „gut auf Deutschland eingestellt" gewesen und habe im Verkehr mit „deutschen Volksgenossen" nur den deutschen Gruß verwandt. So habe er es auch bei der Begegnung mit Pütz gehalten. Den „Heil-Hitler-Gruß" habe Pütz jedoch mit einem lauten „Guten Tag" erwidert. Der Franzose habe darauf den ihm bislang unbekannten Pütz verwundert angesehen, worauf dieser bekräftigte: „Ja da staunen Sie, dass es auch in Deutschland noch Leute gibt, die „Guten Tag" sagen." Diesen Vorfall erzählte der Franzose dem Prokuristen Walter Hähner weiter, während Pütz gleich zum Betriebsleiter Korzilius ging, um ihm – angeblich im Gestus einer vollbrachten Heldentat – Kunde von dem Vorfall zu geben. Daraufhin soll Korzilius lt. Schnorbach geantwortet haben: „Du bist noch verkalkter als ich."

Zum Abschluss seines Vermerks charakterisiert Schnorbach den Pütz als einen, der dafür bekannt sei, dass er bei jeder passenden Gelegenheit Bemerkungen gegen die Partei, den Staat und deren Einrichtungen mache. So habe Pütz einmal der Wirtin des Engerser Hofs gegenüber bekundet: „Ich sage bei jeder Gelegenheit den Parteileuten, daß was man heute bekommt ist doch keine Butter, sondern Wagenschmiere." Schnorbach kommentiert diese Aussage mit den Worten: „Ich erkläre zum Schluß, dass Pütz hier im ganzen Ort als Stänker und Hetzer bekannt ist, nur fällt es kolosal schwer, Personen als Zeugen gegen ihn zu bekommen, da sie alle mit ihm nichts zu tun haben wollen."

Amtsbürgermeister Stein schickt Schnorbachs Vermerk noch am gleichen Tag über den Landrat an die Staatspolizeileitstelle Koblenz weiter und fügt drei Überdrucke hinzu. Außerdem informiert er die Adressaten darüber, dass es sich bei dem Vorgang um Charles Lozé gehandelt habe, der inzwischen wieder nach Paris zurückgekehrt sei.[180]
Dieser erste Vorfall ging noch glimpflich für Pütz ab. Am 6. Juli 1939 unterrichtete die Gestapo Koblenz den Amtsbürgermeister und den Landrat darüber, dass eine Weiterleitung der Anzeige an die Staatsanwaltschaft unterblieben sei, weil man sich von dort keine Aussicht auf eine Anklageerhebung versprach. Allerdings sei Pütz ernstlich dahingehend gewarnt worden, dass man im Wiederholungsfalle die schärfsten staatspolizeilichen Maßnahmen anwenden würde.

Der „Ernstfall" trat dann einige Jahre später ein. Am 31.3.1943 nahm Schnorbach einen Fernspruch der Gestapo Koblenz auf, wonach der Installateur Jakob Pütz festzusetzen und am 1.4.1943 in Koblenz zwischen 9 und 10 Uhr vormittags vorzuführen sei. Sofort beauftragte Amtsbürgermeister Stein per Verfügung den Polizisten Keßler mit der Festnahme und dem Transport des Delinquenten Pütz, wobei die Verfügung von Stein unterzeichnet und von Schnorbach mit Namenskürzel abgezeichnet wurde.
Zwei Wochen später unterrichtete die Gestapo Koblenz den Landrat und den Amtsbürgermeister darüber, dass Pütz wegen staatsfeindlicher Äußerungen am 1.4.43 in Haft genommen und am 5.4. wieder entlassen worden sei. Über die Haft hinaus, die sicher von unangenehmen Gesprächen und Drohungen geprägt war, wurde gegen ihn ein „Sicherungsgeld" in Höhe von 2.000 Reichsmark verhängt.

---

180 Vgl. LHAKo-Romm., Bestand 655, 126 Nr. 659

Welcher Art die „staatsfeindlichen Äußerungen" gewesen waren, ist unklar. Einen Hinweis auf den Hintergrund der Haft gibt eine Erklärung des Jakob Pütz vom 19. April 1943 ab, in der er eine Verleumdung gegenüber dem Rendanten der Engerser Spar- und Darlehnskasse als „völlig unwahr" zurücknimmt.[181]

Die ganze Sache zieht sich bis in das Spruchkammerverfahren 1948 hin. Dabei sieht auch der Sohn des Jakob Pütz, Heinrich, eine Verbindung zwischen den Ereignissen von 1939 und 1943. Bei seiner Vorladung, die mit Vermerk vom 15. September 1948 dokumentiert ist, sagt er aus, dass sein Vater dauernd durch den Polizeibeamten Schnorbach wegen seiner ablehnenden Haltung gegenüber dem Nationalsozialismus schikaniert worden sei.[182] Allerdings könnten die staatsfeindlichen Äußerungen nicht so schwerwiegend gewesen sein, meint er, denn sonst wäre sein Vater nicht schon nach der kurzen Haftzeit 1943 wieder entlassen worden. Er vermutet, dass die Gründe für eine Anklage nicht ausgereicht hätten, weshalb man gegen ihn das Sicherungsgeld – auch mit Hilfe einer schlechten politischen Beurteilung durch Schnorbach – verhängt habe. Um es zurück zu bekommen, hätte sich Jakob Pütz bis zum 10. April 1946 einwandfrei führen müssen. Auch habe die Gefahr bestanden, dass der bei der Engerser Spar- und Darlehenskasse eingezahlte Betrag durch eine staatspolizeiliche Verfallserklärung in die Hände der Gauamtsleitung, der NSV oder dem Winterhilfswerk gefallen wäre. Erst nach dem „Zusammenbruch", berichtete Heinrich Pütz, habe er wieder über den hinterlegten Betrag verfügen können, und das auch nur mit Hilfe der Drohung, die Sache der Militärregierung zu übergeben.

Offenbar war es Heinrich Pütz wichtig, noch einmal zu sagen, wie es seiner Familie im nationalsozialistischen Alltag erging. Er erzählt, dass die bei ihrer Firma beschäftigten Lehrlinge fast täglich, zum Teil auch zweimal am Tag, von Schnorbach zum Verhör einbestellt worden seien. Dabei soll es angeblich um Angelegenheiten der ehemaligen HJ gegangen sein. Den wirklichen Sachverhalt hätten sie nie erfahren, bedauert Heinrich Pütz. Ganz besonders gerne würde er

---

181 Vgl. LHAKo-Romm., Best. 655,126 Nr. 660.
182 Laut Heinrich Pütz ist sein Vater 1945 durch Artilleriebeschuss ums Leben gekommen.

wissen, wer seinen Vater damals angezeigt hat. Man solle Schnorbach danach fragen, bat er. Sollte er niemanden benennen können, so müsse er davon ausgehen, dass Schnorbach nur aus Gehässigkeit gegenüber seinem Vater die Anzeige erstattet hatte, denn er habe ja gewusst, wie der zum Nationalsozialismus stand.

Auch die Engerser Familie Wilhelm Schumacher war kritisch gegenüber dem NS eingestellt. Wilhelm war vor der Machtübernahme Kommunist und arbeitete während der Kriegszeit als Dreher bei Winkler & Dünnebier in Neuwied. Seine Frau, deren Vornamen nirgends erwähnt wird, führte einen Buchverleih in ihrem Hause in der Bendorfer Straße 55 unweit der Hauptkreuzung.[183]
Sie wurde von ihrem Mieter am 14.12.1943 bei der Ortspolizeibehörde, vertreten durch Philipp Schnorbach, angezeigt. Dieser erklärte, sie habe eine noch schlechtere innere Einstellung als ihr Mann. Wegen ihrer äußerst kommunistischen Ansichten sei sie aus der Katholischen Kirche aus- und 1935 wieder eingetreten. Der Mieter berichtete weiter, dass er sich 1936 ein Radio angeschafft habe, weshalb das Ehepaar Schumacher bei besonderen Anlässen zu ihm in die Wohnung gekommen sei, um z. B. eine Kundgebung gemeinsam anzuhören. Sie hätten gewusst, dass er vor 1933 im Stahlhelm war. Das sei wohl der Grund dafür gewesen, vermutet der Mieter, dass sie beim Radiohören ihrem Ärger über die Regierung Luft gemacht hätten. Dabei hätten sie ihrem Antimilitarismus freien Lauf gelassen. Sie meinten, dass „wir keine Soldaten gebraucht hätten dann hätten wir auch keinen Krieg bekommen." Bei einer Rede im Radio 1941 habe Frau Schumacher wörtlich gesagt, „es wäre ihr noch lieber, wenn wir den Krieg verlieren würden und die Russen kämen hier herein ... wenn sie ein Gewehr hätte würde sie noch auf die Deutschen schießen." Seit dieser Zeit habe er Familie Schumacher nicht mehr in seine Wohnung gelassen. Ihre Wut habe Frau Schumacher dann an seiner (verstorbenen) Frau und an seiner Tochter ausgelassen. Ihre „schmutzige Einstellung", so der Mieter, führe er auf ihre Ansicht zurück, dass der Krieg verloren gehe und sie wieder zu Wort komme wie vor der Machtübernahme. Abschließend betont der Mieter, dass das Gesagte voll und ganz der Wahrheit entspreche und

---

183 Von ihr war schon kurz in der Spruchkammerverhandlung die Rede (vgl. S. 73f.)

er auch bereit sei, dieses zu beeiden. Der entsprechende Vermerk wird seitens des Mieters und von Schnorbach unterschrieben, der Polizist Schnug zeichnet als Zeuge der Vernehmung.[184]

Amtsbürgermeister Stein verfasst am nächsten Tag, dem 15. Dezember 1943, ein Schreiben an den Landrat in Neuwied in dem er bekundet, dass die Angaben des Mieters durchaus glaubhaft erscheinen. Diesen fügt er noch einige Informationen hinzu: Die Schumachers seien nach der Machtübernahme wieder in die Kirche eingetreten, damit sie keine geschäftliche Schädigung erleiden müssen. Weder gehöre Schumacher der Partei an noch Frau und Tochter der NS-Frauenschaft. An dem „heutigen großen Zeitgeschehen" sei Familie Schumacher völlig uninteressiert. Als Beweis dafür gibt er an, „daß sie bis heute nicht einmal ein Radiogerät besitzen."

Weiter informiert Stein den Landrat darüber, dass er die Aussagen des Mieters bereits telefonisch an die Gestapo Koblenz (Herrn Göbel) gemeldet habe.[185] Dieser habe aber erklärt, dass es nicht erfolgversprechend sei, eine alte Sache aus 1941 wieder aufzugreifen; stattdessen sollte man Frau Schumacher weiter beobachten, um neue Beweise in die Hand zu bekommen.

Offensichtlich suchte Stein nach einem objektiven Grund die Leihbücherei schließen zu können, obschon er auch erkannte, dass der Buchverleih eine zusätzliche Einkommensquelle für Frau Schumacher war. Da es sich aber bei dem Bücherbestand „größtenteils um alte verschmutzte Schwaten (sic) handele", dürfte eine Schließung der Bücherei aus gesundheitspolizeilichen Gründen ratsam sein, empfahl Stein. Auch dieser Brief wird mittig von Stein unterzeichnet und rechts mit Namenskürzel von Schnorbach.[186]

Dieser Fall wird am 2. März 1944 erneut aufgegriffen. Mit einem vertraulichen Schreiben wendet sich der Ortsgruppenleiter Huhn an den „Herrn Stammführer Philipp Schnorbach", in dem er ihn fragt, was er von Frau Schumacher und dem Buchverleih hält. Dieser antwortet am 3.3.1944 mit einem einleitenden Satz, den

---

184 Vgl. LHAKo-Romm., Best. 655,126 Nr. 659
185 Herr Göbel war lt. Geschäftsverteilungsplan der Gestapo vom 15.11.1940 für die Führung des Tagebuches zuständig. Siehe LHAKo Best. 662,5 Nr. 1.
186 Vgl. LHAKo-Romm., Best. 655,126 Nr. 659.

wir inhaltlich schon kennen: „Die Familie Schumacher ist an allem und vor allen Dingen an den Geschehnissen der heutigen Zeit uninteressiert." Und weiter: Man höre noch vielfach den Ausdruck: „Das Kommunistenweib". Vom Nationalsozialismus wolle sie überhaupt nichts wissen. Dabei sei es doch angebracht gewesen, wenn sie sich umgestellt hätte und der Frauenschaft beigetreten wäre. Aber das habe sie nicht nötig. Man habe bereits einen Antrag auf Schließung des Ladens gestellt, weil die Frau nicht die notwendige Zuverlässigkeit besitze. Außerdem seien die Bücher gesundheitsschädlich, merkte Schnorbach an.

Offenbar hatte man schon weitere Nachforschungen angestellt, denn Schnorbach teilt Huhn im gleichen Schreiben mit, dass er die Liste mit dem Inhaltsverzeichnis der Bücher dem Parteigenossen Hillesheim (Betreiber einer Druckerei in Engers, G.S.) übergeben habe. Dieser habe bereits mitgeteilt, dass ein Teil der Bücher nicht mehr tragbar seien. Zum Schluss macht Schnorbach noch eine persönliche Bemerkung: „Ich halte diese Familie, er oder sie (sic) für Menschen, denen es egal ist ob **wir** siegen oder der Iwan." Als Grußformel benutzt er die Worte „Heil Hitler! gez. Schnorbach."[187]

In diesem Satz schwingt nicht nur Enttäuschung über die Sturheit der Familie Schumacher mit, sondern auch ein wenig Resignation. Vermutlich hat eine zwischenzeitliche Nachricht der Gestapo vom 26.2.1944 dazu beigetragen. Darin teilt der Tagebuchführer Göbel dem Landrat mit, dass im Zusammenhang mit den 1941 gemachten staatsfeindlichen Äußerungen der Frau Schumacher keine Ermittlungen mehr durchgeführt werden könnten, da die Hauptbelastungszeugin verstorben sei. Göbel wiederholt seine Empfehlung vom Dezember 1943, die Schumacher vertraulich überwachen zu lassen und sie ggfs. verantwortlich zu vernehmen. Nachdem der Landrat den Brief am 6.3.1944 als Abschrift an den Amtsbürgermeister in Engers weitergegeben hatte, antwortet ihm dieser am 22.4.1944, dass sich die innere Einstellung der Frau Schumacher bis zu diesem Zeitpunkt wohl nicht geändert habe. Gegenteilige Beweise seien nicht zu erbringen. Das liege daran, dass sie raffinierterweise nie politisch greifbar in Erscheinung tritt. Des-

---

187 Das „wir" im Zitat ist vom Autor dieser Schrift hervorgehoben worden. Die Kenntnis dieses Briefverkehrs verdanke ich einer Abschrift von H.J. Günter, vgl. Dokument Nr. 32.

halb empfiehlt Stein, dass man ihre „alten Schwaden" (sic) einmal kontrollieren und danach den Laden schließen sollte.[188] Wie lange der Buchverleih bestand, ist unbekannt.

Ebenfalls bei Winkler und Dünnebier (im allgemeinen Sprachgebrauch „W&D" genannt) arbeitete der aus Gladbach stammende A. F.[189] Über diesen war laut einer Vernehmung vom 12.10.1940 durch Stein und Schnorbach bekannt, dass er Mitglied der KPD war. Dieser Umstand trat nach außen aber nur in Erscheinung, wenn er im betrunkenen Zustand seinem Herzen Luft machte. Da er in letzter Zeit oft getrunken habe, seien Familienstreitigkeiten an der Tagesordnung gewesen. An seiner Arbeitsstätte seien auch verschiedene ehemalige KPD-Mitglieder beschäftigt worden. Ob sich F. mit diesen Arbeitskameraden ausgetauscht hatte, habe bis jetzt nicht festgestellt werden können.
Dafür ließen aber die Aussagen seiner Frau und seines Sohnes A. die beiden Nazis aufhorchen. Denn Frau und Sohn hatten vom Abhören fremder Sender gesprochen, was Stein und Schnorbach durchaus glaubhaft erschien.

Offenbar handelten sie schnell. Jedenfalls hieß es im nächsten Vermerk Schnorbachs vom 14.10.1940 einleitend: „Aus der Haft vorgeführt erklärt der vorläufig festgenommene A. F. aus Gladbach im Nachtrag folgendes:"
Und dann folgte eine Art Geständnis. F. gab zu, eingeschriebenes Mitglied der KPD gewesen zu sein. Bei Wahlen habe er sich im Sinne der KPD beteiligt und auch die rote Fahne geflaggt. Auch sei wahr, dass sein Sohn A. der Antifa (der antifaschistischen Bewegung, G.S.) angehört hat. Er wisse aber nicht mehr, ob er ihn zum Beitritt aufgefordert hatte. Weiter gestand F. ein, des öfteren den Kurzwellensender London gehört zu haben. Auch die Äußerungen, die ihm seine Frau und sein Sohn vorgehalten hatten, gab er zu. Das alles habe er aber nur im

---

188 Vgl. LHAKo-Romm., Bestand 655,126 Nr. 660.

189 Bei W&D, ebenso wie in vielen anderen Betrieben und Büros, traf man in der Nazizeit auf Schilder, die zum Deutschen Gruß aufforderten. Ich besitze das Faksimile eines solchen Schildes auf dem geschrieben steht: „Trittst als Deutscher du hier ein soll stets dein Gruß „Heil Hitler" sein." Auf der Rückseite ist in geschwungener Handschrift ausgeführt: „Winkler u. Dünnebier".

betrunkenen Zustand getan, wobei sein Ziel gewesen sei, von der Familie los zu kommen. Heute könne er nicht mehr im einzelnen angeben, was er alles gesagt habe. Dann wies A. F. noch einmal darauf hin, dass alles im Trunke geschehen sei, was ihm am nächsten Tag wieder vorgehalten wurde. Seine Frau sei sehr fromm und habe ihn zur Kirche anhalten wollen. Und dann seien immer wieder die kommunistischen Gedanken gekommen. Über sich selbst meinte er, dass sein Kopf gelitten habe und deshalb nicht für alles verantwortlich sei. Weitere Angaben habe er nicht zu machen.

Nachdem F. den von Schnorbach aufgesetzten Text durchgelesen hatte, unterschrieb er ihn. Schnorbach setzte seinen Namen und den Stempel „Polizeihauptwachtmeister" darunter.[190]

Wir haben hier einen offensichtlich innerlich zerrissenen, bemitleidenswerten Menschen vor uns, der seinen Konflikt zwischen den Ansprüchen der Familie und ihrer anders gelagerten politischen Orientierung und seiner eigenen politischen Heimat nicht auflösen kann. Zugleich ist das, was hier zu erfahren ist, ein – sicher häufiger vorkommender – Fall familiärer Auseinandersetzungen in einem menschenfeindlichen, rigiden Unterdrückungssystem, was zu Denunziationen privatester Art führen konnte.

Wir wissen nicht, was in den zwei Tagen zwischen dem ersten Vermerk und der Vorführung in der Haft passiert ist. Möglicherweise hat die Gestapo A. F. unter Druck gesetzt, geständig zu sein, und sogar Gewalt dabei angewandt. Schnorbach und Stein wird es gefreut haben. Für sie war das schnelle Geständnis ein Triumph; dass sie im Angesicht dieses leidenden Menschen Mitleid empfunden haben, ist kaum vorstellbar.

Im oben dargestellten Fall Schumacher war das Nazi-Dreieck Gestapo, Landrat und Ortspolizeibehörde Engers – selten genug – offenbar an seine Grenzen geraten. Bei einem anderen Vorfall, ebenfalls in der Kriegszeit, reichte der Arm Schnorbachs sogar über die deutsche Landesgrenze hinaus.

Dazu erzählte mir ein Mitglied der Familie Weber, die gegenüber von Schnorbach in der Schloßstraße 15 gewohnt hatte, folgende Begebenheit: Während

---

190 Vgl. LHAKo-Romm., Bestand 655,126 Nr. 660

des Krieges sei sein Vater auf Heimaturlaub in Engers gewesen. Nach einem Luftalarm ging dieser, nachdem es wieder ruhig geworden war, kurz auf die Straße und schaute sich um. In diesem Moment rief ihn Schnorbach, der ihn aus seiner Wohnung heraus beobachtet hatte, an, ob er nicht wisse, dass man bei einem Luftalarm nicht auf die Straße gehen dürfe. Worauf der Vater (sinngemäß) zurückgerufen habe: Dass müsse ihm einer sagen, der die ganze Zeit zu Hause gewesen ist. Er soll doch besser einmal an die Front kommen um zu sehen, was dort vor sich geht.

Diesen Vorfall gab Schnorbach umgehend an die zuständige militärische Stelle weiter. Als der Vater wieder zu seiner Einheit zurückkehrte, bekam er prompt großen Ärger.

Kommen wir nun zum Verhalten Schnorbachs gegenüber Ausländern. Dass er die nicht mochte, sondern eher hasste, geht aus den Fallgeschichten des jungen Schweizers Ruggli, des Holländers Jan Boll und des Amerikaners Bischweitz deutlich hervor. Hinzu kommen weitere Beispiele: In Engers wurden im Laufe des Krieges viele Zwangsarbeiter aus den besetzten Gebieten, insbesondere Polen, aber auch Russen, eingesetzt. Über deren Verhalten gab es manchmal Klagen seitens der Engerser Bauern, in einigen Fällen auch Beschwerden von Zwangsarbeitern selbst.

So hatte der Landwirt August Hellwig Ärger mit einem polnischen Arbeiter, der ein freches Benehmen an den Tag lege und die Arbeit verweigere. Deshalb hatte ihn die Engerser Polizei schon einmal zwei Tage bei „bei Wasser und Brot festgesetzt", wie Schnorbach in einem „Feststellungsbericht" vom 17. Juni 1941 vermerkte. Das half aber nichts. Denn der Pole ging eigenmächtig zum Neuwieder Arbeitsamt, um sich über Hellwig zu beschweren und sich eine andere Stelle geben zu lassen. Solche Unbotmäßigkeit konnte Schnorbach nicht dulden. Er veranlasste, dass der Pole von der Neuwieder Polizei festgenommen und durch die Engerser Polizei abgeholt wurde. Im Schlusssatz seines Berichts vermerkt Schnorbach: „Gegen Hellwig ist nichts einzuwenden. Die Bauern begehen alle den Fehler, dass sie die Polen zu gut behandeln."[191]

---

191 Vgl. LHAKo-Romm., Bestand 655,126 Nr. 660

In einem weiteren Fall ging es sowohl um eine einzelne Person, als auch um eine Gruppe von holländischen Arbeitern bei der Blocker Firma Dahm. Über diese hatte Schnorbach am 1. Juni 1943 notiert, dass sich der Betriebsobmann Böker darüber beschwert habe, dass sich die Holländer in der letzten Zeit „äußerst schwerfällig" zeigen würden. So hätten deutsche und holländische Arbeiter am Vormittag des 1. Juni einen Lastzug mit Steinen geladen, wobei die Holländer sehr langsam zu Werke gegangen seien. Einer von ihnen hätte dabei gesungen: „Es geht alles vorüber, es geht alles vorbei – auch Adolf Hitler mit seiner Partei." Während Meister Faßbender den Holländer verwarnte, hätten die deutschen Arbeiter dabei gestanden und gelacht. So etwas konnte Schnorbach nicht zulassen. Er verständigte sofort die Gestapo in Koblenz, die nach seiner Aussage umgehend eine Untersuchung eingeleitet hat.[192]

Nachzutragen und in Erinnerung zu rufen ist noch, in welcher Weise sich Schnorbach an der Hinrichtung des Polenjungen Franziscek Matczak beteiligt hatte. Bei der Spruchkammerverhandlung hatte er die Aussage des Polen Kowalski abgestritten, wonach er den versammelten polnischen Zwangsarbeiterinnen und -arbeitern vor dem Abmarsch zur Hinrichtungsstätte zugerufen hatte: „Wer versucht, sich zu entfernen, der wird umgelegt wie ein Kaninchen." An anderer Stelle hatte Schnorbach gesagt, dass er bloß Absperrdienste geleistet habe wie „zwanzig andere Polizisten auch."

Bei einer Vorladung nach dem Krieg, am 17. August 1947, hatte Kowalski als Landsmann von Matczak zur Rolle von Schnorbach weitere Details bekannt gegeben. Durch einen Polizeibeamten habe er den Befehl bekommen, sich an einem bestimmten Morgen um 6 Uhr in der Bendorfer Straße Nr. 114b bei Nickenich in Engers einzufinden. Ein Grund dafür sei ihm nicht mitgeteilt worden. Als er an dem besagten Morgen zur Bendorfer Straße kam, sah er „daß alle polnischen Staatsangehörigen des Kreises Neuwied vorgeladen waren." Zunächst habe ein Polizist sie geschlossen an den Rhein geführt. Um 7 Uhr sei Schnorbach gekommen, um sie von der Werftstraße aus hinter die Rheinbrücke zu führen.

---

192 a.a.O.

Dort seien sie von der motorisierten und mit Maschinenpistolen bewaffneten Gendarmerie von Bendorf überholt worden, die sie zu einer Kiesgrube brachten. „Schnorbach stellte uns in der Kiesgrube in Dreierreihen auf. Wir glaubten alle erschossen zu werden" schilderte Kowalski die Situation. Dann sei Schnorbach zu einer anderen Kiesgrube gegangen. Ihnen sei bekannt gemacht worden, dass derjenige, der sich entferne, erschossen würde. Was dann folgte, möchte ich wörtlich zitieren: „Nachdem von der anderen Kiesgrube gepfiffen wurde, führte man uns zurück zu der benachbarten Grube. Hier sahen wir, daß ein polnischer Staatsangehöriger aufgehangen war. Arme und Beine waren zusammengebunden und das Gesicht mit einem Tuch verhangen. Ein SS-Mann las uns alsdann das Verbrechen des Mannes vor, der ein Liebesverhältnis mit einem deutschen Mädel unterhielt. Gleichzeitig teilte er mit, daß es uns auch so erginge, falls wir mit einem deutschen Mädel verkehrten. Sodann wurden wir wieder geschlossen zurückgeführt bis zur Werftstrasse. – Bemerken möchte ich noch, daß auch der Kreisleiter (Hörster, G.S.) zugegen war."

Nach diesem Augenzeugenbericht muss Schnorbach bei der Hinrichtung dabei gewesen sein, denn mit der „anderen Kiesgrube" zu der er ging, kann nur die Hinrichtungsstätte gemeint sein.
Davon unbeeindruckt, nahm Schnorbach am Abend desselben Tages, einem Samstag, laut Nationalblatt vom 20. August 1941 am Monatsappell der Krieger-kameradschaft teil, bei dem er eine Ehrung der Gefallenen des Krieges anregt. „Nach Erledigung des offiziellen Teils blieben die Kameraden noch eine Zeitlang gemütlich beisammen", schließt die Zeitung ihren Bericht.[193] Morgens Hinrichtung, abends gemütliches Beisammensein: „Alltag" im Nationalsozialismus![194]

Fragen wir jetzt nach dem Verhältnis Schnorbachs zu den Juden.
Bezüglich der jüdischen Bevölkerung in Deutschland konnte man seit dem 1. April 1933, als der reichsweite Boykott jüdischer Geschäfte, Ärzte und Anwälte

---

193 Zitiert nach Salz, Günther, Erinnerung an Franciszek Matczak und die Zwangsarbeiter in Engers und Umgebung zur Zeit des „Dritten Reiches", Neuwied 1997, S. 13.
194 Hierzu noch eine persönliche Notiz: Der Engerser Standesbeamte Hochscheid hatte am 19.8.1941 die Todesurkunde für Franciszek Matczak unterschrieben. Tags zuvor stellte er meinen Eltern ihre Heiratsurkunde aus.

stattfand, kaum mehr von einem gewöhnlichen „Alltag" sprechen. Schrittweise, teils geplant, teils besondere Ereignisse nutzend, wurden die Juden immer mehr diffamiert, rechtlich ausgegrenzt, ökonomisch ruiniert, dann konzentriert und am Ende im Holocaust massenhaft liquidiert. Wohin die Reise im nationalsozialistischen Staat ging, wurde den Juden spätestens bei der Reichspogromnacht bewusst. Im Zusammenhang mit diesem schrecklichen Ereignis hörten wir (S. 19f.) bereits davon, wie Schnorbach mit dem „Judenproblem" umging. Hier nun sollen die aus verschiedenen Quellen stammenden Erinnerungssplitter zusammengetragen werden, ohne behaupten zu wollen, dass damit ein vollständiges Bild entsteht.

Bei der Reichspogromnacht in Engers bleibt Schnorbach trotz Anrufung einer Bürgerin, doch einzuschreiten, untätig. So hatte es das Fernschreiben Heydrichs vom 10.11.1938 vorgesehen, worin es u. a. heißt: „Geschäfte und Wohnungen von Juden dürfen nur zerstört, nicht geplündert werden. Die Polizei ist angewiesen, die Durchführung dieser Anordnung zu überwachen und Plünderer festzunehmen. Generell dürften „nur solche Maßnahmen getroffen werden, die keine Gefährdung deutschen Lebens oder Eigentums mit sich bringen ... ."[195]
Etwas mehr erfahren wir durch die Aussagen des Polizeikollegen Süper während der Spruchkammerverhandlung. Dort schildert er Schnorbachs gehässigen und beleidigenden Umgang mit Juden, was er am Beispiel einer alten Jüdin aus Gladbach belegt (S. 63). Überhaupt sei er Juden, wie auch Ausländern gegenüber grob und unflätig gewesen, teilte Süper mit.
Schnorbach selbst meinte, dass er nichts gegen Juden gehabt habe. Und überdies habe er bei der Inschutzhaftnahme der Juden auf Weisung des Landrats „sachlich" und „gemäß den gesetzlichen Bestimmungen" gehandelt. Zunächst ist dazu zu sagen, dass weder in der einschlägigen Literatur,[196] noch in den

---

195 Zum Ablauf der Reichspogromnacht in Engers vgl. auch Frank Schwalm: Engers in der Zeit vom Ersten bis zum Zweiten Weltkrieg, in: Engers Der Ort Seine Geschichte, Horb am Neckar 2007, S. 135f. sowie Salz, Günther, „Wer weiß, wie nahe mir mein Ende ist?" Spuren Engerser Juden in der NS-Zeit. In: Heimat-Jahrbuch 1998 des Landkreises Neuwied, Neuwied 1998, S. 140-145.
196 Vgl. Landkreis Neuwied (Hg.), Dietz, Wolfgang, Der Landkreis Neuwied.Weimarer Republik

Quellen[197] von einer Weisung des Landrats (Reppert, G.S.) zur Durchführung der Reichspogromnacht die Rede ist. Dietz macht als Urheber der Exzesse im Kreis Neuwied Hitler und Goebbels und als Umsetzer der „Judenaktion" die regionalen und örtlichen Parteifunktionäre bzw. SA-Führer aus (S. 412). Im Urteil des Koblenzer Landgerichts wird explizit der Kreisleiter der NSDAP Detlev Dern genannt, der im Kreis Neuwied „auf höheren Befehl" die Aktion gestartet und zentral gesteuert habe.

Bei dem Bezug Schnorbachs auf die „gesetzlichen Bestimmungen" nach denen er gehandelt habe, geht es über das „treu-deutsche Urvertrauen" in den Staat und seine Gesetze hinaus, insbesondere um sein vollkommenes Einverständnis mit diesen „Gesetzen", die man aus heutiger Sicht nicht mehr als solche bezeichnen kann. Denn die juristischen Voraussetzungen für eine „Schutzhaft", auf die sich Schnorbach stillschweigend bezog, war ja die „Verordnung zum Schutz von Volk und Staat" vom 28.2.1933, die so genannte „Reichstagsbrandverordnung", mit der wesentliche Grundrechte, wie das Recht auf persönliche Freiheit, die Meinungs- und Pressefreiheit, das Recht der Unverletzlichkeit der Wohnung usw. außer Kraft gesetzt worden waren. Letztlich diente diese Verordnung der Schaffung des Ausnahmezustandes; sie stellte noch vor dem Ermächtigungsgesetz vom 24.3.1933 einen „entscheidenden Schritt zur Errichtung der nationalsozialistischen Diktatur dar" erläutert die „Enzyklopädie des Nationalsozialismus".[198] Mit der Schutzhaft bekam die Gestapo „ein Instrument in die Hand, das sie der Kontrolle durch die Justiz und andere Organe der inneren Verwaltung entzog."[199] So hatten die Nazis den Ausnahmezustand, die Diktatur, zum Normalzustand gemacht, in dem sich Schnorbach wie selbstverständlich bewegte.

Nationalsozialismus Nachkriegszeit, Neuwied 1992, S. 408ff. sowie die erwähnte Chronik von Engers 2007.

197 Vgl. das Urteil der 1. großen Strafkammer des Landgerichts Koblenz vom 9.1.1951 Neuwied, LHAKo, Best. 584,1 Nr. 1295.

198 Siehe S. 697.

199 Siehe Weinmann, Martin (Hg.), Das nationalsozialistische Lagersystem (CCP), Frankfurt am Main 1990, Stichwort „Gestapo" S. XXXVI.

Die „Inschutzhaftnahme" hatte für Moritz Mendel, die übrigen männlichen Juden des Engerer Amtsbezirks und reichsweit etwa 30.000 betroffenen Personen eine meist kurzfristige Überstellung in verschiedene Konzentrationslager zur Folge. Bei Moritz Mendel war es das KZ-Dachau, in das er am 15. November 1938 eingeliefert wurde. Dort musste er bis zum 9. Dezember des Jahres bleiben. Was man ihm dort antat und unter welchen Umständen er zurückkehrte, ist nicht bekannt. Man kann aber davon ausgehen, dass er dort wie viele andere Häftlinge unter Druck gesetzt wurde, seine Auswanderung zu beschleunigen und/oder die „Arisierung" seines Vermögens zuzulassen. Zudem wird er Demütigungen und Schikanen wie stundenlangen Appellen oder sinnloser anstrengender Arbeit unterzogen worden sein; allein das Anlegen von Häftlingskleidung bei der Aufnahme im KZ hat bei den meisten das Gefühl der Entwürdigung, der Rechtlosigkeit und des Ausgeliefertseins ausgelöst. Sie mussten erleben, dass bürgerliche Werte und Ehrentitel nichts mehr galten. Etliche Gefangene starben schon während der KZ-Zeit. Viele Insassen kehrten krank und traumatisiert zurück.[200]

Offenbar hatten die Nazis mit ihren Schikanen Erfolg: Nachdem man schon 1937 mit der Einschränkung von Gemeinderechten und dem Verbot der Zulassung für jüdische Viehhändler begonnen hatte, die Mendels in den wirtschaftlichen Ruin zu treiben, musste die Familie 1939 ihr Haus verkaufen. Hierüber liegt eine Genehmigung des Kaufvertrags durch Landrat Reppert vom 31. August 1939 vor, die an den mit der Sache befassten Rechtsanwalt und Notar Schmidt-Weyland adressiert war. Dabei musste der Käufer außer dem Kaufpreis noch einen weiteren Betrag an die Regierungshauptkasse in Koblenz zahlen, um die Genehmigung zu erhalten. Der Kaufpreis selbst sollte zur „bevorzugten Befriedigung der Steuer- und Hypothekengläubiger des Juden hinterlegt werden." Moritz Mendel hatte bei diesem aufgezwungenen Deal die Kosten der Abschätzung des Grundstücks, des Vertrages und der Umschreibung sowie die Wertzuwachssteuer zu tragen. Der Käufer hatte die volle Grunderwerbssteuer zu übernehmen. Nutzießer der Arisierung war der Buchdrucker und Parteigenosse August Siebenmorgen, der schon 1934 einen Aufruf für die NSDAP im Amtsbezirk Engers gedruckt und sich 1944 mit den Büchern der Frau Schumacher befasst hatte.

---

200 Vgl. Wikipedia, Stichwort „Aktionsjuden" sowie ausführlich: Benz, Wolfgang, Mitglieder der Häftlingsgesellschaft auf Zeit. „Die Aktionsjuden" 1938/39, Dachauer Hefte 21, S. 179-196.

Am 7. Dezember 1939 fand dann der Umzug der Familie nach Niederbieber statt, zurück in das Geburtshaus von Hedwig Mendel. Der ältere Sohn Josef war bereits im Mai 1939 nach Köln verzogen, wo er die Jüdische Handwerkerschule besuchte, um sich auf eine Ausreise nach Palästina vorzubereiten. Engers war damit „judenfrei".

Danach verlor sich die Spur der Mendels. Von Josef Mendel wissen wir aber, dass ihm die Ausreise nach Palästina nicht mehr gelang. Laut Gedenkbuch des Bundesarchivs wurde er im Frühjahr 1942 nach Auschwitz deportiert. Aus einer Bescheinigung der Amtsverwaltung Heddesdorf von 1949 geht hervor, dass das Ehepaar Mendel mit ihrem Sohn Günter am 30. März 1942 polizeilich abgemeldet wurde. Sie sollen „unbekannt ausgewandert" sein. In den Deportationslisten des ersten Halbjahres 1942 tauchen ihre Namen jedoch nicht auf.

Über das US-Holocaust-Gedenkmuseum in Washington D.C. haben wir Kenntnis davon bekommen, dass die Familie schon 1938 und dann wieder 1939 tatsächlich versucht hatte, auszuwandern. Ihr erstes Ziel war Holland, das zweite die USA. Keines der beiden Ziele konnten sie erreichen. Stattdessen wurde Moritz Mendel noch im Frühjahr 1942 ein zweites Mal in Schutzhaft genommen, weil er laut Gestapo Koblenz gegen die Meldepflicht von Fahrrädern verstoßen haben soll. Danach sei er am 30. Mai 1942 „evakuiert", also sehr wahrscheinlich deportiert worden.[201] Wohin wissen wir nicht.

Aus der gleichen Quelle haben wir über Josef Mendel erfahren, dass er im Dezember 1938 einen Kinderausweis für die Auswanderung nach Holland beantragt hatte. Nachdem dieser Versuch gescheitert war, ist er nach Köln gegangen. Die Gestapo Koblenz hatte den Umzug in ihrer Kartei vermerkt mit dem Zusatz: „Stapo Köln hat Kenntnis erhalten."[202] So kam es dazu, dass Josef Mendel in Auschwitz ermordet wurde.

Eine (vorläufig) letzte Auskunft über Hedwig, Moritz und Günter Mendel erhalten wir mit einem Schreiben der Amtsverwaltung Engers vom 15.5.1962 an

---

201 Vgl. Karteikarte der Koblenzer Gestapo zu Moritz Mendel, Dokument 33 (Vorderseite) und 34 (Rückseite).
202 Vgl. Gestapo-Karteikarte zu Josef Mendel, Dokument 35.

den Internationalen Suchdienst in Arolsen. Darin wird u. a. mitgeteilt, dass die Genannten durch das Amtsgericht Neuwied für tot erklärt worden sind.[203] Ihr tatsächliches Schicksal bleibt damit ungeklärt – ebenso wie das so vieler anderer „nach unbekannt verzogener" Juden.

1942 war auch das Jahr, in dem die „Endlösung" der Judenfrage eingeleitet wurde. Der damals amtierende Leiter des NSDAP-Kreises Neuwied, Hörster, verkündete im Nationalblatt vom 30.8.1942 anlässlich einer Arbeitstagung der Partei erfreut, dass der Kreis seit dem 27. Juli 1942 judenfrei geworden war. Offenbar hielt er die „Judenfrage" bereits für gelöst, denn er forderte die anwesenden Parteigenossen auf, sich einmal klar zu machen, was für ein Sklavenvolk die Deutschen geworden wären, „wenn Juden und Kommunisten es fertiggebracht hätten, in unser Land einzubrechen." Damit das so bliebe, müsste jeder „seine Pflicht bis zum Äußersten ... erfüllen, denn dieser Kampf gehe „um Sein oder Nichtsein."[204]

Kommen wir zurück zur Frage des Verhältnisses Schnorbachs zu den Juden. Er wird die Mendels sicher und wahrscheinlich auch andere Juden gekannt haben. Dass er im Alltag Kontakt mit ihnen gehabt hatte, ist jedoch unwahrscheinlich, denn man kaufte ja nicht bei Juden. Und bezüglich Mendels blieb er bei der Reichspogromnacht untätig. Das meiste erfahren wir noch durch den Polizisten Süper aus der Spruchkammerverhandlung, der ihm ein eindeutig schlechtes Zeugnis im dienstlichen Verkehr mit Juden ausstellte. Während er selbst sein Verhältnis nur negativ ausdrücken konnte („Habe nichts gegen Juden"), sprachen seine Kinder im Interview von 1995 davon, dass er „eher ein Judenfreund" gewesen sei, der – man höre und staune – einen jüdischen Lehrer namens Daum und dessen Familie mit einem Dienstwagen an die holländische Grenze gebracht, sich also als „Fluchthelfer" betätigt habe.[205] Das ist m.E. mehr als unwahrscheinlich. Ich

---

203 Siehe Dokument 36.

204 Vgl. LHAKo-Romm. Best. 630,515 Nr. 10.

205 Ich habe unabhängig voneinander drei kundige alte Engerser Mitbewohner nach diesem Namen gefragt. Sie konnten sich nicht an ihn erinnern. Auch in der Engerser Schulchronik ist für die Zeit zwischen 1932/33 bis 1945 kein Lehrer Daum erwähnt. Vgl. LHAKo-Romm. Best.

halte die Erinnerung der Schnorbach-Kinder eher für einen Ausdruck der Verleugnung ihrer Mitverantwortung, wie sie häufig in der Nachkriegszeit vorkam.[206] Als es darum ging, sich der historischen Schuld und Verantwortung zu stellen, wandelten sich viele Altnazis und Antisemiten zu ausgemachten Judenfreunden, die „gute Juden" gekannt und manche von ihnen zum persönlichen Freund gehabt haben wollten.[207] Aufgrund der Herabwürdigung der alten Gladbacher Jüdin, aber auch wegen seiner vielfältigen Mitgliedschaften und Engagements in nazistischen Organisationen, die allesamt antisemitisch waren – einschließlich des „Stahlhelm" und der Kriegergemeinschaften – muss auch Schnorbach als antisemitisch eingestuft werden.

Schnorbach und die Hitler-Jugend

Wie nun ist sein Verhältnis zur Jugend, speziell seine Tätigkeit für die Hitler-Jugend zu bewerten? Einen ersten Hinweis zur Beantwortung dieser Frage hatte uns schon der Polizistenkollege Süper während des Spruchkammerverfahrens gegeben, indem er Schnorbach als einen „fanatischen Anhänger des Nationalsozialismus" beschrieb, der seine Überzeugung bei allem was er tat zum Ausdruck brachte und besonderen Wert auf den „Deutschen Gruß" legte. Von dieser Eigenart Schnorbachs hatten die beiden Jungen B. und Scheidweiler bereits eindrückliche Erfahrungen gemacht.

Überhaupt sei der Dienst in der HJ seit dem Führungsantritt Schnorbachs wahrnehmbar strenger geworden, berichtete Süper. Offenbar wollte Schnorbach

---

510 Nr. 16.

206 Vgl. Claudia Curio im Schlagwortartikel „Philosemitismus" bei Wikipedia

207 Ein Beispiel dafür ist der Fall des Bernhard Fischer-Schweder, der als Polizeidirektor in Memel dem Einsatzkommando Tilsit angehörte, das bis November 1941 insgesamt 120.000 litauische Juden ermordet hatte. Da er sich nach dem Krieg wegen ungerechter Behandlung bei seinem Versuch, wieder in den Polizeidienst zu kommen, in einem Leserbrief als „ehrenhafter Staatsbürger und Freund der Juden und Polen" öffentlich beschwerte, machte er auf sich aufmerksam. Er wurde im Ulmer Einsatzgruppenprozess nur zu 10 Jahren Zuchthaus verurteilt. Vgl. Fischer, Torben, Matthias N. Lorenz (Hg.), Lexikon der „Vergangenheitsbewältigung" in Deutschland. Debatten- und Diskursgeschichte des Nationalsozialismus nach 1945, Bielefeld 2007, S. 64ff.

wieder „Zucht und Ordnung" in die HJ hineinbringen, was sich jedoch in seinem Lebenslauf, den er nach dem Krieg während der Internierung schrieb, eher wie eine freiwillige Jugendhilfeleistung ausnahm. Dort stellte Schnorbach sein Engagement in der HJ als eine von Eltern und Bürgermeister dringend erbetene Hilfestellung dar. Denn parallel zur sittlichen und moralischen Verwahrlosung der Jugend nach Ausbruch des Krieges habe auch die Jugendkriminalität derart zugenommen, dass die Jugend nicht mehr von der Jugend (einem Führungsgrundsatz der HJ, G.S.) geführt werden konnte, argumentierte Schnorbach. Da auch das Jugendamt zu seiner Abteilung gehörte, habe er dann die ehrenamtliche Aufsicht der HJ in der Funktion eines Standortführers im Rang eines Gefolgschaftsführers übernommen.[208] Diese Funktion hat er laut Meldebogen in den Jahren 1941 bis 1944 ausgeübt.

Was er dabei im einzelnen getan hat, ist nicht überliefert. Aber es werden Dinge gewesen sein, wie sie Toni Dasbach aus Neuwied (Jg. 1928) in seinem ausgezeichneten Buch „Auch ich war ein Kind dieser Zeit" schildert:

Dort ist die Rede von Geländeübungen, bei denen man das Tarnen, Schleichen, Marschieren und Stürmen probte sowie von häufigen Schießübungen. Hinzu kam die Mitwirkung bei „Nationalfeiertagen" wie Hitlers Geburtstag, dem Tag der Arbeit, dem Heldengedenktag am 9. November, dem Erntedankfest und dem Tag der Machtübernahme sowie an „Tage[n] mit Märschen und Gelöbnissen, bei denen die sogenannten ‚Kampflieder' gesungen wurden." (S. 26) Darüber hinaus wird Schnorbach die Untergliederungen der HJ wie die Marine- und die Trommler-HJ sowie den HJ-Streifendienst organisiert und „Heimabende" im Engerser HJ-Heim in der Siedlung abgehalten haben.[209]

---

208 Schon in diesen Bezeichnungen drückt sich die hierarchische und bürokratische Organisation der HJ aus.

209 Das HJ-Heim wurde 1937 erbaut und wird heute noch vom DRK genutzt. Auch die Marine-HJ gab es nachweislich. Das geht nicht nur aus mündlichen Überlieferungen, sondern auch aus einer Strafanzeige des Eberhard Schmücker aus der Engerser Alleestraße 38 vom 21.10.1940 hervor. Darin zeigt er der Ortspolizeibehörde Engers an, dass in der Zeit vom 6. bis 8.10.1940 im HJ-Heim eingebrochen und die Kameradschaftskasse aus einem Schrank gestohlen wurde. In der Zeit vom 13. bis 15.10.1940 sei ein zweites Mal eingebrochen worden, wobei Spiegel und Bilder demoliert worden seien. Außerdem habe man ein Paddelboot durch „Einschlagen von

Toni Dasbach gibt in seinem Buch (S. 161) eine Kostprobe der erwähnten Kampf-lieder, die vom Reichspropagandaamt Moselland herausgegeben worden waren. Hier sollen nur zwei Strophen beispielhaft für den „Geist der Zeit" zitiert werden:

„Viele Jahre zogen dahin, geknechtet das Volk und betrogen. Verräter und Juden hatten Gewinn, sie forderten Opfer Legionen. Im Volke geboren erstand uns ein Führer, gab Glauben und Hoffnung an Deutschland uns wieder. Volk ans Gewehr! Volk ans Gewehr!"

„Jugend und Alter, Mann für Mann umklammern das Hakenkreuzbanner. Ob Bauer, ob Bürger, ob Arbeitsmann, sie schwingen das Schwert und den Hammer, sie kämpfen für Hitler, für Arbeit und Brot. Deutschland erwache! Und Juda den Tod! Volk ans Gewehr! Volk ans Gewehr!"

Einer der Höhepunkte seiner HJ-Tätigkeit wird für Schnorbach das „Stammtreffen mit großer Morgenfeier in Engers" gewesen sein, von dem das Nationalblatt Neuwied in seiner Ausgabe vom 30. März 1942 berichtet.[210]

Im militärischen Tonfall meldete Schnorbach „Punkt 10 Uhr" dem Bannführer Ruech auf dem Schloßplatz: „Stamm VII mit 800 Jungen und 200 Mädchen zur Morgenfeier und zum Stammappell angetreten!" Dann eröffnete das Gebiets-orchester den Appell mit feierlicher Musik, gefolgt von einem Gedicht von Wal-ter Flex und dem Lied „Lobet der Berge leuchtende Firne". Danach sprach der Ortsgruppenleiter von Rengsdorf, Parteigenosse Kiehl, davon, dass nach dem 30. Januar 1933 ein zweiter Frühling angebrochen sei, weil „unsere Soldaten" im Osten das Schlimmste überstanden hätten. Und nun sollte auch die versammelte Jugend ihr Letztes einsetzen, um zum „großen Siege" beizutragen. Nach einem Musikstück und dem Gruß auf den Führer marschierten die Einheiten zu einem Umzug durch die Stadt ab, hieß es weiter.

Löchern" beschädigt. Vgl. LHAKo-Romm. Best. 655,126 Nr. 660. Dazu ist noch zu sagen, dass bereits die sozialistischen „Falken" während der Weimarer Zeit im Engerser Elm ein Bootshaus besaßen, das von den Nazis nach der Machtübernahme beschlagnahmt worden war.
210 Vgl. LHAKo-Romm. Best. 630, 515 Nr. 10, Dokument 37.

Dann folgte eine Szene, die für Schnorbach ein „innerer Reichsparteitag" gewesen sein muss: Er durfte zusammen mit dem Bannführer Ruech und dem Ortsgruppenleiter Huhn in der Schloßstraße, wo er wohnte, den Vorbeimarsch der Einheiten abnehmen. Ob ihm seine Familie aus dem Fenster zuwinkte? Oder ihn mit ausgestrecktem Arm grüßte? Jedenfalls wird die Szene auch großen Eindruck auf die umstehenden Zuschauer gemacht haben.

Nachdem „die Einheiten" auf den Schloßplatz zurück gekehrt waren, sprach der Bannführer erneut zu ihnen und spornte sie an, noch mehr zu lernen, um später die Gebiete, die die „tapfere Wehrmacht" für sie erobert hat, auch geistig erkämpfen und erobern zu können. Gerade die Wehrmacht sei es, die der jüngeren Generation den Weg ebne und ihr „das Recht zu leben auf dieser Welt" verschaffe. „Zeigt euch dessen würdig ... und reißt euch zusammen, damit ihr gesund bleibt an Geist und Körper" mahnte Ruech am Ende seiner Rede. Auch Ortsgruppenleiter Huhn appellierte an die Jugendlichen, sich „der großen Zeit" bewusst zu werden. Zum Schluss des Stammappells wurde ein „Sieg-Heil" auf den Führer ausgerufen. Die Musikgruppen begaben sich dann zu den Schloßterassen am Rhein, um den Verwundeten „einige heitere Stunden mit frohen Märschen zu bereiten", wofür sich Stabsarzt Dr. Joisten „im Namen des ganzen Lazaretts" bedankte.

In einer solchen, wohl typischen Feier, drücken sich einige der ideologischen Momente des Nationalsozialismus aus. Zunächst ist sie eine Mischung von militärischem Gestus und deutscher, pseudoreligiöser Innerlichkeit. Und zugleich macht man der Jugend Hoffnung auf „Lebensraum im Osten" und spornt sie an, dort als Teil der deutschen Herrenrasse aufzutreten. Deutlich wird auch, dass nach Auffassung der Nazis das ganze Leben ein Kampf ist, den nur die Stärkeren gewinnen können - wenn es sein muss, mit Krieg und Gewalt. Sogar das „Recht zu leben" sollte auf diese fürchterliche Grundlage gestellt werden.

Im Alltag der HJ bereitete man sich auf diesen Kampf vor. Man sollte seinen Körper und seinen Geist stählen und „flink wie die Windhunde, zäh wie Leder und hart wie Krupp-Stahl" werden (Adolf Hitler). Und dies alles im Rahmen eines tief gestaffelten hierarchischen Systems, das von Anfang an auf Befehl und Gehorsam beruhte. Dabei schuldete der Rangniedrigere dem Ranghöheren

Gehorsam, während dieser vom Rangniederen Gehorsam verlangen konnte. So mühte man sich, einen höheren Rang zu erkämpfen, um seine „Autorität" zu steigern und dieser mittels Rangabzeichen Ausdruck zu verleihen. Dabei konnten viele an der Macht partizipieren, die ihnen der „Führer" als höchste Autorität gab. Das ganze hatte aber nichts mit Freiheit zu tun, sondern war ein geschlossenes, totales System, dessen Gestalt niemand so klar und offen beschrieben hat wie Hitler selbst in seiner Rede am 4.12.1938 in Reichenberg:

„Diese Jugend, die lernt ja nichts anderes als deutsch denken, deutsch handeln, und wenn diese Knaben mit zehn Jahren in unsere Organisation hineinkommen und dort zum ersten Mal überhaupt eine frische Luft bekommen und fühlen, dann kommen sie vier Jahre später vom Jungvolk in die Hitler-Jugend, und dort behalten wir sie wieder vier Jahre. Und dann geben wir sie erst recht nicht zurück in die Hände unserer alten Klassen- und Standeserzeuger, sondern dann nehmen wir sie sofort in die Partei, in die Arbeitsfront, in die SA oder in die SS, in das NSKK und so weiter. Und wenn sie dort zwei Jahre oder anderthalb Jahre sind und noch nicht ganze Nationalsozialisten geworden sein sollten, dann kommen sie in den Arbeitsdienst und werden dort wieder sechs und sieben Monate ge- schliffen, alles mit einem Symbol, dem deutschen Spaten. Und was dann nach sechs oder sieben Monaten noch an Klassenbewußtsein oder Standesdünkel da oder da noch vorhanden sein sollte, das übernimmt dann die Wehrmacht zur weiteren Behandlung auf zwei Jahre, und wenn sie nach zwei oder drei oder vier Jahren zurückkehren, dann nehmen wir sie, damit sie auf keinen Fall rückfällig werden, sofort wieder in die SA, SS und so weiter, und sie werden nicht mehr frei ihr ganzes Leben."[211]

Während der Zeit in der Hitler-Jugend kamen die jungen Männer in das wehrfä- hige Alter. Vorbereitet durch ideologische Schulungen, vormilitärische Übungen, körperliche Ertüchtigung, Drill und Exerzieren, war diese Altersgruppe ein „ge- fundenes Fressen" für die Wehrmacht, die SS und andere NS-Organisationen. Insbesondere in der zweiten Hälfte des Krieges, als schon viele Soldaten ge-

---

211 Zitiert nach: Klönne, Arno, Jugend im Dritten Reich. Die Hitler-Jugend und ihre Gegner, München 1995, S. 30. Zur HJ als totale Institution siehe a.a.O. S. 121-127.

fallen waren, wurde der Druck auf die jungen Leute verstärkt, die gelichteten Reihen der Kämpfer wieder aufzufüllen. Diesem Ziel diente offensichtlich auch Schnorbach als Gefolgschaftsführer der HJ, wie die Beispiele Werner Sonntag und Johann Wambach belegen. Im Fall Sonntag hatte Schnorbach ja auch bei der Spruchkammer-Verhandlung darauf hingewiesen, dass das Wehrbereichs-Kommando an die HJ-Führung herangetreten sei, damit sich die Hitler-Jungen bei einer Waffengattung melden. Als überzeugter NS-Aktivist und soldatischer Polizist, hätte Schnorbach diese Aufgabe sicher auch freiwillig erfüllt, so wie er alle an ihn gestellten Aufgaben erfüllt hatte, ganz gleich, wo er „hingestellt worden war".

8.2.1 Schnorbachs Verhalten, Persönlichkeit und ideologischer Kontext

Anknüpfend an diese These möchte ich jetzt den Versuch machen, zu einer zusammenfassenden und pointierten Bewertung der Person Schnorbach und seines Handelns zu gelangen.

Philipp Schnorbach war durch das Kaiserreich und seine Teilnahme am ersten Weltkrieg und dessen Fortsetzung in einem Freibataillon präpariert für den Nationalsozialismus. Sein militärischer Einsatz für Deutschland und sein Kampf gegen die politische Linke hatte ihn auf die „richtige Seite" und in das ihm gemäße Berufsfeld, die Polizei, geführt, wo er seine militärische Sozialisation nutzen und seine soldatische Haltung, angepasst an die veränderten Verhältnisse, ausleben konnte. Schnorbach war ein Mann, der der Obrigkeit kämpferisch und treu ergeben, das heißt immer für den Staat dienstbereit war und sich auch über den Beruf hinaus mit seiner ganzen Person für den Nationalsozialismus engagierte, wobei sich sein militärischer Typus bis hinunter in die Hitler-Jugend auswirkte, die ja selbst militärisch strukturiert war. So schloss sich der Kreis.

Der „ewige Soldat" Schnorbach hatte während dieser Zeit und unter diesen Umständen offenbar Eigenschaften eines „politischen Soldaten" angenommen, wie sie Hans Buchheim in „Anatomie des SS-Staates" (S. 231ff.) für die Mentalität der SS beschreibt. Diese habe das klassische Verständnis des Soldaten als Beruf, der sein Kriegshandwerk nur im Falle eines Krieges und nirgendwo sonst ausübt, umgemodelt und pervertiert. Sie habe aus dem Soldaten einen „Kämpfer" gemacht, der den Kampf nicht als Beruf, sondern als eine Haltung, eine „Grundeinstellung zum Leben" ansieht, was mit der NS-Ideologie, wonach das Leben an sich ein Kampf sei, korrespondiere. Der SS-Mann soll demnach „Kämpfer aus Prinzip, Kämpfer um des Kampfes willen sein." (S. 234) Wenn aber die Frage nach dem Wie und dem Wozu des Kampfes nicht mehr gestellt wird, ist man zu allem bereit.

Bei Philipp Schnorbach geht das klassisch Soldatische eine eigentümliche Symbiose mit dem neueren Kämpfertypus ein. Dabei darf natürlich nicht der grundierende Rahmen seiner Person und Handlungen, der nationalsozialistische Staat, außer acht gelassen werden. Dieser nimmt während der NS-Zeit die Gestalt eines nach innen und außen gewaltförmigen antisemitischen Führerstaates an, der sich durch den Massenmord an den Juden integriert und durch die Ausbeutung anderer Völker stabilisiert. Aber das alles ficht Schnorbach nicht an. Er versieht seinen Dienst am Staat, ganz gleich ob es sich um die politische Form einer Republik oder die eines nationalsozialistischen Gewaltstaates handelt. An keiner Stelle seines „Wirkens" ist eine reflektierte Kritik am NS-Staat zu bemerken; allenfalls beschwert er sich als SD-Mann über die Gelage der Höhergestellten oder später bei der Aktion „Werwolf", über das feige Verhalten von Vorgesetzten (wie z. B. Stroop).

Allerdings scheint sein politisches Bewusstsein auch kaum ausgebildet gewesen zu sein, wenn er sich – wie in seinem undatierten Lebenslauf aus dem Arbeitskommando 66 C geschehen – bis 1937 als einen „vollständig unpolitischen" Menschen bezeichnet. Dabei hatte er bis zu diesem Zeitpunkt bereits zwölf Jahre Polizeidienst hinter sich, davon vier Jahre während der NS-Zeit. Meines Erachtens ist der Dienst als Beamter eines Staates immer politisch, von dem

Dienst als Polizist im Nationalsozialismus ganz zu schweigen. Offenbar hatte Schnorbach gar nicht gemerkt, dass er ein Nazi war und dass es dazu keiner Parteizugehörigkeit bedurfte.

Infolge seiner Indifferenz und seiner Reflexionsdefizite konnte Schnorbach noch nach der Internierung am 27.3.1949 an den Vorsitzenden der Berufungskammer schreiben: „Zum Schluß erkläre ich ehrenwörtlich, dass ich überall wo ich hingestellt wurde meine Pflicht getan habe. Bei der Polizei, unter jeder Regierung, in der Internierung und in der Chemischen Fabrik Albert wo ich als Werkmeister zeitweise und auch jetzt wieder arbeite."
Den besten Beweis dieser Denkweise hatte Schnorbach aber schon früher in seinem Schreiben an seinen SS- und Polizeichef Himmler geliefert. Im Zusammenhang mit seinen gescheiterten Aufstiegsversuchen teilte er ihm sein persönliches Lebensmotto mit: „Mein ganzes Ziel war arbeiten und streben." Wozu das Ganze dienen sollte, wird nicht benannt. Was uns hier begegnet, ist nichts anderes, als das SS-Leitbild vom „politischen Soldaten", der den Kampf, hier in Form der „Arbeit" und des „Strebens", zu seiner Lebenshaltung gemacht hat.

Dieser Charakterzug hatte offensichtlich auch einen nachhaltigen Eindruck bei seinem Sohn Harald hinterlassen. Er meinte bei meinem Interview, dass sein Vater immer Soldat geblieben sei, der immer nur einen Weg gekannt habe, von dem er sich durch nichts und niemanden hat abbringen lassen. „Immer nur einen Weg" - aber kein positives Ziel. Als jemand, der sich voll und ganz mit dem Nationalsozialismus identifizierte, brauchte er das auch nicht. Stattdessen hatte er es sich zur Aufgabe gemacht, „jede illegale Wühlarbeit gegen den Staat rücksichtslos zu zerstören."[212] Dass er dabei erfolgreich war, weisen die dargestellten Verfolgungsgeschichten nachdrücklich aus. Auch der Politische Ausschuss von Engers hatte ihn 1947 als einen der „gefährlichsten Nationalsozialisten" beschrieben, den „jeder Andersdenkende fürchtete".[213]

---

212 Vgl. Schreiben vom 8.7.1951 an den Amtsbürgermeister in Engers, LHAKo Best. 655, 126 Nr. 813; abgedruckt als Dokument Nr. 38 dieser Arbeit.
213 Vgl. HHStAW Best. 520/38 Nr. 61222 sowie LHAKo-Romm., Best. 655,126 Nr. 813.

Als Instrument der Führerexekutive mit dem Zweck der „Sicherung der Volks-ordnung",[214] hatte der NS-Staat seine Polizei auch mit den notwendigen Be-fugnissen ausgestattet. Hierdurch bekam auch Schnorbach die entsprechende **Handlungsmacht**, die er bei seiner Berufsausübung noch durch das Tragen seiner Uniform, seinen bestimmenden Auftritt und den Gebrauch seiner lauten Stimme unterstrichen hat.

Auf diese Weise entfaltete seine „Arbeit" beträchtliche Wirkungen: Nicht nur dergestalt, dass er den Hitler-Jungen die deutsche Grußformel lautstark bei-brachte und ein Wink von ihm genügte, dass sich z. B. der junge Karl Bleidt auf dem Weg zur Kirche flugs in das vorbeikommende Fähnlein einreihte; nein, anders und einschneidender noch: Schnorbach entschied (wenn auch oft zusammen mit anderen) direkt über das Wohl und Wehe von Engerser Mitbürgerinnen und Mitbürgern, wie man an den Fallgeschichten von Heinrich Josef Günter, Jakob Pütz, Werner Sonntag, und anderen ersehen kann. Indirekt bestimmte er aber auch über Leben oder Tod der von ihm Bedrängten mit, wie im Fall von Johann Wambach. Zugleich lag es in seiner Macht, die einen zu schonen – wie seinen Sohn und den Sohn des Franz Neumann – und andere zu drangsalieren. Inso-fern trifft auf Schnorbach zu, was ein männlicher Zeitzeuge in einem Gespräch spontan über ihn ausrief: „Der Schnorbach war ein Halbgott für die Engerser!"

Aber auch ein „Halbgott" braucht Helfer. Und die fand er im Netzwerk von Amtsverwaltung und Amtsbürgermeister, von Landrat und Gestapo und – nicht zu vergessen – mit Hilfe von Denunzianten. Vor allem zwischen dem Amtsbür-germeister, dem Schnorbach zuarbeitete, dem Landrat und der Gestapo gab es kurze Wege: Man korrespondierte mittels Fernschreiben, Telegrammen, Eilbriefen oder per Telefon, registrierte beinahe jede oppositionelle Regung, jeden Ver-stoß gehen die Kriegswirtschaftsverordnung und viele regimekritische spontane Äußerungen, bis hinein in einzelne Familien. Deshalb kann man zu Recht sagen, dass Schnorbach im Verbund mit dem Amtsbürgermeister und dem Landrat ein Horch- und Vorposten der Gestapo in Koblenz war, der auf diese Weise schnell auf die gemachten Beobachtungen reagieren konnte.[215]

---

214 Siehe Enzyklopädie des Nationalsozialismus, Schlagwort „Polizei", S. 647f.

215 Über die Erscheinungsformen des Überwachungs- und Spitzelstaates im Amt Engers be-

Zur Bedeutung des Hitler-Grußes

Bei der Überwachung von politisch Verdächtigen und der Beobachtung der Stimmungslage in der Bevölkerung hatte die allgemeine Verwendung des „Deutschen Grußes", durchaus einen praktischen Wert für die Polizeiarbeit Schnorbachs. Denn mit der Vermeidung des Hitler-Grußes gewann er auf unauffällige Art Hinweise auf mögliche Opponenten des Systems, denen er im Dienstalltag nachgehen konnte. Obwohl der Deutsche Gruß nie rechtsverbindlich geregelt wurde, konnte seine Unterlassung geahndet werden, wie es bei Jakob Pütz geschehen ist.

Der Deutsche Gruß hatte über den praktisch-polizeilichen Aspekt hinaus eine große politische Bedeutung, die man folgendermaßen umreißen kann:
Wenn sich zwei Menschen in der NS-Zeit mit „Heil Hitler" begrüßten, sprachen sie den Anderen nicht als Person und Individuum an, sondern als Angehörigen eines Kollektivs, welches einem Dritten, dem großen Führer Adolf Hitler, verpflichtet ist. Die Handelnden selbst waren nur Teil seiner „Gefolgschaft". Deshalb bedeutet der Hitler-Gruß neben der Verehrung des Genannten gleichzeitig auch die Aufgabe der eigenen Person. Zudem bekundete man mit ihm – oft auch öffentlich – seine Konformität. Der „Deutsche Gruß" war also nicht nur eine bloße Begrüßungsformel, sondern auch ein politisches Bekenntnis.
Meiner Meinung nach wandte sich Pütz mit der Verweigerung der nazistischen Begrüßung sowohl gegen den allgemeinen Konformitätsdruck als auch gegen die individuell geforderte Selbstaufgabe – ob bewusst-reflektiert oder auch instinktiv-emotional, sei einmal dahingestellt.[216]
Zugleich war der Hitler-Gruß trotz kollektiver Unterwerfung auch ein Ausdruck

---

richtet auch Frank Schwalm in der Chronik „Engers Der Ort Seine Geschichte" aus dem Jahr 2007. Vgl. insbes. S. 133-135.
216 Wie zur Illustration dieses Befundes hat Toni Dasbach in seinen Kindheits- und Jugenderinnerungen an die NS-Zeit einen Ausspruch des Reichspropagandaministers Goebbels überliefert: „Es gibt keine Freiräume mehr, in denen der Einzelne sich selbst gehört. Die Zeit des persönlichen Glücks ist vorbei." (Im Original kursiv, G.S.) Vgl. Dasbach, Toni, Auch ich war ein Kind dieser Zeit, S. 44.

der Geschlossenheit und Stärke der deutschen „Volksgemeinschaft". Man war dem Empfinden nach nicht mehr ein Vereinzelter in einer „Masse", sondern Mitglied einer starken, siegesbewussten Kampfgemeinschaft unter einem genialen und durchsetzungsfähigen Führer.

So heißt es im „Völkischen Beobachter" der NSDAP vom 20. März 1935: „Die Grußworte ... sollen uns immer wieder aus dem Kleinkram des Alltags herausheben und an die großen Ziele und Aufgaben erinnern, die Adolf Hitler uns gab. ... Das ist ein Stück praktischer Nationalsozialismus, das jeder vollbringen kann."[217]

Über diesen Alltagsnazismus ragte Schnorbach als überzeugter Nazi und diensteifriger Polizist weit hinaus. Als eine lokale Autorität im Engerser Umfeld profitierte er von der höchsten Autorität des Führers. Diesem unterwarf er sich und forderte seine Volksgenossen auf, es ihm mit dem Deutschen Gruß gleich zu tun.

Aber warum folgten die Deutschen mehrheitlich dieser Aufforderung zur Unterwerfung bei gleichzeitig gestärktem Selbstbewußtsein? Uli Krug fasst dieses Paradoxon in seinem Aufsatz „Mobilisierte Gesellschaft und autoritärer Staat" in etwa wie folgt: Da im totalitären Staat die relative Autonomie der gesellschaftlichen Sphären Staat, Partei und Zivilgesellschaft nicht mehr getrennt, sondern im „Volksstaat" ineinander übergegangen waren, konnte eine Art ressentimentgeladene Gefühlsgemeinschaft von Staat und Volk entstehen. In dieser ersetzte „ein Wink des Führers den Erlaß eines formalen Gesetzes, was nur deshalb funktionierte, weil einerseits ein jeder sich im Führer wiederfand, dessen Omnipotenz der gewünschten eigenen zum Ausdruck verhalf und andererseits der Führer Sprachrohr und Exekutor des Stammtisches war."[218] Auf diese Weise habe man die größtmögliche Kontrolle über die Bevölkerung erreicht und zugleich auch ihre größtmögliche Beteiligung. Die NSDAP sei mit den

---

217 Zitiert nach Allert, Tilman, Der deutsche Gruß. Geschichte einer unheilvollen Geste. Frankfurt/Main 2017, S. 47

218 Vgl. Krug, Uli, Mobilisierte Gesellschaft und autoritärer Staat. Der nicht enden wollende Nationalsozialismus oder: Die Aktualität Max Horkheimers, in: Grigat, Stephan (Hg.) Postnazismus revisited. Das Nachleben des Nationalsozialismus im 21. Jahrhundert, Freiburg 2012, S. 220.

Augen des Karikaturisten Achim Greser gesehen als „größte Bürgerinitiative der Geschichte" aufgetreten, was besser über das Wesen des Nationalsozialismus aufkläre, als manch eine akribische Archivforschung.[219]

Nach diesem Exkurs über die polizeiliche und die politische Bedeutung des Deutschen Grußes komme ich auf die Person Schnorbachs zurück. Diese Respektsperson, die wegen ihrer Handlungsmacht von Engersern als eine Art „Halbgott" angesehen wurde, erhielt auch von seinem Sohn Harald eine ähnlich aufgeladene Widmung. Im Zusammenhang mit der Beschreibung seines Vaters als „ewigen Soldaten", der immer nur **einen** Weg gekannt habe und diesen auch gegen Widerstände konsequent gegangen sei, berichtete er, von Engersern gehört zu haben, „dass sein Vater kein Mensch, sondern ein Denkmal gewesen" sei (siehe S. 22).

„Halbgott" und „Denkmal" – kein Mensch, sondern ein Übermensch, das soll Schnorbach für manche (oder gar „die"?) Engerser gewesen sein.

Eine solche Überhöhung entspricht aus der Sicht und der Kenntnis des Chronisten nicht der Wahrheit. Und eine irgendwie geartete „Verehrung" stünde Schnorbach auch nicht zu. Denn er hat vielen Menschen Leid zugefügt und einem Regime gedient, das verbrecherisch war. Daher trifft viel eher auf ihn zu, was Johann Kneuper in seiner Belastungsanzeige vom 6. Juli 1948 über ihn geschrieben hatte, dass er nämlich ein gefürchteter „Naziheld" gewesen sei. Und selbst in dieser Rolle zeigte er Schwächen, zum Beispiel im Fall seines Klagebriefes an Heinrich Himmler, in dem er diesen als höhergestellte Person bittet, über die Übernahme von Kurkosten anstelle der Amtsverwaltung Engers zu entscheiden. Hierbei zeigte er sich auch tief verletzt über die Aussicht, bei längerer Berufsunfähigkeit als ein Beamter, der mehr als seine Pflicht getan und jede freie Minute für Partei und Staat gearbeitet hatte, wie ein Arbeitsgerät abgestellt zu werden. Auch während der letzten Kriegsphase, in der Schnorbach panische Angst vor den „Werwölfen" entwickelte, erwies er sich als verwundbar.

All das ist menschlich. Das zeigt aber auch, dass Schnorbach keine wirkliche, in sich ruhende, selbstbewusste Autorität war, sondern – wie der Brief an Himmler

---

219 a.a.O.

belegt – ein autoritärer Charakter, der nach oben unterwürfig ist und buckelte und andererseits nach unten trat. Nebenbei bemerkt, beschränkt sich seine „Autorität" auch auf den öffentlichen und beruflichen Bereich. In der Familie und in Geldangelegenheiten hatte seine Frau, die aus einem Gewerbebetrieb stammte und die Handelsschule besucht hatte, das Sagen. Der Vater habe nur ein Taschengeld gehabt, berichtete seine Tochter Maria.[220] Schnorbachs autoritärer Charakter erwies sich auch auf seinem „Gnadenweg" nach der Entnazifizierung, auf dem er die höheren staatlichen Instanzen regelrecht darum anbettelte, ihm doch Erleichterung bei seiner Einstufung und den Sühnemaßnahmen zu verschaffen.

Die dargestellte Überhöhung des Polizisten Schnorbach entspringt wohl mehr dem Bild, dass sich seine Engerser Nazi-Gefolgschaft und die Nutznießer von ihm gemacht hatten. Von Seiten der Bedrängten und Verfolgten kann diese Zuschreibung nicht stammen. Sie hatten Schnorbach Prügel angedroht, falls er sich noch einmal in Engers blicken lasse.

Würde sich das gezeichnete Bild von Schnorbach wesentlich ändern, wenn man den Verlauf der Entnazifizierung nach dem Rasse- und Vernichtungskrieg einbezieht? Und ist die Befreiung vom Nationalsozialismus und Militarismus auch individuell bei Philipp Schnorbach gelungen?

8.3 Schnorbach nach 1945: Befreit von Nationalsozialismus und Militarismus?

Beginnen wir mit der ersten Frage. Eine Befreiung vom Nationalsozialismus würde m.E. eine Selbstreflektion Schnorbachs und seiner Rolle während der NS-Zeit voraussetzen. Aber das ist kaum anzunehmen, weil er viel zu sehr mit sich selbst beziehungsweise mit der Erleichterung seiner Situation im Entnazifizierungsprozess beschäftigt war. Das belegen mehrere Erklär- und Bittbriefe an

---

220 Daher lag es auch nahe, dass Frau Schnorbach bei der NS-Frauenschaft, bei der Juden keinen Zutritt hatten, die Ortskasse verwaltete.

die Verfahrensbeteiligten. Und die Organisation seines Berufungsverfahrens im Kontakt mit seinen Rechtsanwälten wird ihn ebenfalls Zeit und Energie gekostet haben.

Ob er sich an Maßnahmen der Lager-Selbstverwaltung und der Einübung in demokratische Verhaltensweisen beteiligt hat, ist ungewiss. Überdies sollen die Hauptthemen im Lager nicht die Naziverbrechen, sondern Gespräche um Gesundheit und Ernährung gewesen sein. Nur in wenigen Briefen wurde von Reue gesprochen.[221]

Auf einem Gebiet jedoch soll sich Schnorbach bewährt und weiter entwickelt haben, nämlich bei den Arbeitseinsätzen innerhalb und außerhalb des Lagers.[222] Hierüber geben zwei Arbeitszeugnisse für Philipp Schnorbach Auskunft.
Das erste Zeugnis vom 24.5.1947 stammt von den chemischen Werken Albert in Wiesbaden-Biebrich bzw. Wiesbaden-Amöneburg. Darin wird Schnorbach bescheinigt, dass er seit vier Wochen im Mangandünger-Betrieb als Internierter (Nr. 6558138) aus dem Lager Darmstadt beschäftigt ist. Er habe sich den zum Teil sehr unangenehmen Arbeiten mit großem Fleiß und Gewissenhaftigkeit gewidmet und sich den Erfordernissen des Betriebes in allem angepasst. Aus diesen Gründen könne man Schnorbach unter allen Internierten, die im Betrieb tätig waren, das beste Zeugnis ausstellen.
Die zweite Bescheinigung vom 2. September 1948 kam aus dem Lager selbst. Dort wird belegt, dass Schnorbach seit dem 12. Mai 1948 bis zu seiner Entlassung, als Meister in der Schlosserei der Technischen Abteilung (Metallwerk-

---

221 Vgl. DFG-VK Darmstadt in: https://dfg-vk-darmstadt.de/Lexikon_Auflage_2/InternierungslagerDarmstadt.htm
222 Diese Arbeitseinsätze habe er angenommen, um nicht „illes", also verrückt, zu werden, hatte Maria Schnorbach beim Interview 1995 gesagt. Dass der Arbeitseifer der Deutschen nach der Währungsreform weniger einem guten Endprodukt galt, sondern viel eher einem blinden Zwang gehorchte, dauernd beschäftigt zu sein, um die Wirklichkeit ignorieren und Schuldgefühle abwehren zu können, beschreibt Hannah Arendt eindrücklich in ihrem Deutschlandbericht von 1950. Vgl.: Ludz, Ursula (Hg.): In der Gegenwart. Übungen im politischen Denken II, Die Nachwirkungen des Naziregimes – Bericht aus Deutschland, S. 38-63, hier: S. 45f.

stätten) beschäftigt war. Den an ihn gestellten Anforderungen sei er jederzeit gerecht geworden; er habe alle Aufgaben mit Sorgfalt und Gewissenhaftigkeit zur Zufriedenheit der Dienststelle ausgeführt. Auch sei es seiner Initiative zu verdanken, dass alle anfallenden Arbeiten kurzfristig und fachmännisch erledigt werden konnten.

Im Schlusssatz stellt man ihm eine günstige Prognose: „Seine stete Bereitwilligkeit, sich für die Belange der Verwaltung wie auch für das Wohl der Allgemeinheit zur Verfügung zu stellen, sowie seine einwandfreie Gesamthaltung lassen mit Recht erwarten, dass er sich auch weiterhin mit ehrlichem Willen für den Wiederaufbau einsetzen werde."

Hier bewahrheitet sich tatsächlich, was Schnorbach ein Jahr später im Schreiben an den Vorsitzenden der Berufungskammer von sich behauptet, dass er nämlich überall dort, wo man ihn hinstellte, seine Pflicht getan habe. Und das bei jeder Regierung! Dass aus dieser Selbsteinschätzung auch eine große Anpassungsbereitschaft spricht, scheint er kaum zu bemerken. Auf diese Problematik hatten sogar die ihm zugeneigten Verteidiger in einem hellen Moment hingewiesen. In der Berufung gegen den Spruch der Spruchkammer problematisieren sie zu recht, dass ein Beamter zu jeder Staatsform ein Treueverhältnis habe. Und das berge schon beim Wechsel von einem Regime in das andere die Gefahr, charakterlos zu werden.[223]

Nun zur zweiten Frage: Handelte es sich bei Schnorbach nur um bloße Anpassung an neue Verhältnisse oder war er tatsächlich „vom Nationalsozialismus geheilt", wie er in seinem ausführlichen Lebenslauf aus dem Arbeitskommando 66 C schrieb? Und hatte sein Freund Pfarrer Weber recht, als er im September 1950 glaubte „mit Bestimmtheit sagen zu können, dass alle nationalsozialistische Tendenz in ihm tot" sei?[224]

Prüfen wir zunächst die Selbsteinschätzung Schnorbachs, die sich während des abzusehenden Endes des Krieges im Frühjahr 1945 entwickelte. In dieser Situation

---

223 Siehe S. 79f dieser Arbeit.
224 Siehe S. 93 dieser Arbeit.

hatte er erkennen müssen, dass der Krieg verloren und der Werwolf-Einsatz „heller Wahnsinn" war. Nachdem er auch gesehen hatte, dass sich die SS-Führer mit ihrer persönlichen Habe und mit Lebensmitteln versorgt, aus dem Staub machten, war seine Enttäuschung grenzenlos. Die Vernehmungen als Zeuge gegen die Polizeiführung Wiesbaden in Dachau im April 1946[225] brachten dann das Fass der Enttäuschungen dermaßen zum Überlaufen, dass er ernstlich glaubte und „eidesstattlich" versicherte, „von jedem Nationalsozialismus geheilt" zu sein. Aber kann eine Kette von Enttäuschungen zu einer wirklichen Heilung vom Nationalsozialismus führen? Gehört dazu nicht auch eine gründliche Selbstprüfung über seine Verstrickung in das barbarische System der Nazis? Und müsste diese nicht wenigstens mit einem eigenen Zeichen der Reue verbunden sein? Zum Beispiel in der Art, dass er sich persönlich bei seinen Engerser Opfern entschuldigte? Aber davon ist nichts bekannt.

Auf den Gedanken der persönlichen Reue war Pfarrer Weber merkwürdigerweise nicht gekommen. Für ihn genügte die mehrjährige Internierung, Schnorbach zu entschulden. Offenbar ist es aber auch während der Entnazifizierung Schnorbachs und seinem langem „Gnadenweg" nicht zu einer ernsthaften Introspektion, d.h. zu einer kritischen Selbstbeobachtung und -reflexion, gekommen. Stattdessen verfolgte er strategisch und hartnäckig sein persönliches Interesse und sein Ziel, möglichst bald alle Beschränkungen seiner Eingruppierung nach dem Befreiungsgesetz los zu werden.

Ein Beleg, zumindest ein starkes Indiz dafür, dass Schnorbach dem Nationalsozialismus auch nach dem Krieg und der Entnazifizierung längst nicht abgeschworen hatte, ist sein Schreiben an den Amtsbürgermeister Dr. Borgs-Maciejewski während des Versorgungsstreits mit der Engerser Amtsverwaltung 1951. Die zentrale Passage in diesem Schreiben ist jene, bei der es um die Verunglimpfung der Belastungszeugen als Kommunisten und „Rückversicherte" geht und dann der Satz folgt: „Ich habe in meinem Bezirk jede illegale Wühlarbeit gegen den

---

225 Wie S. 44 Fußnoten 40 und 41 ausgeführt, konnte die Teilnahme Schnorbachs am Prozess gegen Jürgen Stroop u. a. nicht endgültig verifiziert werden. Prinzipiell möglich und sogar wahrscheinlich war sie schon. Die Begründung der (angeblichen) Heilung vom NS durch Enttäuschung über die SS-Führungsriege bliebe aber auch bei nachgewiesener Nicht-Teilnahme bestehen.

Staat rücksichtslos zerstört." Aus diesen Aussagen gehen nicht nur sein alter Hass gegen die Kommunisten, sondern auch seine Zufriedenheit mit dem, was er während der NS-Zeit in Engers getan hat, hervor. Und wenn das so ist, war er im Inneren immer noch Nationalsozialist.[226]

Ob auch das zweite Ziel des Befreiungsgesetzes, die Befreiung vom Militarismus, bei Schnorbach erreicht wurde, ist eine offene Frage. Nach Krieg und Internierung hatte er alle seine Machtmittel als Polizist im Terrorstaat verloren. Er hatte auch keine Anstalten gemacht, wieder in den Polizeidienst des demokratischen Staates zu kommen (wie viele andere). Ob er nach Wiederbewaffnung und Einrichtung der Bundeswehr erneut militaristische Ambitionen ausbildete und ob er Kontakt zu Soldatenkameradschaften pflegte, ist nicht bekannt.

Eine Mitarbeit bei Familie von Preuschen nach der Entnazifizierung wird ihm geholfen haben, seinen Machtverlust zu verschmerzen. Denn dabei befand er sich in der Nähe von hochgestellten und wohlhabenden Personen, an deren Aura er teilhaben konnte. Das kam seinem „Zug zum Höheren", den auch sein Sohn Harald kennzeichnete, entgegen.[227] Überdies war er bei dieser Familie und ihrem verwandtschaftlichem Umfeld unter Gleichgesinnten, die wie er militärische und/ oder politische Vergangenheiten besaßen.

---

226 Statt einer Abwertung der Belastungszeugen ist eher Vorsicht bei den Schreiben der Entlastungszeugen geboten, die man im Volksmund „Persilscheine" nannte. Mit diesen versuchten viele NS-Täter sich eine „weiße Weste" zu verschaffen oder mindestens eine bessere Eingruppierung – wie im Falle Schnorbach – zu erreichen. Besonders begehrt waren Entlastungsschreiben von ehemaligen Gegnern des Nationalsozialismus wie Kommunisten und Sozialdemokraten. Wer solche zum Freund hatte, konnte kein wirklicher Nazi gewesen sein, so das Kalkül, welches offensichtlich auch hinter Schnorbachs Rehabilitierungsbemühungen stand.

227 Eine gewisse Abgrenzung gegenüber der Dorfbevölkerung drückt sich auch im geringen Bekanntheitsgrad Schnorbachs bei den heutigen Dorfbewohnern aus.

9. Fazit

Halten wir fest: Philipp Schnorbach war während der NS-Zeit mit Leib und Seele politischer Polizist und Nationalsozialist. Er lebte nicht bloß **im** Nationalsozialismus, sondern **für** den Nationalsozialismus. Sein autoritärer Charakter und seine Fixierung auf den Staat, ganz gleich um welche Art von Staat es sich dabei handelte, machte ihn zu einem gefügigen und zugleich proaktiven Diener der jeweiligen politischen Herrschaftsform. Hierbei war seine militärische Prägung und sein eingefleischter Antikommunismus ein durch alle vier Epochen hindurchgehendes Element, das sicher einen Gutteil seiner subjektiven Motivation für den alltäglichen Polizeidienst ausmachte. Da er auch die dazu gehörige Nazi-Ideologie voll verinnerlicht hatte, spielte hintergründig auch sein Antisemitismus eine Rolle, der aber nur fallweise offen zu Tage trat.

Schnorbachs Funktion als Polizist unter Gleichgerichteten in der Amtsverwaltung verschaffte ihm eine enorme Durchgriffsmacht auf lokaler Ebene, die insbesondere Oppositionelle und Gegner mit teils weitreichenden Folgen traf. Was für die einen eine „große Zeit" war, stellte für die anderen eine Schreckenszeit dar. Mit Blick auf seine familiären Verhältnisse kann die Familie Philipp und Dora Schnorbach mit ihren Kindern Harald und Maria als nationalsozialistische Musterfamilie angesehen werden.

Nicht so eindeutig wie das Bild, welches Schnorbach in der NS-Zeit abgibt, ist sein Nachkriegshandeln. Schauen wir noch einmal darauf, um eine realitätsgerechte abschließende Einschätzung geben zu können.

Das Arbeitszeugnis der Schlosserei des Internierungslagers Darmstadt vom September 1948 weist Schnorbach als einen quasi resozialisierten und demokratietauglichen Menschen aus, der einen „ehrlichen Willen für den Wiederaufbau" (nicht Neuaufbau!, G.S.) mitbringe. Aber war sein Nachkriegshandeln tatsächlich auf das „Allgemeinwohl" ausgerichtet? Und war es ehrlich gemeint, wenn er angibt, im neuen demokratischen Staat konstruktiv mitarbeiten zu wollen?[228] Was hat der Spruch der Kammer und die auferlegte Sühne wirklich bei Schnorbach bewirkt?

Jedenfalls keine Reue. Stattdessen hat er sich mit ganzer Kraft und mit Hilfe seiner ihm wohlgesinnten und möglicherweise auch geistesverwandten Rechtsanwälte gegen den Spruch und seine Folgen gewehrt. Sein nachhaltiger Widerstand dagegen spricht eher dafür, dass er sich nicht als schuldbeladener, aber reuiger Mensch, sondern als jemand, der immer nur seine Pflicht getan hatte und jetzt auch noch dafür büßen soll, (miss)verstanden hat. Er war gewissermaßen „Opfer der Umstände", die er nach seiner Entlassung aus der Internierung strategisch geschickt zu seinen Gunsten nutzen wollte. So behauptet er in seinem Gnadengesuch vom Juli 1952, dass er sich zur Wiedergutmachung mit voller Energie am Aufbau des neuen Staates beteiligen wolle, das aber nicht könne, weil er noch in Gruppe II eingestuft sei. Man habe ihn bereits aus Kreisen der SPD darauf angesprochen; als Kronzeugen seiner neuen Einstellung führt er dazu passend ein altes SPD-Mitglied an.

Schnorbach gibt hier ausgerechnet Personen als Referenzen an, die er ein paar Jahre zuvor noch der Gestapo ausgeliefert hätte.[229] Das macht ihn nicht gerade glaubwürdig. Und es zeugt auch nicht von Selbstlosigkeit, wohl aber von strategischem Kalkül. Daher sind seine Rehabilitierungsbemühungen, bei denen er auch seine persönlichen Beziehungen nutzt, angefangen von den Engerser Entlastungszeugen bis hin zum Koblenzer Oberbürgermeister und dem Regierungspräsidenten sowie zum Adel, als Engagement in eigener Sache und als Anpassung an die neuen Umstände zu bewerten.

Im Vergleich zu Schnorbach hatte von Preuschen nach dem Ende des Zweiten Weltkrieges und der Befreiung vom Nationalsozialismus das bessere Los gezogen. Er kam nach amerikanischer Gefangenschaft und Internierung schon im Oktober 1946 frei, während dies bei Schnorbach erst im Herbst 1948 der Fall war. Außerdem

---

228 In seinem Brief vom Juni 1951 an den damaligen Amtsbürgermeister weist er unter anderem darauf hin, wieder ehrenamtlich tätig zu sein, ohne diese Aussage inhaltlich zu füllen.
229 Er kannte ihre Namen und Adressen aus den Gegnerlisten für die Gestapo in Koblenz, die er 1942 und 1944 selbst geschrieben hatte.

hatte er bei seinem Entnazifizierungsverfahren weit mehr und einflussreichere (z.T. auch akademische) Entlastungszeugen aktivieren können als Schnorbach. Gegenüber diesem, der ein eindeutiger Nazi und Kommunistenjäger war, wies der Fall von Preuschen doch einige Ambivalenzen und Entlastungsmomente – wie seine mehrmaligen Unterstützungen von Bedrängten und „Andersdenkenden" zeigen –, auf.[230]

Indes war die Argumentation des Öffentlichen Klägers Rakowsky, wonach von Preuschen als „Alter Kämpfer" sowohl in jungen Jahren als auch später noch, überzeugter Nazi, Nutznießer des Regimes und opportunistischer Parteigänger des Nationalsozialismus war, für mich überzeugender. Bemerkenswert fand ich auch die Relativierung seines Risikos bei seinen „guten Taten" für „Andersdenkende" anhand seiner starken Stellung in der Partei (wozu wohl auch sein guter Ruf als Landrat in der Öffentlichkeit zählte, G.S.). Auch seine Bemerkung, dass von Preuschen kaum für „wirklich Verfolgte" und nicht nur für „Angefasste" eingetreten sei, ist in diesem Kontext wichtig. Ergänzen möchte ich, dass in den Entnazifizierungsunterlagen von Preuschens auch keinerlei Spuren von Reue oder Selbstkritik zu entdecken waren.

Beide hier beschriebenen Zeitgenossen und Protagonisten der Nazizeit haben auf je eigene Weise das verbrecherische NS-System unterstützt und aktiv in ihm mitgemacht. Beiden gelang es, nach der Befreiung vom Nationalsozialismus wieder Zugang zum demokratischen Staatswesen zu gewinnen. Schnorbach eher als Privatier, der heute in seiner Heimatgemeinde weitgehend vergessen ist, und von Preuschen als späterer Ministerialrat im Dienst des Landes Rheinland-Pfalz und hochgeachteter Mitbürger von Osterspai, dem ein langes Leben vergönnt war.

---

230 Ich muss zugeben, dass ich angesichts der vielen ähnlich lautenden Entlastungsbriefe für von Preuschen eine Zeitlang in Zweifel über meine These geriet, dass es im Nationalsozialismus nicht oder kaum möglich war, „humaner Mensch" bleiben zu können. In diesen Momenten fragte ich mich, ob von Preuschen doch das Meisterstück, ein richtiges Leben im Falschen zu führen, gelungen sei.

10. Anhang: Weitere Entlastungsschreiben für Schnorbach

Zwecks Vollständigkeit erfolgt hier eine kurz gefasste Darstellung einiger weiterer Entlastungsschreiben, die in der mündlichen Verhandlung nicht oder nicht näher angesprochen wurden.[231]

1. Pfarrer Friedrich Wengenroth (Karlsbrunn)
Er schreibt, dass Schnorbach ihm durch seine „kirchenfreundliche Einstellung in mancher Hinsicht wertvolle Dienste geleistet" hat. So habe er es ermöglicht, dass an sich verbotene Ausflüge des Kirchenchores, deren Mitglied auch Frau Schnorbach war, ungestört durchgeführt werden konnten. Außerdem habe er jeden Funkspruch über Predigtüberwachung samstags vorher mitgeteilt. Familie Schnorbach habe jederzeit am kirchlichen Leben der Gemeinde regen Anteil genommen.

2. Johann Kort (Hilberath)
Im Zusammenhang mit der Überprüfung seines Radios im Jahr 1935 könne er unter Eid aussagen, dass Schnorbach ihn und seine Familie vor einem größeren Unglück durch Aushändigung eines guten Zeugnisses bewahrt habe. Nur dadurch sei er nicht ins KZ gekommen.[232]

3. Katharina Hubert (Engers)
Sie habe Schnorbach als einen hilfsbereiten und loyalen Polizeibeamten kennengelernt. Er habe sie vor einer sechswöchigen Gefängnisstrafe bewahrt, die das

---

231 Vgl. HHStAW Best. 520/38 Nr. 61222 sowie LHAKo-Romm., Best. 655,126 Nr. 813. Dabei fehlt hier ein Schreiben von Pfarrer Weber, von dem ich nur drei spätere Schreiben aus dem Jahr 1950 besitze. Über den Fall Nikodemus liegen mir keinerlei Unterlagen vor.
232 Allerdings war das Abhören eines Auslandssenders erst vom 1. September 1939 an verboten und unter Strafe gestellt.

Gericht über sie verhängt hatte, weil sie an einen Holländer aus Mitleid Brot abgegeben hatte.

4. Gerda Hötten (Essen)

Frau Hötten, eine Geschäftsfrau, legte eine eidesstattliche Erklärung vor, wonach ihr ein für einen Essener Bezirk vorgesehenes Schlafzimmer, dass sie nach Engers umgeleitet hatte, beschlagnahmt werden sollte. Das habe Schnorbach zu verhindern gewusst, obwohl er damit seine Existenz aufs Spiel gesetzt habe. Auch in einem anderen Fall habe er ihr geholfen. Für seine Bemühungen habe er niemals eine Gegenleistung verlangt noch erhalten.

5. Eisenbahndirektion Mainz

Der Präsident der Eisenbahndirektion Mainz ließ Schnorbach eine kurze Notiz (ohne Datum) zukommen, in der er ihm seinen Dank und seine Anerkennung für seinen Einsatz zur Erhaltung des „wertvollen Bauwerks" ausspricht. Sein Schreiben habe er zu den Akten genommen, teilt er ihm mit.

6. Franz Neumann (Heimbach-Weis)

Weil Neumann krankheitsbedingt nicht zur Spruchkammerverhandlung am 23.9.1948 erscheinen konnte, gab er eine schriftliche eidesstattliche Erklärung ab. Dort heißt es, dass Schnorbach immer gefällig und hilfsbereit gewesen sei. Da sein ältester Sohn gefallen war, habe sein jüngster Sohn kein einziges Mal bei der HJ antreten müssen. Bei seiner Einberufung seien die (deutschen, G.S.) Truppen schon im Rückzug über die deutsche Grenze gewesen. Daher habe er es Schnorbach zu verdanken, dass sein Sohn gesund nach Hause kam. Außerdem habe sich Schnorbach dafür eingesetzt, dass es für die Polen eine Heilige Messe an den Sonntagen gegeben habe.[233]

---

233 Danach trug Neumann noch einen Fall vor, bei dem er wegen fehlender Verdunkelung von Polizeimeister Sauer angezeigt wurde. Dieser hatte aber für das Spruchkammerverfahren Schnorbachs keine Bedeutung.

A Quellenverzeichnis

Bundesarchiv Berlin (BArch)
R 9361-III/182282
R 9361-VII KARTEI/0239
R 9361-VIII KARTEI/20550237
R 9361-IX Kartei/39010475

Hessisches Hauptstaatsarchiv Wiesbaden (HHStAW)
Bestand 520/38 Nr. 61222
Bestand 522, Nr. 564

Diözesanarchiv Limburg
Bestand Ost K 6,1898 Nr. 18 Taufen

Landeshauptarchiv Koblenz
Bestand 662,6 Nr. 341–344
Bestand 856 Nr. 191067
Bestand 856 Nr. 153028, Nr. 150720, Nr. 280808
Bestand 53C054 Nr. 229
Bestand 53C54 Nr. 229
Bestand 584,1 Nr. 1295
Bestand 662,5 Nr. 1

Landeshauptarchiv Koblenz-Außenstelle Rommersdorf
Bestand 655,126 Nr. 659 und Nr. 660
Bestand 630, 515 Nr. 10 und Nr. 13
Bestand 655,126 Nr. 813
Bestand 655,126 Nr. 285
Bestand 510 Nr. 16

United States Holocaust Memorial Museum, Washington (USHMM)
1.2.3.3/129162909 und 1.2.3.3/129162899 ITS Digital Archive

Arolsen Archives
1.2.5.1/12851266 ITS Digital Archive

Stadtarchiv Neuwied
Bestand 630,510 Chroniken Nr. 2

Stadtarchiv Montabaur
Abt. 9.4 Nr. 96

Gemeindearchiv Osterspai
Wählerverzeichnis Osterspai 1956/57

Privatarchiv Salz
Maschinenschriftliche Übertragung der handschriftlichen Amtschronik
Engers 1929-1945
AGA-Akten („Amtliche Gestapo-Akte Landratsamt Neuwied Heinrich Josef Günter")

Internet-Quellen
Wikipedia: de.wikipedia.org

Onlinelexikon der Stadt Darmstadt www.darmstadt-stadtlexikon.de)

Online-Datenbank des HHStAW Arcinsys

Landesgeschichtliches Informationssystem Hessen (LAGIS)

NS-Archiv Dokumente zum Nationalsozialismus (Jürgen Langowski 2023)

Deutsche Friedensgesellschaft – Vereinigte KriegsdienstgegnerInnen (DFG-VK)
Gruppe Darmstadt, Lexikon: „Von Adelung bis Zwangsarbeit – Stichworte zu
Militär- und Nationalsozialismus in Darmstadt"

B Literaturverzeichnis

Allert, Tilmann, Der deutsche Gruß. Geschichte einer unheilvollen Geste, Frankfurt/Main 2017

Arendt, Hannah, Die Nachwirkungen des Naziregimes: Bericht aus Deutschland, in: Ludz, Ursula (Hg.), Hannah Arendt. In der Gegenwart. Übungen im politischen Denken II, S. 38-63

Bender, Karl, Ortsgeschichte Osterspai, Koblenz 1993

Benz, Wolfgang, Mitglieder der Häftlingsgesellschaft auf Zeit. „Die Aktionsjuden" 1938/39, in: Dachauer Hefte 21, S. 179-196

Benz, Wolfgang, Graml, Hermann, Weiß, Hermann (Hg.), Enzyklopädie des Nationalsozialismus, München 3. Aufl. 1998

Boll, Bernd, Safrian, Hans, Auf dem Weg nach Stalingrad. Die 6. Armee 1941/42, in: Heer, Hannes, Naumann, Klaus (Hg.), Vernichtungskrieg. Verbrechen der Wehrmacht, Hamburg 8. Aufl. 1997, S. 260-296

Buchheim, Hans, Die SS – das Herrschaftsinstrument, in: Buchheim, Hans, Broszat, Martin, Jacobsen, Hans-Adolf, Krausnick, Helmut, Anatomie des SS-Staates, Nördlingen 7. Aufl. 1999, S. 15-212

Dasbach, Toni, Auch ich war ein Kind dieser Zeit. Kindheits- und Jugenderinnerungen eines Neuwieders, bearbeitet von Rolf Wüst, Neuwied 2005

DFG-VK Darmstadt in: https://dfg-vk-darmstadt.de/Lexikon_Auflage_2/InternierungslagerDarmstadt.htm

Diefenbach, Manfred, Der jüdische Friedhof in Osterspai, in: Gesellschaft für christlich-jüdische Zusammenarbeit Limburg e.V. (Hg.), Jüdische Friedhöfe in den Kreisen Rhein-Lahn und Westerwald. Eine Aufsatzsammlung, Diez/Backnang 2023, S. 334-339

Dietz, Wolfgang, Der Landkreis Neuwied. Weimarer Republik Nationalsozialismus Nachkriegszeit, Neuwied 1992

Fischer, Torben, Matthias N. Lorenz (Hg.), Lexikon der „Vergangenheitsbewältigung" in Deutschland. Debatten- und Diskursgeschichte des Nationalsozialismus nach 1945, Bielefeld 2007

Fraenkel, Ernst, Der Doppelstaat. Deutsche Ausgabe, Hamburg 1974

Fraenkel, Daniel, Borut, Jakob (Hg.), Lexikon der Gerechten unter den Völkern. Deutsche und Österreicher, Göttingen 2. Aufl. 2005

Frei, Norbert, Vergangenheitspolitik. Die Anfänge der Bundesrepublik und die NS-Vergangenheit, München 2. Aufl. 1997

Gebser, Klaus: Kaiserlich-nationalistische Erziehung im Deutschen Kaiserreich (1871-1918) „Helm ab" – zum Gebet. In: https://www.kindergartenpaedagogik. de/fachartikel/geschichte-der-kinderbetreuung/weitere-historische-beitraege/ kaiserlich-nationalistische-erziehung-im-deutschen-kaiserreich-1871-1918/

Gerlach, Christian, Kalkulierte Morde. Die deutsche Wirtschafts- und Vernichtungspolitik in Weißrussland 1941 bis 1944, Hamburg 1999

Grebing, Helga, Geschichte der deutschen Arbeiterbewegung, München 6. Aufl. 1975

Heer, Hannes, Naumann, Klaus (Hg.), Vernichtungskrieg. Verbrechen der Wehrmacht 1941-1944, Hamburg 8. Aufl. 1997

Hennig, Joachim, Der Kommunist, Gewerkschafter und Regierungsvizepräsident Alfred Knieper, in: Koblenzer LokalAnzeiger vom 2. Oktober 2019

Jungbluth, Uli, Zur Nazifizierung der Deutschen. Machtergreifung im Westerwald, Höhr-Grenzhausen 1993

Kingreen, Monica, Eichler, Volker, (Hg.), Die Deportation der Juden aus Hessen 1940 bis 1945. Selbstzeugnisse, Fotos, Dokumente, Wiesbaden 2023

Klönne, Arno, Jugend im Dritten Reich. Die Hitler-Jugend und ihre Gegner, München 1995

Kobold, Claudia, „Die Juden sind zu konzentrieren" – Kirchähr und Steinen nach der Pogromnacht 1938, in: Jösch, Joachim, Jungbluth, Uli u. a. (Hrsg.), Juden im Westerwald. Leben, Leiden und Gedenken. Ein Wegweiser zur Spurensuche, Montabaur 1998, S. 133-137

Krausnick, Helmut, Hitlers Einsatzgruppen. Die Truppe des Weltanschauungskrieges 1938-1942, Frankfurt/Main 1998 (Reprint 2016)

Krug, Uli, Mobilisierte Gesellschaft und autoritärer Staat. Der nicht enden wollende Nationalsozialismus oder: Die Aktualität Max Horkheimers, in: Grigat, Stephan (Hg.), Postnazismus revisited. Das Nachleben des Nationalsozialismus im 21. Jahrhundert, Freiburg 2012, S. 205-227

Mallmann, Klaus-Michael, Matthäus, Jürgen, Cüppers, Martin, Angrick, Andrej (Hrsg.), Deutsche Berichte aus dem Osten 1942-1943. Dokumente der Einsatzgruppen in der Sowjetunion III, Darmstadt 2014

Ritter, Ernst, Justiz und innere Verwaltung, in: Benz, Wolfgang u. a. (Hg.), Enzyklopädie des Nationalsozialismus, S. 85-97

Salz, Günther, Ein Leben – zwei Karrieren. Der Engerser SS-Mann und Kripo-beamte Rudolf Schmücker, Norderstedt 2021

Salz, Günther, Der Blaustift. Verdrängung und Wieder-Erinnerung der NS-Zeit am Beispiel einer rheinischen Kleinstadt, Frankfurt/M. 2004

Salz, Günther, „Ich bin und bleibe radikal!" Erinnerung an den Engerser Kommunisten Heinrich Josef Günter und die KPD am Mittelrhein, Neuwied 2001

Salz, Günther, „Wer weiß, wie nahe mir mein Ende ist?" Spuren Engerser Juden in der NS-Zeit, in: Heimat-Jahrbuch 1998 des Landkreises Neuwied, Neuwied 1998

Salz, Günther, Erinnerung an Franciszek Matczak und die Zwangsarbeiter in Engers und Umgebung in der Zeit des „Dritten Reiches", Neuwied 1997

Schabronat, Klaus, Kriegstreiber – Kriegsgewinnler erster Weltkrieg und kapitalistischer Profit, Neuwied 2022

Schwalm, Frank, Engers in der Zeit vom Ersten bis zum Zweiten Weltkrieg, in: Engers Der Ort Seine Geschichte, Horb 2007 S. 117-144

Sigel, Robert, Im Interesse der Gerechtigkeit: Die Dachauer Kriegsverbrecher-prozesse 1945-1948, Frankfurt/M.; New York 1992

Weinmann, Martin (Hg.), Das nationalsozialistische Lagersystem (CDP), Frankfurt/M. 1990

Wild, Markus, Montabaur, in: Jösch, Joachim, Jungbluth, Uli u. a. (Hrsg.), Juden im Westerwald. Leben, Leiden und Gedenken. Ein Wegweiser zur Spurensuche, Montabaur 1998, S. 200-213

C Dokumente

1. Übertragung des handschriftlichen Werdegangs Schnorbachs in Maschinen-
schrift durch die Amtsverwaltung Engers vom 31.8.1945
Quellen: Spruchkammer-Akte HHStAW Bestand 520/38 Nr. 61222 sowie LHAKo-
Romm., Bestand 655,126 Nr. 813

A b s c h r i f t

L e b e n s l a u f

Am 5. 6. 1898 wurde ich als erstes Kind des Reichsbahners Peter
Schnorbach und seiner Ehefrau Maria geb. Schauren geboren. Mein
Geburtsort ist Osterspai, Kreis St. Goarshausen, Reg.Bez.Wies-
baden. Ich besuchte 8 Jahre die Volksschule und trat nach Schul-
entlassung bei der Fa. Papierwerke-Löbecke in Oberlahnstein ein.
Hier wurde ich als Maschinist ausgebildet und übte diesen Beruf
dort aus bis zu meinem Eintritt zu Militär, am 16.11.1916. Als
Soldat kämpfte ich im Osten und Westen und kam am 31.8.1918 noch
in englische Gefangenschaft. Am 24.1o.1919 aus der Gefangenschaft
entlassen, ging ich zu einem Freibatl. und kämpfte gegen Spartakus.
Im Novemb.192o wurde ich in die Reichswehr übernommen und diente
beim Reiter-Rgt. 16 in Kassel bis zum 15.5.1922 wurde ich infolge
Heeresverminderung entlassen. Am 12. 1. 1925 trat ich bei der Polizeiverwaltung Bad Kreuznach ein und wurde am 1.2.1935 zur Polizeiverwaltung Engers versetzt. Mit dem 1.4.1942 bin ich aus der Schutzpolizei ausgeschieden und heute auf dem Bürgermeisteramt in Engers
als Sekretär tätig. Im Weltkrieg wurde ich zweimal leicht verwundet
und bei der Schutzpolizei wurde ich zweimal verwundet im Kampf gegen
Kaume. Letzte Verwundung erheblich,mit Krankenhausbehandlung.Wäh-
rend der Besatzung schon Mitglied des Militärvereins, trat ich am
5.1o.193o dem Stahlhelm (N.S. Frontkämpferbund) bei,nnnnnnnnnn
worauf später meine Aufnahme in die SS erfolgte. Da ich schon seit
1937 ehrenamtlich für den SD. arbeitete, wurde ich 194o aus der
Allgemeinen SS in den SD. versetzt. Ausserdem bin ich seit 1939
K.-Stammführer in der HJ und Angehöriger der Führerkorps. Ich bin
gottgläubig und seit 27.1.1923 mit Dora geb. Tamm, Tochter des
Schlossermeisters Ernst Tamm aus Kassel verheiratet. Meine Frau
ist Parteimitglied und seit Jahren Ortskassenverwalterin der Nb.-
Frauenschaft. Ich hatte 3 Kinder, wovon 1 Sohn verstorben ist.
1 Sohn ist Scharführer bei der HJ und Schüler der Oberschule Neuwied.
Die Tochter Scharführerin der Jungmädel zur Ausbildung auf der L.B.A
Nonnenwerth.
Meine Familienverhältnisse sind geordnet.

                    gez. Philipp Schnorbach

Ich bestätige hiermit, dass es sich nach den
Schriftzügen nur um einen eigenhändig geschrie-
benen Lebenslauf des Hptw.d.Sch. Philipp
Schnorbach handeln kann.

          Engers, den 31. 8. 1945
              gez. Berger
          Amtsinspektor

                    Für die Richtigkeit der Abschrift
                    Engers, den 2. 7. 1948
                    Der Amtsbürgermeister
                    als Ortspolizeibehörde
                    I.A.

2. Antrag auf Fördermitgliedschaft bei der SS vom 1.4.1938
Quelle: BArch R 9361-III/182282

Abschrift.

Schutzstaffel der N.S.D.A.P.
(Anschrift: Reichsführung=SS,München,Gabelsbergerstr. 31
Fernsprecher 55 3 16

Abschn,:...XI..
Sta,:.......93..
Sturmb.:...I...
Sturm:.....4...
Trupp:..Neuwied..

Vorl. Aufnahme=Bestätigung

Es wird nachstehende Erklärung bestätigt:

Ich bitte hiermit als "Förderndes Mitglied der Schutzstaffel
der N.S.D.A.P. " aufzunehmen und verpflichte mich, zur Unter=
stützung der Schutzstaffel einen monatlichen vorauszahlbaren
Beitrag in Höhe von Reichsmark ..1,oo.. und eine einmalige Leih=
gebühr von RM 1.5o für FM=Abzeichen, Mitgliedsbuch und FM=Zeitung
zu entrichten. Ich bin deutscher - arischer Abstammung, gehöre
keiner Freimaurerloge , keinem Geheimbund, noch Orden an.

Bezahlt für:
Leihgebühr für FM=Abz.
Mitgliedsbuch,FM=Zeit.:
                   1.5o
Monate: April RM 1.oo

..cccccccc cccccc   --
..ccccccccccccccc   --
            Su.   2.5o

I.A. Rudolf Bauer, SS-Mann
SS-Sturm 4/93,Neuwied

Ort: Engers, den 1.4.1938

Name:Philipp Schnorbach

Beruf:Polizeihauptwachtmeister

Wohnort: Engers/Rhein
         Schloßstr. 14

gez. Ph. Schnorbach
....
Unterschrift

3. Antrag auf Aufnahme in die NSDAP vom 16.6.1937
Quelle: BArch R 9361-VII KARTEI/0239

4. NSDAP-Karteikarte Philipp Schnorbach
Quelle: BArch 9361–VIII KARTEI/20550237

5. NSDAP-Karteikarte Dora Schnorbach
Quelle: BArch R9361-IXKartei/39010475

6. Ausgefüllter Fragebogen des Rasse- und Siedlungs-Hauptamtes Berlin vom
8. November 1938 für Philipp Schnorbach (Vorderseite) mit Bewerbungsfoto und
handschriftlichem Lebenslauf
Quelle: BArch R 9361-III/182282

Raum zum Aufkleben der Lichtbilder.

Lebenslauf:
(Ausführlich und eigenhändig mit Tinte geschrieben.)

Am 5. 6. 1898 wurde ich als Sohn des Eisen-
bahners Peter Schnarbach und seiner Ehefrau Maria
geb. Schauren geboren. Bis zum 14. ten Lebensjahr
besuchte ich die Volksschule und war später
bis zu meinem Eintritt in das Heer im Wirt-
schaftsgarten tätig. Am 16. 11. 16. wurde ich Soldat
und kam am 3. August 18 in englische Gefangenschaft, bis zum 24. 10. 19. Am 3. 1. 1920 ging
ich wieder zum Militär bis zum 15. 5. 1923.
Nach meiner Militärzeit bis zu meinem Eintritt
in die Polizei, war ich Maschinist in einer
Fabrik. Am 13. 1. 1925 trat ich bei der Polizeiverwaltung Bad Kreuznach ein und wurde am
1. 2. 1935 auf eigenen Wunsch nach Emden versetzt.
Im Kriege wurde ich verwundet und fiel auf
bei der Polizei im Bezirk gegen Plünderer gewidmet. Wiederholungen herangezogen. Seit 1924
war ich Mitglied des Beamten Verein Bad-
Kreuznach und seit 1930 gehörte ich dem S. S. Ha-
(Stahlhelm) an. Seit 1. 3. 34 war ich Mitglied des
Scharims unter der Nr. 20 515 u. 1. 5. 37. Parteimitglied
Nr. 4 382 274. Außerdem bin ich noch Mitglied der
N. S. V. des R. L. B. u. d. R. K. Seit 1. 4. 1938 bin ich
fördernes Mitglied der Schutzstaffel u. d. Nr. 130 751.
Außerdem bin ich noch Schrimm-Verwaltungsbeamter
H. J. und Geschäftsführer im N. S. Reichskrieger-
bund. Am 1. 11. 1936. gründete ich in Emden die
Reichskriegerschaft u. war dann Führer bis
zur Vereinigung in der N. S. Reichskriegerbund.
Seit 27. 1. 1923 bin ich mit Kati geb. Hemm ver-
heiratet und zwei Kinder im Alter von 9 u. 11 Jahren
die beide den deutschen Jungvolk angehören.

7. Ausgefüllter Fragebogen des Rasse- und Siedlungs-Hauptamtes Berlin vom
8. November 1938 für Dora Schnorbach (Vorderseite) mit Bewerbungsfoto und
handschriftlichem Lebenslauf
Quelle: BArch R 9361-III/182282

R. u. S.-Fragebogen
(Von Frauen sinngemäß auszufüllen.)

Name und Vorname des SS-Angehörigen, der für sich oder seine Braut oder Ehefrau den Fragebogen einreicht:

Schnorbach, Philipp

Dienstgrad: Pol.Hw.   SS-Nr.:

W. B. Nr.:

Name (leserlich schreiben): Schnorbach geborene Tamm

in SS seit: .... Dienstgrad: .... SS-Einheit:

in SA von .... bis ...., in HJ von .... bis

Mitglieds-Nummer in Partei: .... in SS:

geb. am 6.12.1900 zu Kassel-Roth. Kreis: Kassel.

Land: Preußen jetzt Alter: 38 Glaubensbek.: evgl.

Jetziger Wohnsitz: Engers/Rhein Wohnung: Schloßstraße 14

Beruf und Berufsstellung: Ehefrau

Wird öffentliche Unterstützung in Anspruch genommen? nein

Liegt Berufswechsel vor? nein

Außerberufliche Fertigkeiten und Berechtigungsscheine (z. B. Führerschein, Sportabzeichen, Sportauszeichnung):

Staatsangehörigkeit: deutsche

Ehrenamtliche Tätigkeit: Ortskassenverwalterin d. NS.Frauenschaft Ortsgruppe-Engers.

Dienst im alten Heer: Truppe .... von .... bis

    Freikorps . . . . von .... bis

    Reichswehr . . . . von .... bis

    Schutzpolizei . . . . von .... bis

    Neue Wehrmacht . . .. von .... bis

Letzter Dienstgrad:

Frontkämpfer: .... bis ....; verwundet:

Orden und Ehrenabzeichen einschl. Rettungsmedaille:

Personenstand (ledig, verwitwet, geschieden — seit wann):

Welcher Konfession ist der Antragsteller? .... die zukünftige Braut (Ehefrau)? evgl.

(Als Konfession wird außer dem herkömmlichen jedes andere gottgläubige Bekenntnis angesehen.)

Ist neben der standesamtlichen Trauung eine kirchliche Trauung vorgesehen? Ja — nein.

Hat neben der standesamtlichen Trauung eine kirchliche Trauung stattgefunden? Ja — nein.

Gegebenenfalls nach welcher konfessionellen Form?

Ist Ehestands-Darlehen beantragt worden? Ja — nein.

Bei welcher Behörde (genaue Anschrift)?

Wann wurde der Antrag gestellt?

Wurde das Ehestands-Darlehen bewilligt? Ja — nein.

Soll das Ehestands-Darlehen beantragt werden? Ja — nein.

Bei welcher Behörde (genaue Anschrift)?

Raum zum Aufkleben der Lichtbilder.

Als Tochter des Schlossermeister Ernst Tamm wurde ich am 6. 12. 1900 zu Kassel-Rothen geboren. Ich besuchte zuerst die Volksschule 23-24 zu Kassel-Roth. Später die Wilhelm Mittelschule. Mit meinem 15. Lebensjahr kam ich auf die private Handelsschule Blunck i. v. Bremen. Von Sept. 1916 bis August 1919 war ich in Kassel im Postheil als Angestellte tätig. Von September 1919 bis Juli 1922 war ich Kassiererin bei der Firma E. & R. Appel Kassel. Seit 27 Januar 1933 bin ich verheiratet. Ich habe zwei Kinder im Alter von 9 und 11 Jahren. Beide gehören der Hitler jugend an. Ich selbst bin Frauenschaftsmitglied nicht Betrikfrauenwaltern. Außerdem bin ich Mitglied des T. S. V. des R. S. B. und nicht Frauenhilfe.

Dora Schmidbach geb. Tamm

8. Meldebogen Philipp Schnorbach vom 28.3.1947 aufgrund des Gesetzes zur Befreiung von Nationalsozialismus und Militarismus vom 5.3.1946 (Vorderseite) Quelle: Spruchkammer-Akte HHStAW Bestand 520/38 Nr. 61222

9. Strafantrag Heinrich Josef Günter gegen Philipp Schnorbach vom 30.3.1948 wegen Verbrechen gegen die Menschlichkeit
Quelle: Spruchkammer-Akte HHStAW Bestand 520/38 Nr. 61222

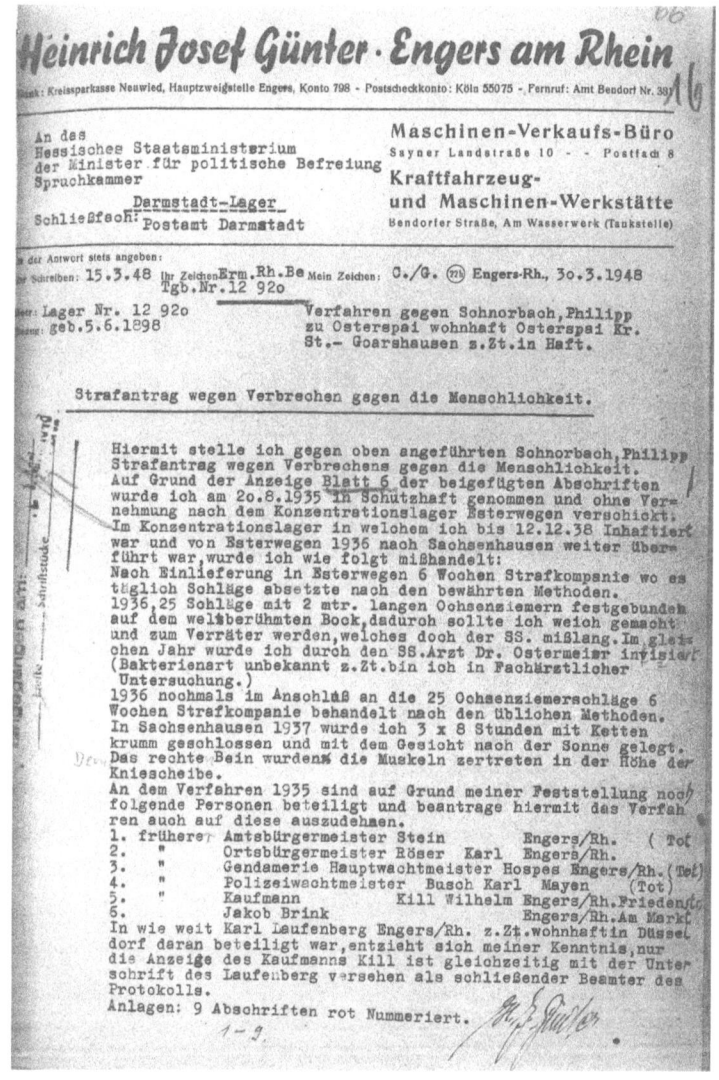

10. Politische Beurteilung des Untersuchungsausschusses für den Kreis Neuwied vom 9.5.1946 zu Philipp Schnorbach
Quelle: LHAKo Bestand 856 Nr. 191067

11. Meldebogen Philipp Schnorbach vom 28.3.1947 aufgrund des Gesetzes zur Befreiung von Nationalsozialismus und Militarismus vom 5.3.1946 (Rückseite) Quelle: Spruchkammer-Akte HHStAW Bestand 520/38 Nr. 61222

12. Klageschrift des hessischen Ministers für politische Befreiung vom 29.4.1948
Quelle: Spruchkammer-Akte HHStAW Bestand 520/38 Nr. 61222, S.1 u. 2

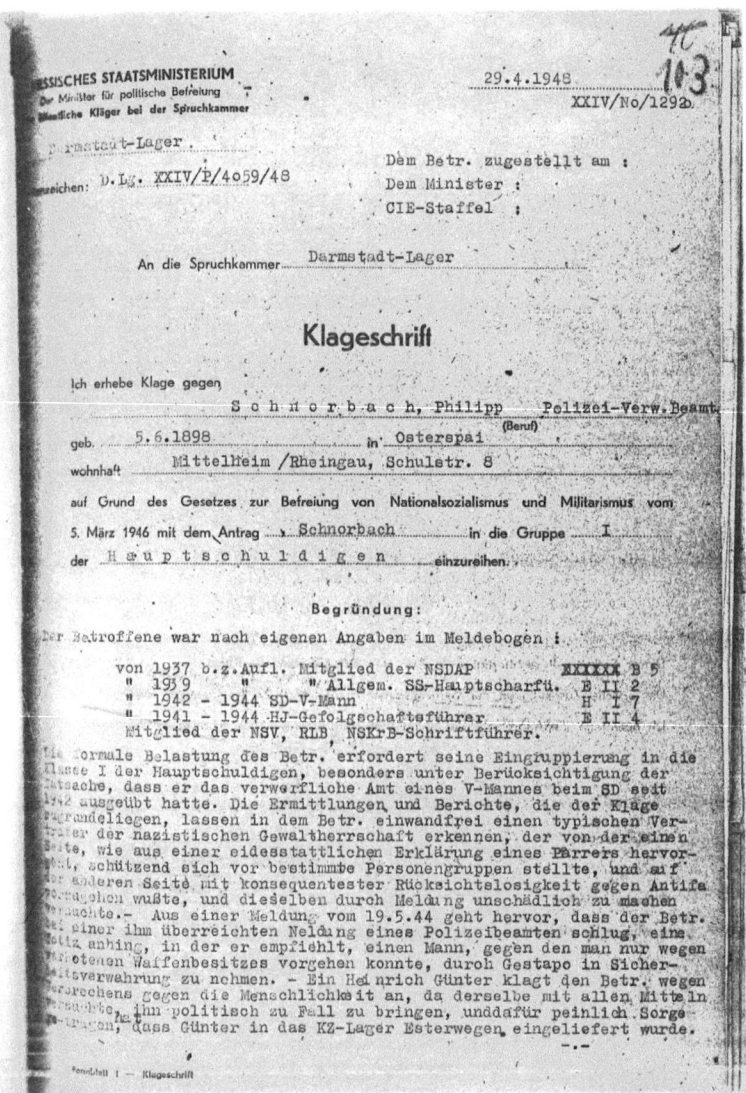

Günter legt Abschriften von Schreiben der Polizei, HJ und Gestapo aus den Jahren 1935, 1941 und 1943, aus denen (1935) einwandfrei hervorgeht, dass der Betr. Günter der Gestapo ausgeliefert hat. Gleichfalls wird ein Brief des Betr. an Günter vorgelegt, aus dem hervorgeht, dass sich in Erkenntnis seiner Schuld am 5.4.47 an den Zeugen Günter wendet mit der Bitte, ihm Personalunterlagen zu überlassen. Er bietet sich in diesem an, als Gegenleistung als Zeuge in einem Schadenersatzanspruch des Betr. zur Verfügung zu stehen. Er hat in diesem Schreiben die Ansicht, zu versichern, dass er fest davon überzeugt sei, dass Günter unschuldig im KZ gesessen habe, obwohl andererseits als erwiesen angesehen werden muss, dass er selbst derjenige war, der Günter ins KZ gebracht hat. - Aus einer BDC-Auskunft vom 10.11.47 geht hervor, dass der Betr. auch geheimer Beobachtungsmann bei der HJ tätig gewesen ist. - Zusammenfassend ist zu sagen, dass es sich bei Sch. um einen der Menschen handelt, die mit Freundlichkeit versucht haben, andersdenkende Menschen zu täuschen und sie dann der Gestapo auszuliefern. Dieses geht auch aus dem Schreiben eines schweizer Staatsbürgers hervor, der dem Betr. den Vorwurf wörtlich macht, für Leid, das seine Familie während der Nazizeit erdulden musste.- Der politische Ausschuss der Gemeinde Engers fasst sein Urteil dahin zusammen, dass er den Betr. als einen der gefährlichsten Menschen bezeichnet, vor dem jeder Andersdenkende sich fürchten musste und auch fürchtete.

Es wird unter Heranziehung des Art. 5/1 und 7 seine Eingruppierung in Klasse I der Hauptschuldigen beantragt.

Herrn Heinrich Josef G ü n t h e r   Engers / Rhn. Bernardstr.

"   Anton   K o w a l s k i ,   "   "   "

"   Josef   R u g g l i   W e i s /b. Engers.
und Sohn Helmut und Tochter

Herrn Wilhelm S ü p e r   E n g e r s / Rhn.

Dieser Sachverhalt rechtfertigt nach Art. 5 des Gesetzes die Klage.

Die örtliche Zuständigkeit der Spruchkammer ist nach Art. 29 des Gesetzes begründet.

Ich beantrage die Anordnung der mündlichen Verhandlung / des schriftlichen Verfahrens.

Beweismittel.

1. Urkunden
   Meldebogen   --

2. Zeugen   Heinrich Josef Günter   Engers/Rhein

3. Sachverständige   --

4. weitere Beweismittel   BDC-Auskunft

Der öffentliche Kläger.

13. Auskunft des Berlin Document Center (BDC) vom 23.8.1948 über Philipp Schnorbach

Quelle: Spruchkammer-Akte HHStAW Bestand 520/38 Nr. 61222

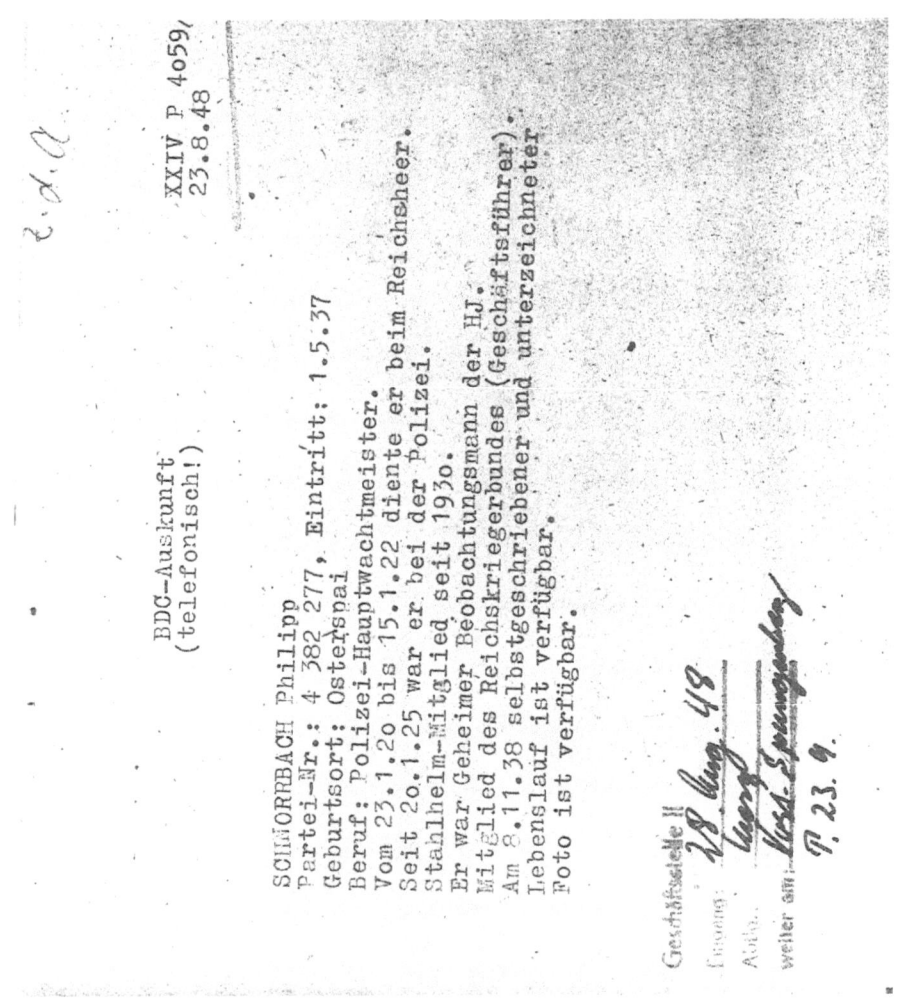

14. Bekanntmachung der Amtsverwaltung Engers über die Spruchkammer-Verhandlung gegen Philipp Schnorbach am 6.7.1948 vom 3.7.1948
Quelle: Spruchkammer-Akte HHStAW Bestand 520/38 Nr. 61222 sowie LHAKo-Romm., Bestand 655,126 Nr. 813

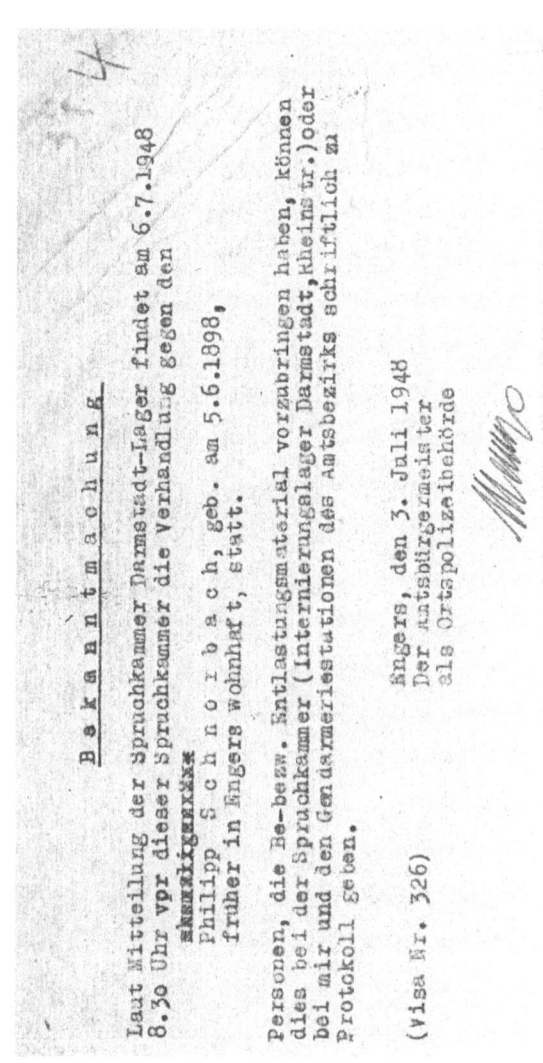

15. Auszug aus dem Protokoll der öffentlichen Sitzung der Spruchkammer Darmstadt-Lager am 23.9.1948, S.1
Quelle: Spruchkammer-Akte HHStAW Bestand 520/38 Nr. 61222

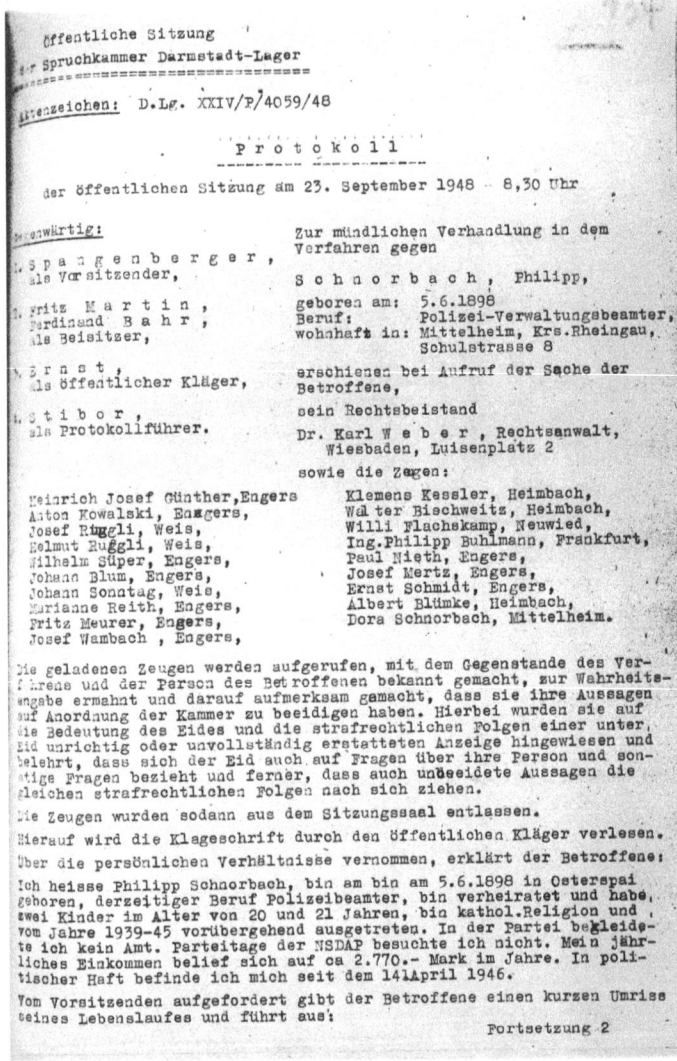

16. Ereignismeldung des Amtsbürgermeisters als Ortspolizeibehörde vom 18.8.1935 betreffend Heinrich Josef Günter

Quelle: „Amtliche Gestapo-Akte" Heinrich Josef Günter, Archiv Salz

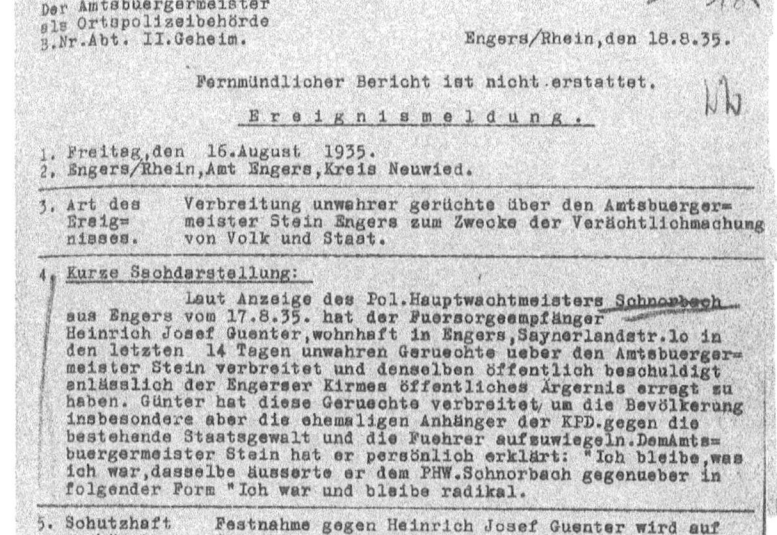

Abschrift.

Der Amtsbuergermeister
als Ortspolizeibehörde
B.Nr.Abt. II.Geheim.   Engers/Rhein,den 18.8.35.

            Fernmündlicher Bericht ist nicht erstattet.

            E r e i g n i s m e l d u n g .

1. Freitag,den 16.August 1935.
2. Engers/Rhein,Amt Engers,Kreis Neuwied.

3. Art des   Verbreitung unwahrer gerüchte über den Amtsbuerger=
   Ereig=   meister Stein Engers zum Zwecke der Verächtlichmachung
   nisses.   von Volk und Staat.

4. Kurze Ssohdarstellung:
               Laut Anzeige des Pol.Hauptwachtmeisters Schnorbach
   aus Engers vom 17.8.35. hat der Fuersorgeempfänger
   Heinrich Josef Guenter,wohnhaft in Engers,Saynerlandstr.1o in
   den letzten 14 Tagen unwahren Geruechte ueber den Amtsbuerger=
   meister Stein verbreitet und denselben öffentlich beschuldigt
   anlässlich der Engerser Kirmes öffentliches Ärgernis erregt zu
   haben. Günter hat diese Geruechte verbreitet, um die Bevölkerung
   insbesondere aber die ehemaligen Anhänger der KPD.gegen die
   bestehende Staatsgewalt und die Fuehrer aufzuwiegeln.DemAmts=
   buergermeister Stein hat er persönlich erklärt: "Ich bleibe,was
   ich war,dasselbe äusserte er dem PHW.Schnorbach gegenueber in
   folgender Form "Ich war und bleibe radikal.

5. Schutzhaft   Festnahme gegen Heinrich Josef Guenter wird auf
   verhängt: Grund der Verfg.des stellvertr.Chefs und Inspekteur
                  der Geheimen Staatspolizei in Berlin vom 29.7.35(s
                  beantragt.

5. Strafanzeige ist gegen Guenter weger Verbreitung unwahrer
   Geruechte erstattet.

7. Untersuchung=   Untersuchungshaft wird gleichzeitig beantragt.
   haft:

213

17. Beschwerde des Josef Ruggli über Philipp Schnorbach beim Schweizer Konsulat in Honnef-Rhöndorf vom 21.7.1943 (Abschrift vom 18.8.1947)
Quelle: Spruchkammer-Akte HHStAW Bestand 520/38 Nr. 61222

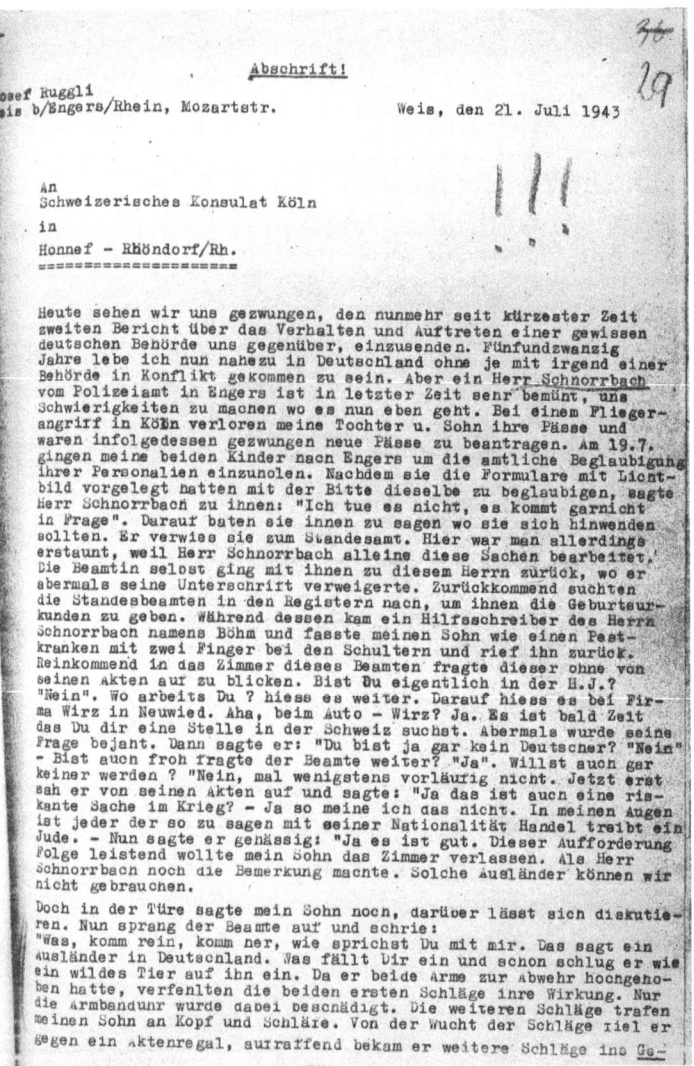

Abschrift!

Josef Ruggli
eis b/Engers/Rhein, Mozartstr.   Weis, den 21. Juli 1943

An
Schweizerisches Konsulat Köln
in
Honnef - Rhöndorf/Rh.
=====================

Heute sehen wir uns gezwungen, den nunmehr seit kürzester Zeit
zweiten Bericht über das Verhalten und Auftreten einer gewissen
deutschen Behörde uns gegenüber, einzusenden. Fünfundzwanzig
Jahre lebe ich nun nahezu in Deutschland ohne je mit irgend einer
Behörde in Konflikt gekommen zu sein. Aber ein Herr Schnorrbach
vom Polizeiamt in Engers ist in letzter Zeit bemüht, uns
Schwierigkeiten zu machen wo es nun eben geht. Bei einem Fliegerangriff in Köln verloren meine Tochter u. Sohn ihre Pässe und
waren infolgedessen gezwungen neue Pässe zu beantragen. Am 19.7.
gingen meine beiden Kinder nach Engers um die amtliche Beglaubigung
ihrer Personalien einzuholen. Nachdem sie die Formulare mit Licht-
bild vorgelegt hatten mit der Bitte dieselbe zu beglaubigen, sagte
Herr Schnorrbach zu ihnen: "Ich tue es nicht, es kommt garnicht
in Frage". Darauf baten sie ihnen zu sagen wo sie sich hinwenden
sollten. Er verwies sie zum Standesamt. Hier war man allerdings
erstaunt, weil Herr Schnorrbach alleine diese Sachen bearbeitet.
Die Beamtin selbst ging mit ihnen zu diesem Herrn zurück, wo er
abermals seine Unterschrift verweigerte. Zurückkommend suchten
die Standesbeamten in den Registern nach, um ihnen die Geburtsur-
kunden zu geben. Während dessen kam ein Hilfsschreiber des Herrn
Schnorrbach namens Böhm und fasste meinen Sohn wie einen Pest-
kranken mit zwei Finger bei den Schultern und rief ihn zurück.
Reinkommend in das Zimmer dieses Beamten fragte dieser ohne von
seinen Akten auf zu blicken. Bist Du eigentlich in der H.J.?
"Nein". Wo arbeits Du ? hiess es weiter. Darauf hiess es bei Firma Wirz in Neuwied. Aha, beim Auto - Wirz? Ja. Es ist bald Zeit
das Du dir eine Stelle in der Schweiz suchst. Abermals wurde seine
Frage bejaht. Dann sagte er: "Du bist ja gar kein Deutscher? "Nein"
- Bist auch kein fragte der Beamte weiter? "Ja". Willst auch gar
keiner werden ? "Nein, mal wenigstens vorläufig nicht. Jetzt erst
sah er von seinen Akten auf und sagte: "Ja das ist auch eine ris-
kante Sache im Krieg? - Ja so meine ich das nicht. In meinen Augen
ist jeder der so zu sagen mit seiner Nationalität Handel treibt ein
Jude. - Nun sagte er gehässig: "Ja es ist gut. Dieser Aufforderung
Folge leistend wollte mein Sohn das Zimmer verlassen. Als Herr
Schnorrbach noch die Bemerkung machte. Solche Ausländer können wir
nicht gebrauchen.

Doch in der Türe sagte mein Sohn noch, darüber lässt sich diskutie-
ren. Nun sprang der Beamte auf und schrie:
"Was, komm rein, komm her, wie sprichst Du mit mir. Das sagt ein
Ausländer in Deutschland. Was fällt Dir ein und schon schlug er wie
ein wildes Tier auf ihn ein. Da er beide Arme zur Abwehr hochgeho-
ben hatte, verfehlten die beiden ersten Schläge ihre Wirkung. Nur
die Armbanduhr wurde dabei beschädigt. Die weiteren Schläge trafen
meinen Sohn an Kopf und Schläfe. Von der Wucht der Schläge fiel er
gegen ein Aktenregal, auffangend bekam er weitere Schläge ins Ge-

Gesicht und gegen den Kopf. Fortgesetzt schrie er ihn an,
einzelnenWorte kann mein Sohn sich allerdings nicht mehr

Raus, raus pöbelte er ihn an. Mein Sohn Helmuth verliess
wortlos und schnell das Amtszimmer. Meine Tochter wunderte
das lange Ausbleiben ihres Bruders, hörte das Geschrei,
bei weitem nicht an einen solchen Vorfall. Auf der Strasse
verstört mit zerzausten Haaren im Begriffe nach Hause zu
Dieser Vorfall ist nun nicht der einzigste. Wie bereits
fand eine ähnliche Auseinandersetzung allerdings ohne tät
griffe, vor ungefähr 6 Wochen meiner Tochter gegenüber st
bei hat sich Herr Schnorrbach ebenfalls gehässige und gem
merkungen nicht enthalten können.

Um hier all die Einzelheiten zu schildern, würde zu weit
Dieser Bericht ist wahrhaft und wortgetreu. Meine Tochter
und mein Sohn Helmuth sind jederzeit bereit, für ihre Au
zu stehen.

In der Hoffnung, dass unsere Rechte als echte Schweizer Ge
langen und wir für weitere derartige Anpöblungen geschützt
verbleibe ich

     mit landsmännichem Gruss

      gez. Ruggli.

    Für die Richtigkeit der Abschrift!
    Engers, den 18. August 1947

     Der Amtsbürgermeister:
       i.B.

18. Zeugnis Chemische Werke Albert, Wiesbaden-Biebrich vom 24.5.1947
Quelle: Spruchkammer-Akte HHStAW Bestand 520/38 Nr. 61222

CHEMISCHE WERKE ALBERT
WIESBADEN - BIEBRICH

Z e u g n i s

Herr Philipp S c h n o r b a c h ist seit
etwa 4 Wochen in meinem Mangandünger-Betrieb
als Internierter (Nr.6558138) aus dem Lager
Darmstadt beschäftigt. Er hat sich während
dieser Zeit den zum Teil sehr unangenehmen
Arbeiten mit grossem Fleiss und Gewissenhaftigkeit gewidmet und sich selbst den Erfordernissen des Betriebes in allem angepasst, sodass
ich ihm unter allen Internierten, die in
meinem Betrieb beschäftigt sind, das beste
Zeugnis ausstellen kann.

CHEMISCHE WERKE ALBERT

Wiesbaden-Amöneburg, den 24.5.47

216

19. Zeugnis der technischen Abteilung des Lagers Darmstadt (Schlosserei) vom
2.9.1948

Quelle: Spruchkammer-Akte HHStAW Bestand 520/38 Nr. 61222

Darmstadt, den 2. September 1948.

B e s c h e i n i g u n g
===============================

Herr Philipp S c h n o r b a c h geb. am 5. Juni 1898
in Osterspai war seit dem 12. Mai 1948 bis zu seiner Entlassung
als

M e i s t e r in der Schlosserei
----

der Technischen Abteilung (Abt. Metallwerkstatten) beschäftigt.
Die Beschäftigung erfolgte im Zuge des freiwilligen Arbeitseinsatzes.

Herr Schnorbach ist dem an ihn gestellten Anforderungen
jederzeit gerecht geworden. Mit großem Interesse, mit Sorgfalt und
Gewissenhaftigkeit hat er alle ihm übertragenen Aufgaben zur Zufriedenheit der Dienststelle ausgeführt. Trotz der schwierigen Arbeits-
lage ist es seiner Initiative mit zu verdanken, daß alle anfallenden
Arbeiten kurzfristig und fachmännisch erledigt werden konnten. Das
ihm entgegen gebrachte Vertrauen hat er in jeder Weise und Beziehung gerechtfertigt.
                        Seine stete Bereitwilligkeit, sich für die Belange
der Verwaltung wie auch für das Wohl der Allgemeinheit zur Verfügung
zu stellen, sowie seine einwandfreie Gesamthaltung lassen mit Recht
erwarten, dass er sich auch weiterhin mit ehrlichem Willen für den
Wiederaufbau einsetzen würde.

Leiter- der Techn. Abt.

I.V.

(D y r o i)

217

20. Belastungsanzeige von Heinrich Pütz gegen Schnorbach vom 15.9.1948 (Abschrift vom 2.2.1951)
Quelle: LHAKo-Romm., Bestand 655,126 Nr. 813

Abschrift!

Engers, den 15. September 1948

Auf Vorladung erscheint der Klempner- und Installateur-Meister Heinrich Pütz, geb. am 20.8.1906, wohnhaft in Engers, Alte Kirchstrasse 8, mit dem Gegenstand seiner Vernehmung bekanntgemacht und zur Wahrheit ermahnt, gibt er zur Sache folgendes an:

Mir ist bekannt, daß mein Vater Jakob Pütz, der im Jahre 1945 durch Artilleriebeschuss zu Tode gekommen ist, von dem damaligen Polizeibeamten Schnorbach wegen seiner ablehnenden Einstellung gegen den Nationalsozialismus dauernd schikaniert wurde. Auch die im Jahre 1939 von Sch. gegen meinen Vater erstattete Anzeige wegen angeblichen staatsfeindlichen Äusserungen erscheint meines Erachtens nur aus dem Motiv der Gehässigkeit entsprungen zu sein. Hätte mein Vater diese angeblich so schwerwiegende Äusserung getan, so glaube ich mit Bestimmtheit annehmen zu dürfen, daß er, nachdem er von der damaligen Geheimen Staatspolizeistelle in Koblenz in der Zeit vom 1.4. bis 5.4.1943 in Haft genommen war, von dieser nicht wieder entlassen, sondern der Staatsanwaltschaft zur Anklageerhebung übergeben worden wäre.

Da aber anscheinend die Gründe zu einer Anklageerhebung nicht ausreichten, verhängte man gegen meinen Vater ein Sicherungsgeld (siehe Anlage) in Höhe von 2.000,- RM. Diese sollten, wenn mein Vater sich bis zum 10. April 1946 einwandfrei geführt hätte, diesem wieder zur freien Verfügung gestellt werden. Ich muss annehmen, daß man nur auf Grund der von Sch. abgegebenen schlechten politischen Beurteilung zur Verhängung des Sicherungsgeldes geschritten war. Die Hinterlegung des Betrages erfolgte bei der Spar- und Darlehenskasse in Engers. Im Falle einer staatspolizeilichen Verfallserklärung verfiel der eingezahlte Betrag mit Zinsen der ehemaligen Gauamtsleitung der NSV. oder des WHW.

Infolge des allgemeinen Zusammenbruches konnte ich, bzw. die Erben, nachdem ich erst der Drohung, die Sache der Militärregierung zu übergeben, über den hinterlegten Betrag frei verfügen.

Weiter muß ich sagen, daß Schnorbach die bei uns tätigen Lehrlinge fast täglich, mitunter sogar zweimal am Tage, aus dem Betrieb zum Verhör auf seine Dienststelle kommen liess. Angeblich handelte es sich immer um Angelegenheiten der ehemaligen HJ. Den wahren Sachverhalt konnte ich, bzw. mein Vater niemals in Erfahrung bringen. Ein geschäftl. Schaden ist meines Wissens durch die Anzeige nicht entstanden, da wir wegen unserer ablehnenden Einstellung zum Nationalsozialismus bei Vergebung von Aufträgen von Kommunal- und Staatsstellen nie berücksichtigt worden sind.

Nur eins möchte ich gern erfahren, welche Person es damals war, die meinen Vater bei Schnorbach angezeigt hat. Ich bitte, Sch. hierüber zu befragen. Sollte er keine Person nennen oder nennen wollen, so muß ich annehmen, daß er die Anzeige, wie bereits eingangs meiner Vernehmung geschildert, nur aus Gehässigkeit persönlich erstattet hat, um meinem Vater, der, wie er ja wusste, nie zum Nationalsozialismus gestanden hatte, noch mehr Schwierigkeiten wie bis dahin zu bereiten.
Weitere Angaben habe ich nicht zu machen.

v. g. u.
gez.: Heinrich Pütz.

geschlossen
Schneider
angestellt

Für die Richtigkeit der Abschrift
Engers, den 2. Febr. 1951
Der Amtsbürgermeister:

21. Spruch der Spruchkammer Darmstadt-Lager gegen den Betroffenen Philipp Schnorbach vom 23.9.1948, S. 1

Quelle: Spruchkammer-Akte HHStAW Bestand 520/38 Nr. 61222

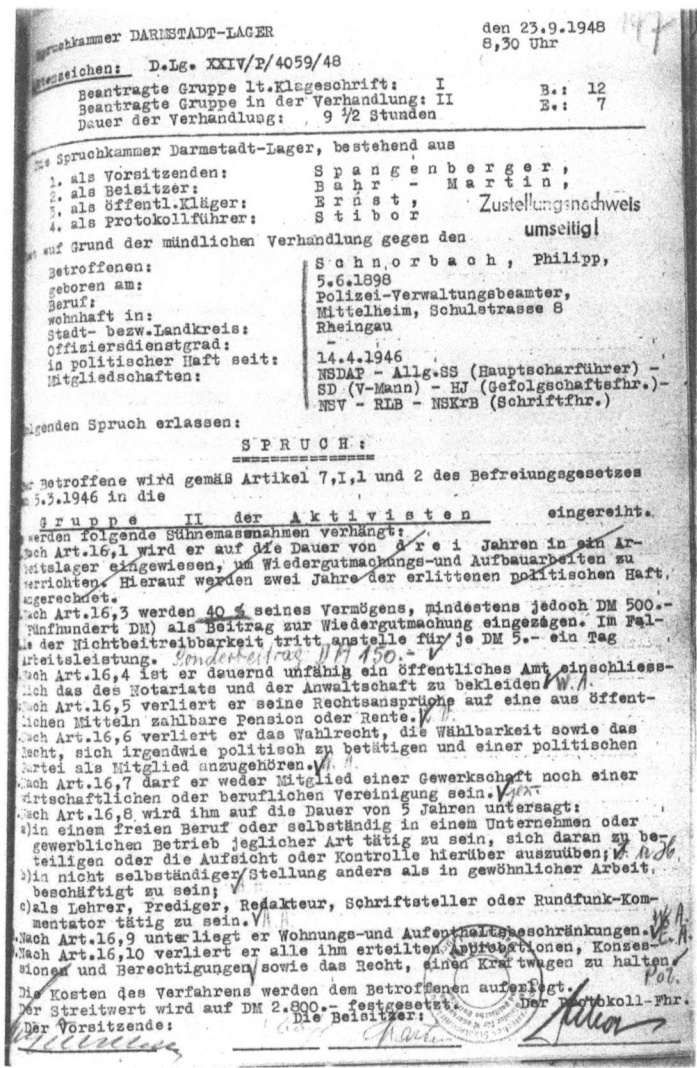

Spruchkammer DARMSTADT-LAGER   den 23.9.1948
                                                      8,30 Uhr
Aktenzeichen: D.Lg. XXIV/P/4059/48

        Beantragte Gruppe lt.Klageschrift: I   B.: 12
        Beantragte Gruppe in der Verhandlung: II   E.:   7
        Dauer der Verhandlung: 9 1/2 Stunden

Die Spruchkammer Darmstadt-Lager, bestehend aus
    1. als Vorsitzenden: S p a n g e n b e r g e r ,
    2. als Beisitzer: B a h r - M a r t i n ,
    3. als öffentl.Kläger: E r n s t ,   Zustellungsnachweis
    4. als Protokollführer: S t i b o r   umseitig!
hat auf Grund der mündlichen Verhandlung gegen den

    Betroffenen: S c h n o r b a c h , Philipp,
    geboren am: 5.6.1898
    Beruf: Polizei-Verwaltungsbeamter,
    wohnhaft in: Mittelheim, Schulstrasse 8
    Stadt- bezw.Landkreis: Rheingau
    Offiziersdienstgrad:
    in politischer Haft seit: 14.4.1946
    Mitgliedschaften: NSDAP - Allg.SS (Hauptscharführer) -
                                SD (V-Mann) - HJ (Gefolgschaftsfhr.)-
                                NSV - RLB - NSKrB (Schriftfhr.)

folgenden Spruch erlassen:

                    S P R U C H :
                    ============

Der Betroffene wird gemäß Artikel 7,I,1 und 2 des Befreiungsgesetzes
vom 5.3.1946 in die

        G r u p p e   II   d e r   A k t i v i s t e n   eingereiht.

werden folgende Sühnemassnahmen verhängt:
Nach Art.16,1 wird er auf die Dauer von d r e i Jahren in ein Arbeitslager eingewiesen, um Wiedergutmachungs-und Aufbauarbeiten zu
verrichten. Hierauf werden zwei Jahre der erlittenen politischen Haft,
angerechnet.
Nach Art.16,3 werden 40 % seines Vermögens, mindestens jedoch DM 500.-
(Fünfhundert DM) als Beitrag zur Wiedergutmachung eingezogen. Im Fal-
le der Nichtbeitreibbarkeit tritt anstelle für je DM 5.- ein Tag
Arbeitsleistung. Sonderbeitrag DM 150.-
Nach Art.16,4 ist er dauernd unfähig ein öffentliches Amt einschliess-
lich das des Notariats und der Anwaltschaft zu bekleiden.
Nach Art.16,5 verliert er seine Rechtsansprüche auf eine aus öffent-
lichen Mitteln zahlbare Pension oder Rente.
Nach Art.16,6 verliert er das Wahlrecht sowie das Wählbarkeit sowie das
Recht, sich irgendwie politisch zu betätigen und einer politischen
Partei als Mitglied anzugehören.
Nach Art.16,7 darf er weder Mitglied einer Gewerkschaft noch einer
wirtschaftlichen oder beruflichen Vereinigung sein.
Nach Art.16,8 wird ihm auf die Dauer von 5 Jahren untersagt:
a)in einem freien Beruf oder selbständig in einem Unternehmen oder
   gewerblichen Betrieb jeglicher Art tätig zu sein, sich daran zu beteiligen oder die Aufsicht oder Kontrolle hierüber auszuüben;
b)in nicht selbständiger Stellung anders als in gewöhnlicher Arbeit,
   beschäftigt zu sein;
c)als Lehrer, Prediger, Redakteur, Schriftsteller oder Rundfunk-Kom-
   mentator tätig zu sein.
Nach Art.16,9 unterliegt er Wohnungs-und Aufenthaltsbeschränkungen.
Nach Art.16,10 verliert er alle ihm erteilten Approbationen, Konzes-
sionen und Berechtigungen sowie das Recht, einen Kraftwagen zu halten.

Die Kosten des Verfahrens werden dem Betroffenen auferlegt.
Der Streitwert wird auf DM 2.800.- festgesetzt.   Der Protokoll-Fhr.
Der Vorsitzende: Die Beisitzer:

219

22. Meldung der Rhein-Zeitung vom 29.9.1948 zur Spruchkammer-Verhandlung:
Drei Jahre Arbeitslager für Aktivisten
Quelle: Stadtarchiv Neuwied-Rommersdorf Bestand 630,515 Nr. 13

MITTWOCH, 29 SEPTEMBER 1948

Rhein und Wied

Eine Neuorganisation des Roten Kreuzes im Kreise Neuwied

LEUTESDORF. Im „Winzerverband unter Vorsitz des Kreisbereitsleiters Peter Wißmann (Linz) eine ..stagung der Bereitschaftsleiter Roten Kreuz des Kreises Neuwied Die männlichen Helfer im Kreis werden in sechs Bereitschaften :eilt: I. N e u w i e d (Bereitschafts-Alfred Höger), II. R a s s e l s t e i n den Zügen Rasselstein, Rengsdorf Dierdorf (Bereitschaftsleiter Franz r. Neuwied), III. E n g e r s (Georg a, IV. L e u t e s d o r f mit den Zü-Leutesdorf, Rheinbrohl und Irlich ..schaftsleiter Christian Primus, :sdorf), V. L i n z mit den Zügen und Hönnignen (Bereitschaftsleiter Wißmann, Linz), VI. U n k e l mit Zügen Unkel, Erpel, Bruchhausen Rheinbreitbach (Bereitschaftsleiter ..n Fröhlich, Unkel). Bis zum 15. ter sind die Zug- und Gruppenleiter an den Kreisbereitschaftsleiter Wiß-:. Linz, zu melden. Für den Krankransport im nördl. Preise wird in ein Krankenwagen stationiert. Am Oktober üben in Oberbieber die Hel-.nd Helferinnen der Bereitschaft II. wurde angeregt, innerhalb des Kreis-verbandes eine Sterbekasse für die männlichen aktiven Mitglieder zu gründen.

Drei Jahre Arbeitslager für Aktivisten

-km- ENGERS. Die Spruchkammer des Interniertenlagers Darmstadt reihte den 50 jährigen ehemaligen Polizeihauptwachtmeister Philipp Schnorbach aus Engers in die Gruppe II der Aktivisten ein und verfügte Einweisung in ein Arbeitslager für die Dauer von drei Jahren. Zwei Jahre der verbüßten politischen Haft werden angerechnet und 40% seines Vermögens für einen Wiedergutmachungsfonds eingezogen. Schnorbach unterliegt Berufsbeschränkungen.

Die Verhandlung stellte einen Naziaktivisten heraus, der für die Durchdringung der Bevölkerung mit „nationalsozialistischem Gedankengut" kämpfte. Schn. kam 1937 zur NSDAP., war Stammführer der HJ und meldete dem SD Menschen, die nach seiner Meinung politisch unzuverlässig seien. Er bezeichnete einen Ortseinwohner als Kommunisten und empfahl dessen Sicherheitsverwahrung. Der Mann kam ins KZ. Sachsenhausen. Als Stammführer der HJ hielt Schn. die jungen Menschen des Ortes zum Eintritt in die Waffen-SS an. Viele Einwohner von Engers waren zu der Verhandlung erschienen.

23. Meldebogen Dr. Rudolf Freiherr von Preuschen vom 22.1.1948 (Vorderseite)
Quelle: LHAKo Best. 856 Nr. 150720

24. Auszug aus Nassauer Volksblatt vom 31.10.1933 „NSDAP. in Osterspai" (Faksimile)
Quelle: LHAKo Best. 53C054 Nr. 229

NSDAP. in Osterspai

Bis zur Machtergreifung waren es hier zwei Leute, die der nationalsozialistischen Bewegung als eingeschriebene Mitglieder angehörten. Das war der Freiherr Dr. Rudolf von Preuschen und seine Mutter. Vornehmlich der erste hat all die Jahre hindurch zäh und erbittert und am Ende erfolgreich einen Kampf gekämpft, der wirklich nicht leicht gewesen ist. Heute ist dank dieser jahrelangen Arbeit das Bild des Dorfes von Grund auf verändert. Die Ortsgruppe der NSDAP. ist wirklich nicht mehr klein. Die nationalen Organisationen haben die Bevölkerung restlos erfaßt, zwei starke Scharen SA., Jungvolk Hitlerjugend tragen den Geist des Gott sei dank neuen Staates. Dabei wissen wir alle — vor allem die, die wirklich den Geist des nationalsozialistischen Staates zu tiefst und innerlichst erfassen —, daß noch unendlich viel Arbeit bleibt, und daß diese Arbeit nicht abreißen wird, solange wir jetzt Lebendigen am Ulmen sind.

Insofern ist es für das Dorf ein Verlust, daß der obengenannte Schöpfer dieses Aufbaues jetzt das Dorf verläßt. Dr. Rudolf Freiherr von Preuschen ist zum komm. Landrat des Unterwesterwaldkreises mit dem Sitz in Montabaur ernannt worden und er wird sein verantwortungsvolles Amt schon in wenigen Tagen antreten. Wir in Osterspai wünschen dem scheidenden Kämpfer von ganzem Herzen Glück und Wohlergehen und Freude und Befriedigung in der aufbauenden Arbeit, die er fern von seinem Heimatdorf nunmehr zu leisten haben wird.

Gestern abend fand hier auf Veranlassung des nunmehr scheidenden Blockwarts Dr. Rudolf Freiherr von Preuschen eine große Wahlversammlung statt, in der ein Redner von Wiesbaden über die derzeitige innen- und außenpolitische Lage sprach. Er betonte immer wieder die außenpolitische Bedeutung dieser Wahl. Der Wille des Führers ist bekannt, der Wille des ganzen deutschen Volkes wird an dem Tage bekannt werden, und es wird sich zeigen, daß diese beiden Willen dieselben sind. Zur Wahlurne muß jeder gehen, der ein deutsches Herz im Leibe hat.

25. Maschinenschriftliche Abschrift des Auszugs aus dem Nassauer Volksblatt vom 31.10.1933 mit Datum vom 27.9.1948
Quelle: LHAKo Best. 53C054 Nr. 229

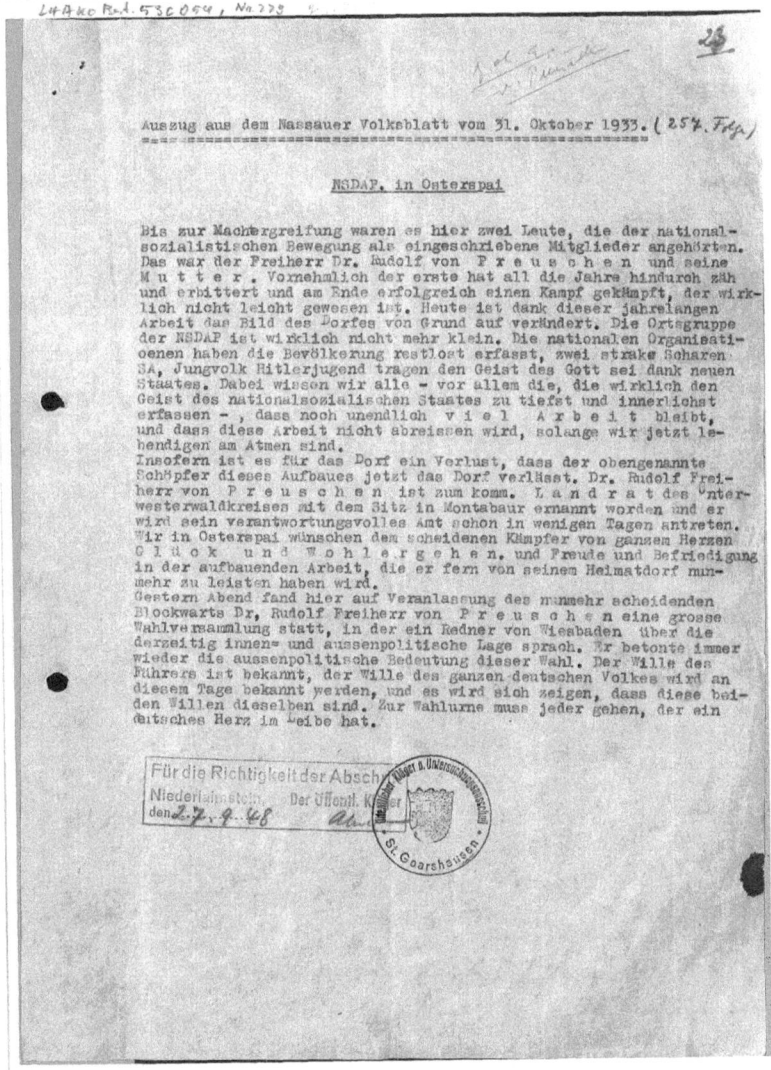

Auszug aus dem Nassauer Volksblatt vom 31. Oktober 1933. (257. Folg.)

NSDAP. in Osterspai

Bis zur Machergreifung waren es hier zwei Leute, die der nationalsozialistischen Bewegung als eingeschriebene Mitglieder angehörten.
Das war der Freiherr Dr. Rudolf von P r e u s c h e n und seine
M u t t e r . Vornehmlich der erste hat all die Jahre hindurch zäh
und erbittert und am Ende erfolgreich einen Kampf gekämpft, der wirklich nicht leicht gewesen ist. Heute ist dank dieser jahrelangen
Arbeit das Bild des Dorfes von Grund auf verändert. Die Ortsgruppe
der NSDAP. ist wirklich nicht mehr klein. Die nationalen Organisationen haben die Bevölkerung restlost erfasst, zwei starke Scharen
SA, Jungvolk Hitlerjugend tragen den Geist des Gott sei dank neuen
Staates. Dabei wissen wir alle - vor allem die, die wirklich den
Geist des nationalsozialistischen Staates zu tiefst und innerlichst
erfassen - , dass noch unendlich v i e l A r b e i t bleibt,
und dass diese Arbeit nicht abreissen wird, solange wir jetzt le-
hendigen am Atmen sind.
Insofern ist es für das Dorf ein Verlust, dass der obengenannte
Schöpfer dieses Aufbaues jetzt das Dorf verlässt. Dr. Rudolf Frei-
herr von P r e u s c h e n ist zum komm. L a n d r a t des Unter-
westerwaldkreises mit dem Sitz in Montabaur ernannt worden und er
wird sein verantwortungsvolles Amt schon in wenigen Tagen antreten.
Wir in Osterspai wünschen dem scheidenden Kämpfer von ganzem Herzen
G l ü c k u n d W o h l e r g e h e n , und Freude und Befriedigung
in der aufbauenden Arbeit, die er fern von seinem Heimatdorf nunmehr zu leisten haben wird.
Gestern Abend fand hier auf Veranlassung des nunmehr scheidenden
Blockwarts Dr. Rudolf Freiherr von P r e u s c h e n eine grosse
Wahlversammlung statt, in der ein Redner von Wiesbaden über die
derzeitig innen- und aussenpolitische Lage sprach. Er betonte immer
wieder die aussenpolitische Bedeutung dieser Wahl. Der Wille des
Führers ist bekannt, der Wille des ganzen deutschen Volkes wird an
diesem Tage bekannt werden, und es wird sich zeigen, dass diese beiden Willen dieselben sind. Zur Wahlurne muss jeder gehen, der ein
deutsches Herz im Leibe hat.

Für die Richtigkeit der Absch..
Niederlahnstein,   Der öffentl. K..
den 27.9.48

223

26. Schreiben des Vorsitzenden der Vereinigung der Verfolgten des Nazi-Regimes (VVN) Rheinland-Pfalz Alfred Knieper vom 10.1.1949 an den Öffentlichen Kläger bei der Spruchkammer II in Montabaur betreffend Spruchkammerverfahren gegen Dr. Freiherr von Preuschen
Quelle: LHAKo Best. 856 Nr. 150720

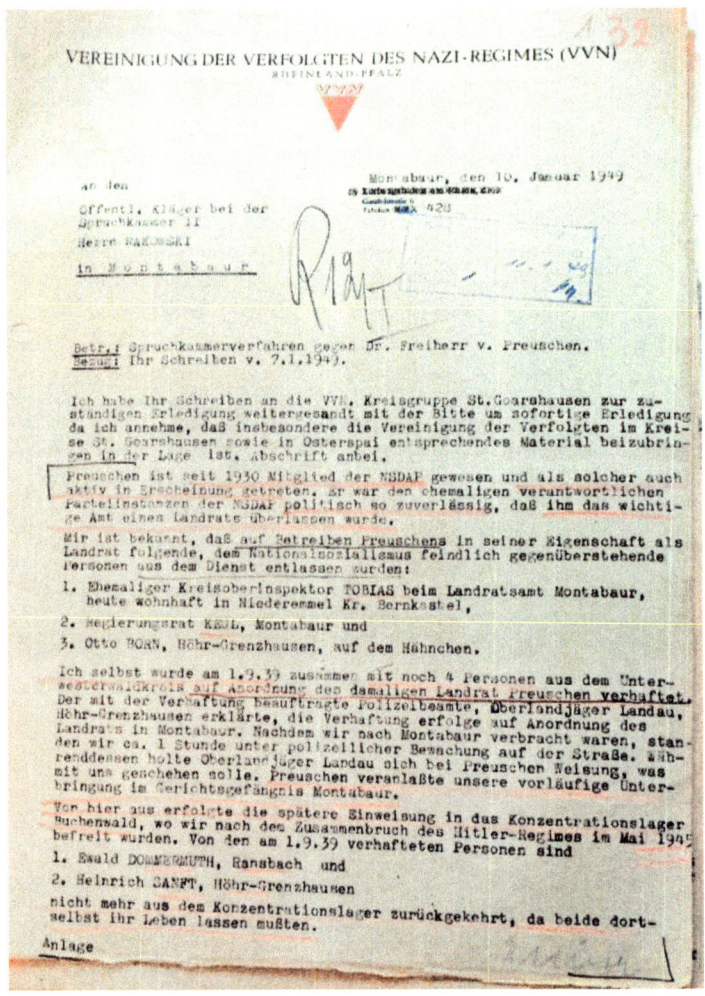

27. Geschäftsverteilungsplan für die Abteilungen des Amtes Engers (ohne Datum)
Quelle: LHAKo-Romm., Best. 655,126 Nr. 285

```
                    Geschäftsverteilungsplan
                    =========================
          für die Abteilungen des Amtes E n g e r s .
                    - - - - - - - - - -

Abteilung I (Hauptverwaltung)

Leitung:              Stellenplan, Personalangelegenheiten, Dienst- und
Berger,               Urlaubseinteilung, Besoldung, Notstandsbeihilfen,
Stadtinspektor        Dienststrafsachen, Einstellungen, Beförderungen,
                      Entlassungen, Versetzungen, Führung der Personal-
                      akten, Haushalts- und Kassenangelegenheiten, Ver-
                      mögens- und Schuldenverwaltung, Rechnungsamt, Jagd-
                      pachtangelegenheiten.

Staudt,
Aushilfsangestellter  Fertigung von Kassenanweisungen, Führung der Rech-
                      nungskontrolle, Fertigung von Reinschriften, Auf-
                      nahme von Stenogrammen, Aktenführung.

Istel,                Post- und Botengänge, Zustellungen.
Amtsbote

Abteilung I (Kriegswirtschaft)

Leitung:              Leitung der Gesamtdisposition und Überwachung
Berger,               aller Vorgänge für die Schuh- und Spinnstoffan-
Stadtinspektor        gelegenheiten.

Hermann,              Führung der Statistiken der Schuh- und Spinnstoff-
Angestellter          angelegenheiten, Führung der Bestandskontrolle,
                      Prüfung der Schuh- und Spinnstoffanträge, Ausgabe
                      der Bezugscheine.

Hamm,                 Aktenführung der Schuh- und Spinnstoffangelegen-
Aushilfsangestellte   heiten, Aufnahme von Stenogrammen, Ausfertigung
                      und Überweisung von Personalkarten an andere Wirt-
                      schaftsämter, Erledigung des gesamten Schriftver-
                      kehrs der Schuh- und Spinnstoffabteilung.

Seefeldt,             Aufnahme der Schuh- und Spinnstoffanträge, Aus-
Brink,                fertigung von Bezugscheinen für Schuhe und Spinn-
Schmitt,              stoffe, Eintragung von Veränderungen in den Haus-
Schäfer,              halts- und Personalkarten, Führung der Ausgabe-
Winnen,               listen über ausgegebene Bezugscheine und Führung
Aushilfsangestellte   der Quittungslisten über ausgegebene Bezugscheine

Schön,                Nachschauen an Ort und Stelle und Kontrollen.
Aushilfsangestellter
(Halbtagskraft)

Abteilung Ia (Standesamt)

Leitung:              Führung der Erstbücher, Eheaufgebotsverhandlungen,
Hochscheid,           Aufgebote, Schriftverkehr mit Jugendämtern, Vor-
Amtsobersekretär      mundschaftsgerichten und Aufsichtsbehörden, Testa-
                      mentskartei, Erfassungswesen, Prüfung und Beglau-
                      bigung der Ahnenpässe.

Endres,               Führung der Zweitbücher, Fertigung der Wochenbe-
Angestellter          richte, Fertigung der Totenlisten, Urkunden und
                      Reinschriften, Aufnahme von Stenogrammen.
```

- 2 -

Abteilung II (Polizeibüro)

Leitung:
Ludwig,
Amtsobersekretär

Polizeisachbearbeiter, Geheimsachen, örtlicher Luftschutz, Feuerwehr, Technische Nothilfe, Einquartierung, Kriegsschäden, Uk-Stellungen, Pferde- und Hundemusterungen, Mietpreisbildung und -Überwachung.

Schnorbach,
Amtssekretär a.W.

Polizeisachen, Anzeigen, Vernehmungen, Feststellungen, Strafverfügungen, Strafkartei, Fremdenpolizei, Gewerbepolizei, Gesundheitspolizei, Veterinärpolizei, Fundregister, Eichwesen, Konzessionssachen, Lebensmitteluntersuchungen, Wandergewerbescheine, Legitimationssachen, Kraftfahrsachen, Ausländer- und Paßwesen, Viehzählungen, Impfsachen, Desinfektionen, Wehrmachtserfassung, Preisüberwachung.

Fritzen,
Angestellter

Volkskartei, Ausländerkartei, Erfassung, Unfallsachen, Luftschutzsachen, Ständiger Bereitschaftsdienst im Luftschutzwarndienst, auch Nachts und bei Alarm, Hilfe bei der Wehrmachtserfassung.

Tiby,
Angestellter

Polizeiliches An- und Abmeldewesen, Personenstandskartei, Postabfertigung, Portokasse, Invalidenversicherung, Bedienung der Telefon-Zentrale.

Abteilung III (Wohlfahrtsamt)

Leitung:
Serwaty,
Amtsinspektor

Fürsorgewesen, Wohlfahrtswesen, Jugendhilfe, Versicherungs- und Schulangelegenheiten, Kultur und Gemeinschaftspflege, Heimatpflege, Volks- und Jugendertüchtigung, Familien-Unterhalt, Betreuung der Kriegshinterbliebenen und Kriegsversehrten, Ehestandsdarlehen, Kinderbeihilfen, Einrichtungsdarlehen, Stier- und Ziegenbockhaltung, Führung der Amts-Chronik.

Convini,
Aushilfsangestellte

Fertigung der Kassenanweisungen, Aufnahme von Anträgen auf Invaliden-, Witwen- und Waisenrente, Aufnahme von Anträgen auf Familien-Unterhalt, Aufnahme von Stenogrammen und Fertigung der Reinschriften.

Blott,
Verwaltungslehrling

Führung der Wohlfahrtsakten, Ausstellung von Krankenscheinen an Fürsorgeempfänger, Anfertigung von kleineren Schreibarbeiten.

Abteilung IV (Bauamt)

Leitung:
Leicher,
Amtsbaumeister

Bearbeitung aller baupolizeilichen Fragen, Bauaufgaben, Bauverbotsangelegenheiten, Beratung der Handwerksmeister, Beaufsichtigung der Instandsetzungs- und Unterhaltungsarbeiten an den Gemeindehäusern, Tiefbau- und Hochbauangelegenheiten, Straßen- und Wasserleitungsbau nebst Wasserwerken, Gutachten und Werttaxen auf dem Gebiet des Preisstops, Erledigung notarieller und Grundbuchakten.

Abteilung IV (Kriegswirtschaft)

Leitung:
Leicher,
Amtsbaumeister

Ernährungswirtschaft, Seifenbewirtschaftung, Ersatzausrüstungen für Fahrräder, Selbstversorgungsangelegenheiten in Brot, Butter, Milch und Fleisch, Kohlen- und Bierbewirtschaftung, Gefangenenlager, Gesamtdisposition und Überwachung der Angelegenheiten des Wirtschaftsamtes außer Schuh- und Spinnstoffangelegenheiten, Vollziehung aller Bezugs- und Berechtigungsscheine.

Schindler, Aushilfsangestellter	Rechnerische Bearbeitung aller Lebensmittelkarten, Anfertigung und Anforderung der Bedarfsnachweise, Verteilung an die Gemeinden, Regelung der Ausgabe und Erledigung des Abrechnungsverfahrens mit dem Kreiswirtschaftsamt sowie Statistiken aller Art, Ölsaatenverrechnung.
Zanders, Aushilfsangestellter (Halbtagskraft)	Bearbeitung der Eierbewirtschaftung, Ergänzung der Duplikatkarteikarten und Gegenkontrolle der ausgegebenen Bezugs- und Berechtigungsscheine.
Mewißen, Angestellter	Führung der Registratur und Bearbeitung der Kartoffelbewirtschaftung und des Gefangenenlagers, Hilfe bei der Abwicklung laufender Arbeiten in der Abteilung sowie Abrechnung vor und nach Verteilung der Lebensmittelkarten, Kaffeeabrechnungen mit den Lebensmittelhändlern.
Meyer, Aushilfsangestellte	Erledigung der Korrespondenz der Abteilung, Bearbeitung der Raucherkontrollkarten-Ausgabe und Abrechnung des Abschnitts-Rücklaufes von den Gastwirtschaften und Geschäften, Erledigung der Anträge für Fahrradersatzbereifungen und der Möbel-Bedarfs und Radio-Anträge.
Salz, Aushilfsangestellte	Bearbeitung der Hausschlachtungen, Verrechnung und Eintragung in die Haushaltskarteien, Listenführung und Statistiken an das Kreiswirtschaftsamt, Ausfertigung der Schlachtkarten und Anrechnungsbescheide, Ausgabe der Fleischberechtigungsscheine, Kohlenbewirtschaftung im einzelnen.
Wirges, Aushilfsangestellte	Ausgabe der Reise- und Urlaubermarken, Schifferkarten sowie die Reichsmehl- und Brotkarten für die Landwirte, Versorgung des Krankenhauses Engers und des Heinrichshauses, Engers, die Reservelazarette mit Lebensmittelkarten pp. und die erforderlichen Abrechnungen und Statistiken.
Welches, Aushilfsangestellte	Bearbeitung des Gebietes der Krankenkost, die Zusätze für werdende Mütter und Wöchnerinnen in Bezug auf Lebensmittelkarten, ferner übernimmt sie nach der Hauptausgabe der Lebensmittelkarten den Restbestand und führt die dazugehörenden Kontrolle und Abrechnungen.
Roos, Aushilfsangestellter Waegelein, Aushilfsangestellte	Bearbeiten den Kartenabschnitts-Rücklauf mit den Bäckereien, Milch- und Lebensmittelhändlern, Nachrechnung der hereingekommenen Bestell- und Kaufabschnitte, Entwertung der Reise- und Urlaubermarken und Ausstellung der Bezugs- und Berechtigungsscheine.
Königsfeld, Munsch, Schumann, Aushilfsangestellte	Bearbeiten die Haushaltskarteien, Sollstellung der Ausgabe, Erledigung der Zu- und Abgänge und Ausstellung der Reise- und Umzugsabmeldebescheinigungen, Aufstellung der Molkerei-Pendellisten, Bewirtschaftung der Seifen und Seifenpulver sowie Petroleum, vor Ausgabe der Lebensmittelkarten Füllung der Ausgabetaschen für die Gemeinden.

Abteilung V (Amtskasse)

Leitung: Schmitz, Amtsrentmeister	Leitung der gesamten Geschäftsführung, Führung des Handbuches B, des Handbuches A-Einnahme, Wertpapiersachbuch, Auftragssachbuch und Polizeistrafen.
Böhm, Angestellter	Führung der Hebebücher bezügl. Soll-Stellung, Jahres- und Vierteljahresabschlüsse, Abhaltung der Hebetermine, Beitreibungsverfahren für die Nebenkassen.

- 4 -

Weiler, Aushilfsangestellte	Führung der Einnahme- und Ausgabetagebücher, Fertigung der Tagesabschlüsse, Führung des Handbuches A-Ausgabe, Girobuch.
Hebgen, Aushilfsangestellte	Kontrolle der Steuerbeitreibung, Führung des Schriftverkehrs für die Amtskasse und Fertigung vo: Reinschriften.
Bardel, Kassenlehrling	Übertragung der Einnahmen in die Hebebücher, Klebe. der Versicherungsmarken und Kontrolle, Registratur und Inventarverzeichnisse, Bearbeitung der Lohnsteuer.
Pitsch, Hilfsvollziehungs- beamter	Beitreibungen in den Gemeinden Engers, Weis und Block-Heimbach.
Bauer, Hilfsvollziehungs- beamter	Beitreibungen in den Gemeinden Gladbach und Heimbach.

Abteilung VI (Steueramt; außer Gewerbe-, Lohnsummen- und Bürgersteuer)

Leitung: **Ludwig,** Amtsobersekretär	Grundvermögenssteuer, Hauszinssteuer, Wassergeld, Müllabfuhr, Kanalabgaben, Vergnügungssteuer, Hunde steuer, Gemeindegrundstücksverwaltung, Waldbewirtschaftung, Holzverkäufe, Werftverwaltung.
Baldus, Aushilfsangestellte	Fertigung der Hebelisten und Erledigung der Zu- und Abgänge, Fertigung der Reinschriften.

Abteilung VI a (Steueramt; außer den Steuern der Abt. VI)

Leitung: **Hochscheid,** Amtsobersekretär	Gewerbesteuerangelegenheiten, Bürgersteuerangelegenheiten, Lohnsummensteuerangelegenheiten, Anbauflächenerhebungen, Jagdgeldverteilungen.
Louven, Aushilfsangestellte	Ergänzungen und Neuausstellung der Steuerkarten, Aufnahme von Stenogrammen und Anfertigung von Reinschriften.

28. Auszug aus dem Aktenplan der Amtsverwaltung Engers (Seite 1)
Quelle: LHAKo-Romm., Best. 655,126 Nr. 285

<u>1 Verwaltung</u>

<u>1oo Das Dritte Reich</u>

o1 Der Führer
    A Ehrenbürger
    B Amtsbezeichnung
    C Sonstiges

o2 Nationale Symbole
    A Gruß (auch Fahnengruß)
    B Fahnen (Flaggengesetz usw.)
    C Sonstiges

o3 Feiern und Gedenktage
    A Maifeiern
    B Sonstige nationale Feste
    C Allgemeine Feste
    D Kirchliche Feste
    E Sonstiges

o4 NSDAP.
    A Allgemeines
    B Reichsleitung
    C Gauleitung
    D Kreisleitung
    E Ortsgruppe

o5 Hitler-Jugend (Organi-sation)
    A Gesetze
    B Organisation
    C Jugendturnen

o6 Hitler-Jugend (Beihilfen)
    A Jugendetat
    B Heimbeschaffung
      a) Heimbau
      b) Rundfunkgeräte
      c) Turnhalle, Räume pp.
    C Jugendherbergsverband
    D Sonstiges

o7 D.A.F.
    A Organisation
    B Beitrag
    C Betreuung
      a) Schönheit der Arbeit
      b) Kraft durch Freude
      c) Sonstiges
    D Wettkämpfe
      a) Berufswettkampf
      b) Leistungswettkampf
    E Sonstiges

o8 N.S.V.
    A Allgemeines
    B Mitgliedschaft
    C W.H.W.
      a) Sammlungen
      b) Eintopfessen u.sonstige Veran-
      c) Sonstiges   staltungen
    D Freiplätze
      a) Hitler-Freiplatzspende
      b) Sonstige Freiplätze
    E NS.-Schwestern
    F Sonstiges

o9 Deutsches Rotes Kreuz
    A Ortsgemeinschaft
    B Mittel im Etat
    C Sonstiges

1o Kunst
    A Allgemeines
    B Landestheater Moselland

29. Fernspruch der Gestapo Koblenz vom 19.8.1944 an das Landratsamt Neuwied und die Amtsverwaltung Engers zwecks Meldung von ehemaligen KPD- und SPD-Funktionären und -Abgeordneten
Quelle: LHAKo-Romm., Best. 655,126 Nr. 660

F e r n s p r u c h:

Stapo in Koblenz vom 19.8.1944 Abt.IV 1a.

Betr.: Sonderaktion.
Vorgang: O h n e.
————

Ich bitte sofort listenmäßig zu erfassen:
Sämtliche ehemalige KPD-, SPD.Funktionäre, Reichstagsabgeordnete
Landtagsabgeordnete und Stadtverordnete, ehemalige Partei- und Ge-
werkschaftssekretäre der SPD., soweit die Genannten aus dem hiesigen
Bezirk stammen bezw.hier wohnhaft sind oder waren.
Listen nach folgendem Muster erstellen:

- a.) Name
- b) Vorname
- c.) Geburtsdatum und -ort
- d) Derzeitiger oder vermutlicher Aufenthaltsort ggfs.Feldpost-
  anschrift,
- e.) Feldpostanschrift
- f.) Ist der Betreffende inzwischen aktives Mitglied der NSDAP.,
  oder eine ihrer Gliederungen oder angeschlossenen Verbände,
  ggfs.welche Funktion übt er aus, hat er sich dort hervor-
  ragend bewährt (Leumundsbericht des Kreisleiters einziehen),
- g.) hat er sich anderweitig bisher bewährt und damit eindeutig
  Zeugnis für seine überzeugende Einstellung zum Nationalsozialismus abgelegt (Kurze Darstellung).
- H.) Ist er auf Grund vorhandener Unterlagen lager- und arbeitsfähig
  (keine neue ärztliche Untersuchung),

Die Listen bitte ich so rechtzeitig durch Kurier an mich abgehen zu
lassen, daß sie spätestens am 21.8.1944, 12.oo Uhr, auf der hiesigen
Stelle, Zimmer 3o, eingehen. Der Termin ist unbedingt einzuhalten.
Die aufgeführten Personen sind mit laufenden Nummern zu versehen.

                                gez. Prüst.

Landrat, den 19.8.1944.

Die Listen sind mir bis 22.8.1944, 9.oo Uhr, durch Boten zuzusenden.
Geht dieser Bericht bis zu diesem Termin nicht ein, wird Fehlanzeige
angenommen.
Durchgegeben: Landratsamt Neuwied 13.oo Uhr.
Aufgenommen durch Schnorbach.

30. Antwortschreiben von Philipp Schnorbach vom 21.8.1944 an den Landrat Neuwied

Quelle: LHAKo-Romm., Best. 655,126 Nr. 660

21. August 1944

II

1) An den Herrn Landrat

in Neuwied

Betr: Sonderaktion, laut Fernspruch der Stapo Koblenz vom 19.8.44

Vorgang: Ohne

Jn der Anlage überreiche ich eine Aufstellung der Gemeinderats-mitglieder aus der SPD und KPD sowie der führenden Funktionäre.

Nach Rücksprache mit dem Kreisgeschäftsführer Pg.Huhn kann eine politische Beurteilung wegen der Kürze der Zeit heute nicht beigebracht werden.Dieselbe wird nachgereicht.

Jm Auftrag

31. Streng vertraulicher Eilbrief der Gestapo Koblenz vom 9.5.1939 an die Ortspolizeibehörde Engers wegen Wohnsitz des Heinrich Josef Günter
Quelle: LHAKo-Romm., Best. 655,126 Nr. 659

Eilt fehr!

Geheime Staatspolizei
staatspolizeileitstelle Koblenz
    II-E--Be--   Koblenz, den   9. Mai 1939
    II A (II L) 76/39 g

                                    Streng vertraulich!

                        a) XXXXXXX
                           XXXXXXXXXXXXXXXXXXXXXXXXX
                                XXXXXXXXXXXXXXX

Amt
Engers/Rhein
Eing. 11. MAI 1939
Erl.   Abl.

                        b) An die
                           Ortspolizeibehörde
                                in E n g e r s

    Ich ersuche um sofortigen Bericht, ob der xxix -
...Heinrich, Josef .G ü n t e r............................
....
geb. am ...30.11.02.. in Engers............................
                                  land
wohnhaft in Engers,Seyner...Strasse ....
noch dort wohnhaft ist oder zwischenzeitlich seinen-ihren-
Wohnsitz geändert hat.

    Von jedem Wohnungswechsel des -xxxx-Genannten ist
mir für die Folge unter Angabe des neuen Wohnortes,Strasse
und Hausnummer unverzüglich schriftlich unter Anführung
obigen Geschäftszeichens Mitteilung zu machen. Desgleichen,
falls der - xxx - Genannte bereits verstorben ist oder
sterben sollte.

    Auf der dortigen Meldekarte ist ein entsprechender
Vermerk aufzunehmen und hierüber zu berichten.

                            I.   A.

232

32. Schriftverkehr zwischen Ortsgruppenleiter Huhn und Schnorbach vom 2.3. und 3.3.1944 betreffend Leumund Frau Schumacher (Abschrift von Heinrich Josef Günter vom 13.8.1945)
Quelle: Spruchkammer-Akte HHStAW Bestand 520/38 Nr. 61222

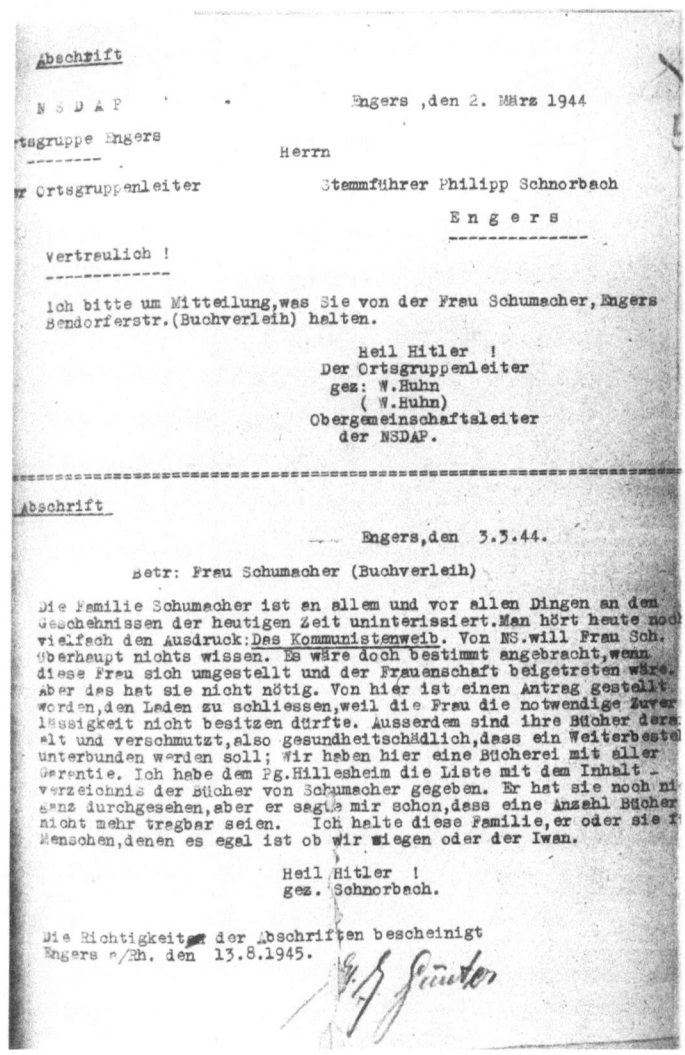

Abschrift

NSDAP   Engers ,den 2. März 1944

rtsgruppe Engers
-------   Herrn

r Ortsgruppenleiter   Stammführer Philipp Schnorbach

                                              E n g e r s

Vertraulich !

Ich bitte um Mitteilung,was Sie von der Frau Schumacher,Engers
Bendorferstr.(Buchverleih) halten.

                    Heil Hitler !
                    Der Ortsgruppenleiter
                    gez: W.Huhn
                       (W.Huhn)
                    Obergemeinschaftsleiter
                       der NSDAP.

===

Abschrift

                              Engers,den 3.3.44.

        Betr: Frau Schumacher (Buchverleih)

Die Familie Schumacher ist an allem und vor allen Dingen an den
Geschehnissen der heutigen Zeit uninteressiert.Man hört heute noch
vielfach den Ausdruck:Das Kommunistenweib. Von NS.will Frau Sch.
überhaupt nichts wissen. Es wäre doch bestimmt angebracht,wenn
diese Frau sich umgestellt und der Frauenschaft beigetreten wäre.
Aber das hat sie nicht nötig. Von hier ist einen Antrag gestellt
worden,den Laden zu schliessen,weil die Frau die notwendige Zuver
lässigkeit nicht besitzen dürfte. Ausserdem sind ihre Bücher derar
alt und verschmutzt,also gesundheitschädlich,dass ein Weiterbeste
unterbunden werden soll; Wir haben hier eine Bücherei mit aller
Garantie. Ich habe dem Pg.Hillesheim die Liste mit dem Inhalt -
verzeichnis der Bücher von Schumacher gegeben. Er hat sie noch ni
ganz durchgesehen,aber er sagte mir schon,dass eine Anzahl Bücher
nicht mehr tragbar seien.   Ich halte diese Familie,er oder sie f
Menschen,denen es egal ist ob wir siegen oder der Iwan.

                    Heil Hitler !
                    gez. Schnorbach.

Die Richtigkeit der Abschriften bescheinigt
Engers a/Rh. den 13.8.1945.

33. Karteikarte der Gestapo Koblenz zu Moritz Mendel und seinen Auswande-
rungsplänen 1938 und 1939 (Vorderseite)
Quelle: United States Holocaust Memorial Museum, Washington, 1.2.3.3./129162909/
ITS Digital Archive

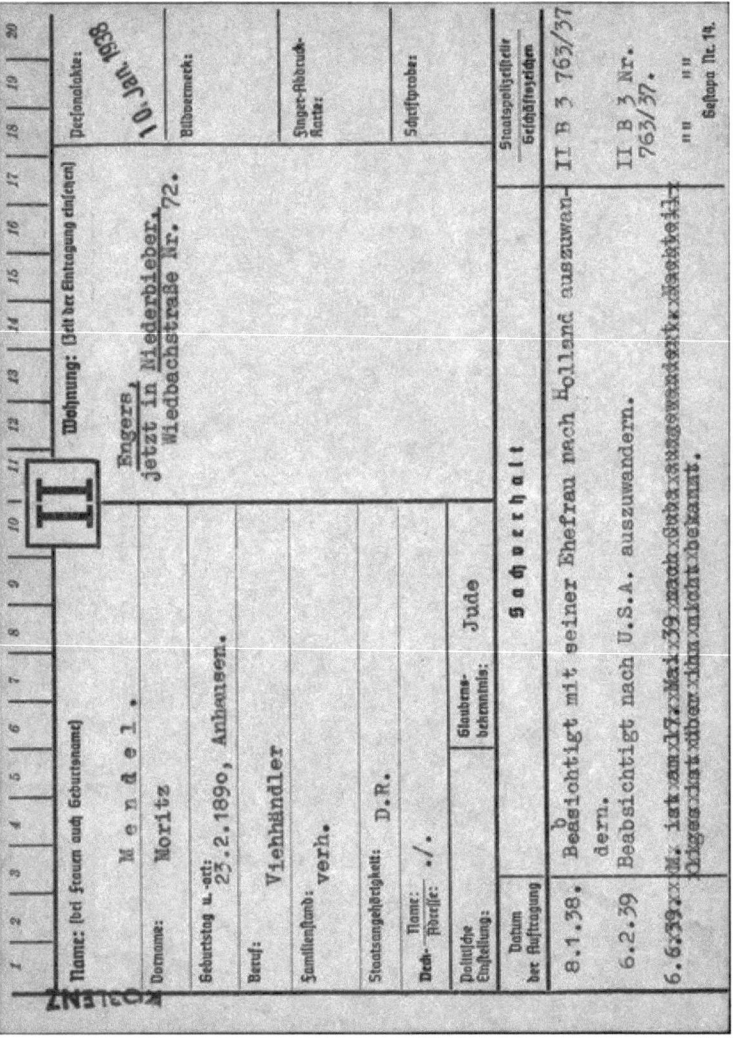

34. Rückseite der Karteikarte Moritz Mendel mit Angaben von Vorfällen aus 1942
Quelle: United States Holocaust Memorial Museum, Washington,
1.2.3.3./129162909/ITS Digital Archive

Datum der Auftragung	Sachverhalt	Staatspolizeistelle Geschäftszeichen
5.2.42.	Steht im Verdacht, während der Aktion zur Erfassung der im jüdischen Besitz befindlichen Fahrräder, ihre Fahrräder nicht der jüdischen Kultusgemeinde gemel= det zu haben.	II B 3- 47/42
16.5.42.	War vom 24.3.42. bis 13.4.42. in Schutzhaft. Ist am am 30.5.42. evakuiert worden.	II B 3- 47/42

35. Karteikarte der Gestapo Koblenz zu Josef Mendel (Vorderseite) mit Angaben zu Auswanderungsplänen und seinem Umzug nach Köln
Quelle: United States Holocaust Memorial Museum, Washington, 1.2.3.3./129162899/ITS Digital Archive

KOBLENZ

23.Mai 1939

Personalakte:

Name: (bei Frauen auch Geburtsname) **M e n d e l**

Vorname: Josef Israel

Geburtstag, Ort u. Kreis: 18.8.1925 Engers.

Beruf: Ohne (Sattler)

Familienstand: ledig

Staatsangehörigkeit: D.R.

Deliktsart: früher: -/- heute: -/-

Militär:

Wohnung: (bisher, jetzt, zur Zeit) 9.12.1938, Engers, Alleestr. 41, jetzt wohnhaft in Köln, Limburgerstraße Nr.12.

Glaubensbekenntnis: Jude.

Finger-Abdruck-Karte:

Schriftprobe:

Gesch.-Zeichen: II B 3 - /38

Stapostelle / Reichpostelle: II B 3 Nr. 2393/38

Gestapa Nr. Pl.

Sachverhalt

Datum der Auftragung	Straftat 88	
9.12.38.		Er hat Antrag um Ausstellung eines Kinderauswei- ses gestellt zum Zwecke der Auswanderung nach Holland.
24.5.39.		Ist am 2.5.1939 nach Köln, Limburgerstr. Nr. 12, verzogen. Stapo Köln hat Kenntnis erhalten.

36. Schreiben der Amtsverwaltung Engers vom 15.5.1962 an den Internationalen Suchdienst Arolsen betreffend „Unterstützung der Arbeiten von Yad Washem (sic) Quelle: Gemeindelisten über jüdische Residenten in Neuwied, 1.2.5.1/12851266, ITS Digital Archive, Arolsen Archives

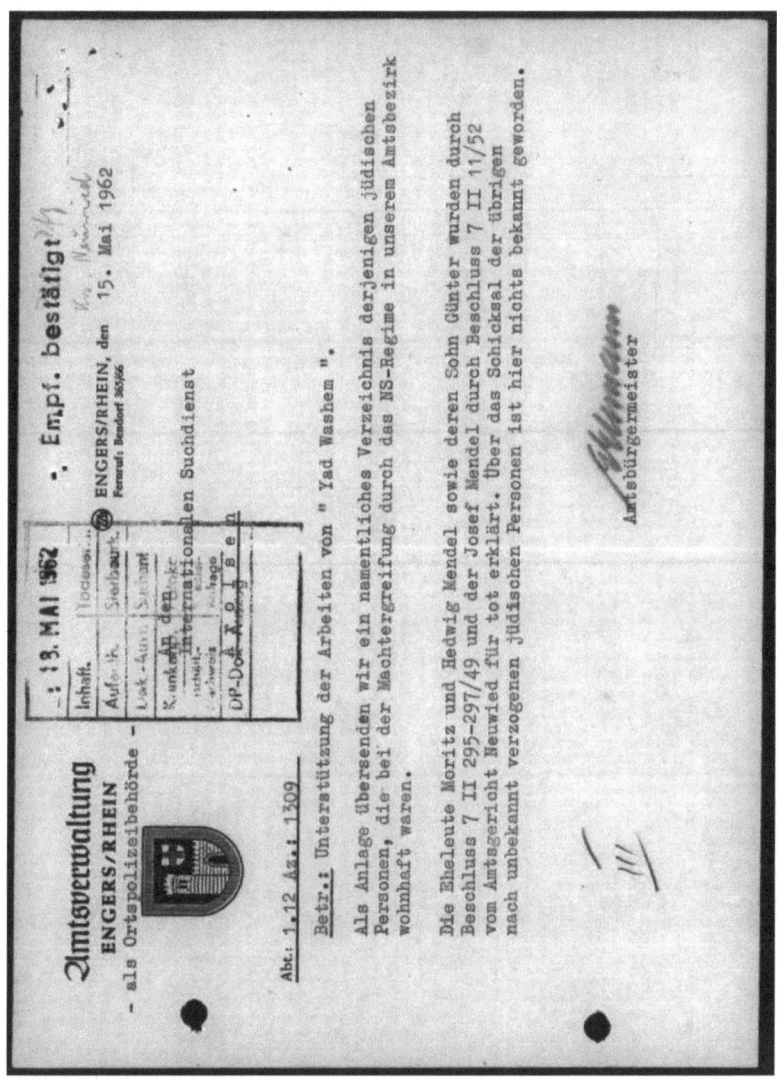

37. Auszug aus dem Nationalblatt vom 30.3.1942: „Stamm VII/243 vollzählig angetreten! Stammtreffen mit großer Morgenfeier in Engers"
Quelle: LHAKo-Romm., Bestand 630,515 Nr. 10

des strengen Winters ihre Zahl sehr zurückgegangen ist. | Ben Feldherrn und Regenten mit dem eisernen Willen charakterisierte.

Stamm VII/243 vollzählig angetreten!
Stammtreffen mit großer Morgenfeier in Engers

„Stamm VII mit 800 Jungen und 200 Mädel zur Morgenfeier und zum Stammappell angetreten!", konnte Stammführer Schnorrbach gestern morgen punkt 10 Uhr dem Bannführer Ruech auf dem Schloßplatz in Engers melden. Feierliche Musik, dargeboten von unserem Gebietsorchester eröffnete dann die Morgenfeier. Worten von Walter Flex, von einem Hitlerjungen vorgetragen, folgte das Lied „Lobet der Herze leuchtende Firne..", das von der Ringschar des Gebietsorchesters zum Vortrag gebracht wurde. Es sprach dann Ortsgruppenleiter Pg. K i e h l (Rengsdorf) zu den versammelten Jungen und Mädel. Genau so wie der Frühling am 30. Januar 1933 für unser Volk angebrochen sei, sei er jetzt noch einmal für uns angebrochen. Das Schlimmste hätten unsere Soldaten im Osten überstanden. Mit anfeuernden Worten ermahnte Pg. Kiehl die Jungen und Mädel ihr Letztes einzusetzen, damit auch sie einen Teil zu dem großen Siege beitragen. Nach einem Musikstück brachte Bannführer Ruech den Gruß auf den Führer aus. Die Einheiten marschierten dann ab zu einem Umzug durch die Stadt. Vornauf die zwei Spielmannszüge und der Musikzug des Stammes II Hönningen. In der Schloßstraße nahm Bannführer Ruech zusammen mit Ortsgruppenleiter Pg. Huhn und Stammführer Schnorrbach den Vorbeimarsch der Einheiten ab. Nach dem Umzug versammelten sich die Jungen und Mädel noch einmal auf dem Schloßplatz, wo dann der Bannführer zu ihnen sprach. Er spornte sie an, noch mehr zu lernen und sich noch mehr fortzubilden, denn später mußten all die Gebiete, die unsere tapfere Wehrmacht heute errungen, noch geistig erkämpft und erobert werden. „Wir können stolz sein auf unser Volk", führte Bannführer Ruech aus, „denn es nimmt nun zum Teil schon zum ... Mühen des Krieges auf sich, ... euch, der jüngeren Generation, den Weg zu einem und euch das R..cht zu leben auf dieser Welt zu verschaffen. Zeigt euch dessen würdig", sagte Bannführer Ruech am

Schluß seiner Rede. „und reißt euch zusammen, damit ihr gesund bleibt an Geist und Körper!" Nach der Rede des Bannführers richtete noch Ortsgruppenleiter Pg. Huhn einige Worte an die Jungen und Mädel. Mit kurzen Worten ermahnte er sie, sich der Größe der Zeit bewußt zu werden. Mit einem „Sieg-Heil" auf den Führer schloß der Stammappell. Die zwei Spielmannszüge, die Gebietsspielschar und der Musikzug des Stammes versammelten sich nun auf den Rheinterrassen des Schlosses, um hier den Verwundeten einige heitere Stunden mit frohen Märschen zu bereiten. Schon bald nach den ersten Weisen versammelten sich die Verwundeten an den Fenstern und auf Terrassen und lauschten mit frohen Gesichtern den schneidigen Märschen unserer Musikzüge. Stabsarzt Dr J o i s t e n sprach Bannführer Ruech im Namen des ganzen Lazaretts seinen Dank aus und bat ihn, doch öfters mit seinen Jungen zu kommen, um so den Verwundeten die Zeit zu verkürzen. K–e.

38. Schreiben Philipp Schnorbach an den Amtsbürgermeister in Engers vom 8.7.1951
Quelle: LHAKo-Romm., Bestand 655, 126 Nr. 813

PHilipp Schnorbach   Osterspai, den 8.7.1951

     1 0 JULI 1951

     An den Herrn

     Amtsbürgermeister

     in E n g e r s

Mit Schreiben des Herrn Regierungspräsidenten vom 14.6.51 wurde mir mitgeteilt, dass der Herr Ministerpräsident in einem Erlass vom 31.5.51 die Zahlung von 2/3 des gesetzlichen Unterhaltsbeitrages, bezw. Ruhegehaltes, ab 1.12.50 genehmigt hat. Ich bitte um Uebersendung des Betrages an meine Adresse Postamt Osterspai. Bei einer persönlichen Rücksprache bei der Regierung wurde mir mitgeteilt, dass der Herr Felsing mich am 13.4.45 entlassen habe. Dieses widerspricht Jhrem Schreiben an das Kontrollierte-Amt wonach Felsing sich selbst zum Amtsbürgermeister gemacht habe. Am 27.5.49 schreibt mir der Herr Landrat von Neuwied, Felsing war kein Bürgermeister. Am 30.4.51 schreibt Jhr Anwalt , Felsing war nicht Amtsbürgermeister sondern hat sich das Amt angemasst und jetzt schreiben Sie so. Ganz abgesehen davon, dass ein Beamter auf Lebenszeit nicht ohne Grund und Verfahren entlassen werden kann. Ausserdem habe ich erst jetzt Kenntnis erhalten dvon und muss diese Sache darauf aufmerksam machen, dass meine ganze Belastungszeugen vor der Spruchkammer, Kommunisten und Rückversicherte waren. Besrenene die heute verfassungsfeindlich sind. Jch habe in meinem Bezirk jede illegale Wühlarbeit gegen den Staat rücksichtslos zerstört. Heute arbeite ich trotzdem wieder ehrenamtlich und kenne genau die Vernältnisse in dieser Hinsicht auch in Jhrem Amt. Wenn man 10 Jahre in einem Amt arbeitet, kennt man jeden einzelnen Menschen. Aber dieses nur zur Jhren privaten Orientierung. NAch Mitteilung der Regierung beträgt der monatliche Unterhaltsbeitrag, 136,80 D.M. bei meinm Beoldungsdienstalter vom 1.6.1926

         Hochachtungsvoll

         Philipp Schnorbach

39. Auszug aus dem Wählerverzeichnis der Gemeinde Osterspai 1956/57
betreffend Philipp Schnorbach
Quelle: Gemeindearchiv Osterspai

40. Auszug aus dem Wählerverzeichnis der Gemeinde Osterspai 1956/57 betreffend Harald Schnorbach
Quelle: Gemeindearchiv Osterspai

A	B	C	D	E	F	G	H	I	K	L	M	N	O	P	Q	R	S	Sch	St	T	U	V	W	X	Y	Z
1	2		3		4		5		6		7		8		9		10									

Familienname: Schnorbach   Personalausweis Nr.:   Wohnung: Hauptstr. 236   Personalausweis Nr.:

[Hauptperson]
Vornamen: Harald
Beruf:
Geb. am: 27.9.27 in Bad Neuenahr
Kreis: dto.   Religion: ev./kath.
Familienstand: ledig, verh., verw., gesch.
Staatsangehörigkeit: Deutsch
— Nicht — nachgewiesen durch:
Zugezogen am: von:
In das Wählerverzeichnis eingetragen am:
Akten- und Strafhinweise:

[Ehegatte]
Ehegatte:
Vornamen: Edith
Geburtsname: Mischke
Beruf: Hausfrau
Geb. am: 21.12.29 in: Reuthen b/s
Kreis: Religion: ev./kath.
Staatsangehörigkeit: Deutsch
— Nicht — nachgewiesen durch:
Zugezogen am: 22.4.56   von: Boppard
In das Wählerverzeichnis eingetragen am:
Bemerkungen:
Akten- und Strafhinweise:

Kinder

	Vornamen	Geburtstag	Geburtsort (Kreis)	Religion	Eigene Karte	Personalausw. Kennk. Nr.	Bemerkungen
1							
2							
3							
4							
5							
6							
7							
8							

Bestell-Nr. 2–33   Vordruckverlag Heinrich Burdmann, Münster (Westf.) Meldekarte

D Privatfotos aus der NS-Zeit

Heimatfront Engers

1. Fronleichnam 1934 im Schlosshof mit Kommunionkindern und Pfadfindern

2. Hitlerportrait und Haken-
kreuzfahnen statt Marienstatue
an Schloss Engers (ohne Datum)

3. Stiftungsfest der Schützen-Gesellschaft Engers, geschmückt mit Haken-
kreuzfahnen im September 1934

4. Die Ortsbauernschaft Engers beim Erntedankfest 1934/35 in Koblenz

5. Festwagen für 1. Mai-Umzug 1936 mit Helfern in der Reithalle. Vordere Reihe, zweiter von links: Ortspropagandaleiter Josef Lehmler in Uniform

6. Festumzug zum 1. Mai in der Engerser Alleestraße mit Schwanen-Wagen

7. Festumzug zum 1. Mai mit Fahnenträger der NSBO, der Nationalsozialistischen Betriebszellenorganisation, an der Engerser Kreuzung

8. Festumzug zum 1. Mai mit den Berufsständen, hier: Schneiderinnen und Schuhmacher

9. Hitlerjungen mit Trommel und Trompeten im Schlosshof unter dem Zeichen der DAF, der Deutschen Arbeitsfront

10. Engerser Schüler begrüßen mit ihrem Lehrer die „Alte Garde" der National-sozialisten bei ihrer Vorbeifahrt am Engerser Rheinufer im Sommer 1938

11. Die männliche Jugend marschiert auf dem Rückweg vom Turnunterricht in Begleitung von Rektor Maurer hinter der Hakenkreuzfahne her

12. Eine Mädchenklasse in der Engerser Schule 1938 mit Lehrerin Frl. Strohe (links hinten) und (vermutlich) Lehrer Lessing (rechts hinten)

13. Entlassfeier des Jahrgangs 1924 im Saalbau Fiegel

14. NS-Frauenschaft im Schulgebäude für evangelische Kinder bei der Ausbesserung/Anfertigung von Kleidungsstücken für die Wehrmacht (ca. 1942–43)

15. Feier der „Deutschen Arbeit" zum 25jährigen Bestehen der Wandplattenfabrik Engerser 1936. Links: aufgestapelte Geschosshülsen?

16. Pionierbataillon 34 hinter der Kronprinz-Wilhelm-Brücke zwischen Engers
und Urmitz

17. Inszenierung zum Wehrmachts-Wunschkonzert im Sommer 1940 mit junger Mutter und Säugling, umringt von Engerser Honoratioren (ganz links in Uniform und Bridges-Hosen: Philipp Schnorbach, 4. von links, sitzend: Sanitätsrat Dr. Lüssem, rechts neben Mutter, sitzend: „EK I" Schumann, ganz rechts: Georg Saxer vom Roten Kreuz

18. Der Sitz der Amtsverwaltung Engers in der Bendorfer Straße (ohne Datum). Das „x" soll das Büro von Philipp Schnorbach markieren

19. Revier der Brückenwachkompanie mit Führerbild (hinten rechts)

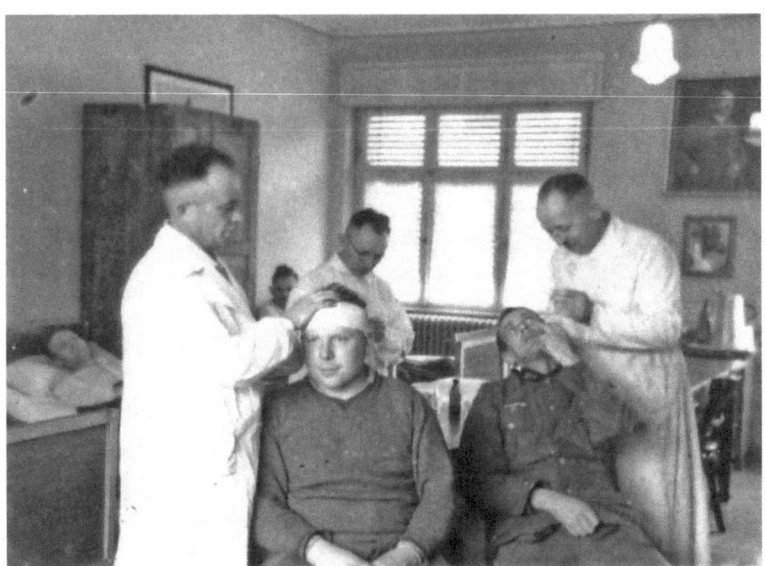

20. Schreibstube der Brückenwache; links Georg Saxer, dahinter: Heinrich Schmidt

21. Familie Peter und Maria Kölzer geb. Esch mit Tochter Marga auf dem Nach-
hauseweg in der Bendorfer Straße (heute: Neuwieder Straße)

Bilder des Krieges

1. Ehepaar Schwenzer (sitzend) mit Sohn Max und Tochter Anneliese 1941

2. Max Schwenzer 1942 als Wach-
soldat (Ort unbekannt)

3. Ferdinand Scheidweiler von der Brückenwache mit den Kindern Werner und Gretel ca. 1942

4. Russlandfeldzug: Deutsche Soldaten am Übergang über den Dnjepr
bei Orscha (Weißrussland); rechts:
flüchtende Ortsbewohner?

5. Festnahme von so genannten „Flintenweibern" im Kessel von Wjasma (Verwaltungsbezirk Smolensk)

6. Oktober 1942: Deutsche Soldaten (im Hintergrund) besichtigen Kriegsschäden in Andriany bei Wjasma. Bildkommentar: „Nach getaner Arbeit"

7. Deutsches Sturmgeschütz mit Besatzung in Russland 1944. Die Ringe an der Sturmkanone bezeichnen die Zahl der abgeschossenen feindlichen Kampffahrzeuge.

8. Pionier-Zug des Grenadierregiments 80 in Italien 1944, ganz rechts: Karl Nilges

9. Die Engerser Schlossstraße Ende März 1945 nach dem Einmarsch der Amerikaner

Dank

Ein herzliches Dankeschön möchte ich richten an die

Mitarbeiterinnen und Mitarbeiter der Archive

Torsten Zarwel, Bundesarchiv Berlin

Mario Schäfer, Hessisches Hauptstaatsarchiv Wiesbaden

Dr. Daniel Heimes, Dr. René Hanke und Christina Villars Perez, Landeshauptarchiv Koblenz sowie den Mitarbeiterinnen und Mitarbeitern des Lesesaals

Bernd Breidenbach, Landeshauptarchiv Koblenz, Außenstelle Rommersdorf mit Stadtarchiv Neuwied

Dennis Röhrig, Stadtarchiv Montabaur

Franziska Blum-Gabelmann, Stadtarchiv/Haus der Stadtgeschichte Bad Kreuznach

Percy Herrmann, KZ-Gedenkstätte Dachau

Dr. Michael Vesper, Vorsitzender Heimatkundeverein Bad Kreuznach

Dr. Jörn Kobes, Bibliothekar der Heimatwissenschaftlichen Zentralbibliothek Bad Kreuznach

Kathrin Schmude, Stadtarchiv Koblenz

Heike Müller, Arolsen Archives

Dr. Klaus Müller und Martin Hoelzl, United States Holocaust Memorial Museum, Washington

Engerser Zeitzeugen

Engerser Mitbürgerinnen und Mitbürger für ihre Auskunftsbereitschaft und ihre persönlichen Erinnerungen aus der Zeit des Nationalsozialismus, insbesondere Frau Katharina T. und Werner Scheidweiler, die ich mehrfach befragen konnte.

Osterspaier Mitbürger

Gregor Rindsfüßer, der mich als historisch kundigen Osterspaier Mitbürger vielfältig unterstützt und beraten hat sowie bei einem zeitweiligen Mitbürger von Osterspai, der ungenannt bleiben wollte.

Frau H., die sich im Ort nach Philipp Schnorbach erkundigt und mir auch persönliche Erinnerungen an einzelne Mitglieder der Familie von Preuschen mitgeteilt hat.

Spezielle Unterstützer

Familie Hader aus Bendorf-Sayn, die mir bei der Übertragung handschriftlicher Unterlagen geholfen hat.

Engerser Mitbürger, die mir ihre privaten Fotos aus der NS-Zeit zur Verfügung gestellt haben.

Diözesanarchiv Limburg und Pfarrei Hl. Elisabeth von Schönau in Kamp-Bornhofen für den Auszug aus dem Geburts- und Taufregister zu Philipp Schnorbach.

Helmut Schäfer – ehemaliger Engerser Bürger – für die Durchsicht des Typoskripts und die fachliche Beratung bei inhaltlichen und formalen Fragen.

Hermann Spix aus Neuwied für seine Recherche-Hilfe im Bundesarchiv Berlin und für den von ihm vermittelten Zugang zu den Beständen des US-Holocaust Memorial Museum Washington.

Dr. Hermann Roth und Volker Hermanns für ihre sachdienlichen Hinweise.

Helmut Gelhardt für seine gründliche Fehlersuche im Typoskript meiner Arbeit.

Ronny Schwarz, Pädagogisches Landesinstitut RLP, für die Digitalisierung der Dokumente und Fotos.

Harald Goebel für den Textsatz und das Layout. Ihm bin ich zu besonderem Dank verpflichtet.